Serie de Literatura y Cultura

Editor General: Greg Dawes

Editora a cargo de la serie: Ana Forcinito

Otros títulos publicados por Editorial *A Contracorriente*:

Marisol Montaño, Alejandro Solomianski y Sofia Wolhein (eds.), *Otras voces. Nuevas identidades en la frontera sur de California (Testimonios)*

Ana Peluffo (ed.), *Pensar el siglo XIX desde el siglo XXI. Nuevas miradas y lecturas*

Andrea Matallana, *El Tango entre dos Américas. La representación del tango en Estados Unidos, 1910-1939*

Brantley Nicholson y Sophia McClennen (eds.), *The Generation of '72: Latin America's Forced Global Citizens*

Carlos Aguirre (ed.), *Militantes, intelectuales y revolucionarios. Ensayos sobre marxismo e izquierda en América Latina*

Carlos Aguirre y Javier Villa-Flores (eds.), *From the Ashes of History: Loss and Recovery of Archives and Libraries in Modern Latin America*

Teorizando las literaturas indígenas contemporáneas

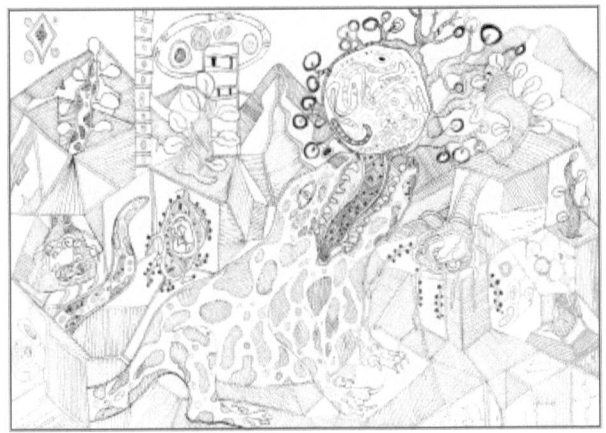

Editado por

Emilio del Valle Escalante
University of North Carolina–Chapel Hill

Editorial
A Contra corriente
Raleigh, NC

© Emilio del Valle Escalante

Reservados todos los derechos de esta edición para:
© 2015, Editorial *A Contracorriente*

All rights reserved for this edition for:
© 2015, Editorial *A Contracorriente*

ISBN: 978-0-9909191-0-0

Ninguna parte de este libro, incluido el diseño de la cubierta, puede reproducirse sin permiso del editor.

No part of this book, including the cover, may be reproduced without expressed permission from the editor.

Library of Congress Control Number: 2015939123

Library of Congress Cataloging-in-Publication Data: pending

ISBN 10: 0990919102
ISBN 13: 978-0-9909191-0-0

Foto de la cubierta: "Ká'k Ijatz' / Nuevas semillas" (2013). Cortesía de David Sacach (Kaqchikel Maya, Iximulew).

Diseño de interior y cubiertas: S. F. Sotillo

Dibujos en págs. 29 y 117: "Tres figuras lukutuwe" por Al2. Bajo licencia de dominio público vía Wikimedia Commons.

Esta obra se publica con el auspicio del Departamento de Lenguas y Literaturas Extranjeras de la Universidad Estadal de Carolina del Norte.

This work is published under the auspices of the DEPARTMENT OF FOREIGN LANGUAGES AND LITERATURES at NORTH CAROLINA STATE UNIVERSITY.

Contenido

Teorizando las literaturas indígenas contemporáneas: 1
Introducción
Emilio del Valle Escalante

Parte I

Poesía mapuche: la instalación de una mismidad étnica 31
en la literatura chilena
Maribel Mora Curriao

Peruvian Quechua Poetry (1993-2008): Cultural Agency 65
in the Central Andes
Ulises Zevallos Aguilar

Oralituras y literaturas indígenas en Colombia: de la 85
constitución de 1991 a la Ley de Lenguas de 2010
Miguel Rocha Vivas

Parte II

Indigenous Women at War: Discourses on Revolutionary 119
Combat
Arturo Arias

Counter-Foundational Histories from Native Brazil: 149
On Violence and the Aesthetics of Memory
Tracy Devine Guzmán

U páajtalil maaya ko'olel: Briceida Cuevas Cob's *Je' bix k'in* 175
and the Rights of Maya Women
Paul Worley

El rescoldo del tlicuil: Visceral Resistance and Generational   205
Tension Among Contemporary Nahua Authors
   Adam W. Coon

América Latina y los Pueblos Indígenas. Para un crítica de   233
la razón latinoamericana
   Armando Muyolema

Contribuidores   275

Teorizando las literaturas indígenas contemporáneas:
Introducción

Emilio del Valle Escalante
University of North Carolina—Chapel Hill

No cabe ninguna duda que el resurgimiento y visibilización de literaturas de autoría indígena representa hoy día uno de los fenómenos culturales más novedosos en la región latinoamericana. Esta producción textual es muchas veces publicada en ediciones bi(multi)lingües (idioma indígena-español-portugués) e incluye géneros como novela, poesía, testimonio, ensayo y teatro.[1] Bien po-

---

[1] Dirijo al lector a algunas de las antologías literarias publicadas en las últimas décadas. Véase Xavier Albó y Félix Layme P., eds., *Literatura Aymara: Antología. Literaturas amerindias* (La Paz, Bolivia: CIPCA, 1992); Rubén Bareiro Saguier y León Cadogan, eds., *Literatura Guaraní del Paraguay*. (Caracas: Biblioteca Ayacucho, 1980); Miguel León Portilla, *Literaturas indígenas de México* (Madrid: Editorial MAPFRE, 1992); Miguel León Portilla, Earl Shorris, y Sylvia Shorris, eds., *Antigua y nueva palabra: Una antología de la literatura mesoamericana, desde los tiempos precolombinos hasta el presente* (México, D.F.: Aguilar, 2004); Carlos Montemayor y Jacinto Arias, eds., *La voz profunda: Antología de la literatura mexicana contemporánea en lenguas indígenas* (México, D.F.: Editorial Joaquín Mortiz, 2004); Carlos Montemayor y Donald H. Frischmann, eds., *U túumben k'aayilo'ob x-ya'axche': U meyaj bejlabeno'ob maaya aj ts'íibo'ob ti' u petenil yúucataane' / los nuevos cantos de la ceiba: Antología de escritores mayas contemporáneos de la península de yucatán* (Mérida, Yucatán: Instituto de Cultura de Yucatán, 2009); Julio Noriega Bernuy, *Buscando una tradición poética Quechua en el Perú* (Coral Gables, Fla.: Iberian Studies Institute / University of Miami, 1998); Jaime Luis Huenún, *Antología de poesía indígena latinoamericana: Los cantos ocultos* (Santiago de Chile: LOM Ediciones, 2008), y *La memoria iluminada: Poesía mapuche contemporánea / pelótuñma ngütrámtunzüngu: Fachántü ta mapuche ñi ülkántumcken* (Málaga: Diputación Provincial de Málaga, 2007); Emilio del Valle Escalante, comp. & ed., *Uk'u'x kaj, uk'u'x ulew : Antología de*

demos afirmar, sin peligro alguno, que estas obras no sólo ponen "fin al imperio de los indigenismos criollos y mestizos, sino también constituyen la literatura en un territorio de agenciamiento indígena en el contexto contemporáneo de América Latina" (Arias et. al. 7).[2] Tomando la producción textual indígena como punto de partida, el presente libro incluye ocho capítulos que dan cuenta de este fenómeno cultural en varios países latinoamericanos. Los autores pretenden dar cuenta de los contextos sociales y políticos que han posibilitado la visibilización y emergencia de este canon literario indígena contemporáneo, así como también proveer análisis de algunas de las obras más representativas en varios países latinoamericanos, particularmente desde la segunda mitad del siglo veinte.[3]

poesía maya guatemalteca contemporánea (Pittsburgh, PA: Instituto Internacional de Literatura Iberoamericana, 2010); Miguel Rocha Vivas, ed., *Antes el amanecer: Antología de las literaturas indígenas de los andes y la sierra nevada de santa marta*, Biblioteca básica de los pueblos indígenas de Colombia, 1ra. ed. (Bogotá: Ministerio de Cultura, 2010); Miguel Rocha Vivas y Olga Cuéllar, eds., *Pütchi biyá uai: Antología multilingüe de la literatura indígena contemporánea en Colombia* (Bogotá: Alcadía Mayor de Bogotá / Fundación Gilberto Alzate Avendaño, 2010); Leda Rita Cintra, *Escritos indígenas: uma antologia* (São Paulo, Editora Caminhos, 2013); Eliane Potiguara, *Metade cara, metade máscara*. Serie *visões indígenas* (São Paulo, Brasil: Global Editora: Instituto Indígena Brasileiro para Propriedade Intelectual, 2004)., y *Sol do pensamento* (São Paulo: Inbrapi/Grumin, 2005); y Daniel Munduruku, *Antologia de contos indígenas de ensinamento: Tempo de histórias*, Heloísa Prieto, ed., 1ra ed. (São Paulo, Brasil: Editora Moderna, 2004).
2 Se hace aquí una diferencia entre literaturas indígenas e indigenismo. Lo segundo lo define Gonzalo Aguirre Beltrán de la siguiente manera: "la base orgánica de tal ideología [el indigenismo] está representada, no ciertamente por el indio, sino por el mestizo; *Indigenismo* y mestizaje son procesos polares que se complementan, al punto de tornarse imposible su existencia separada. El *indigenismo* requiere, como condición *sine qua non* de su ser, el *substratum* humano que le suministra el mestizaje" (113). Más adelante describo lo que entendemos por literaturas indígenas.
3 El campo de los estudios literarios indígenas en Latinoamérica desde la segunda mitad del siglo veinte cuenta con varios estudios críticos. Véase Ángel María Garibay K., *La literatura de los aztecas. El legado de la América* indígena (México, D.F.: J. Mortiz, 1964), y *Poesía Náhuatl*, 2da. ed. (México, D.F.: Universidad Nacional Autónoma de México, 1993); José María Arguedas, *Ollantay: cantos y narraciones quechuas* (Lima: Patronato del Libro Peruano, 1957); Miguel León Portilla, *Literaturas indígenas de México* (Madrid: Editorial MAPFRE, 1992); Gordon Brotherston, *La América indígena en su literatura: Los libros del cuarto mundo* (México, D.F.: Fondo de Cultura Económica, 1997); Manuel Galich, *Nuestros primeros padres* (El Vedado, La Habana, Cuba: Casa de las Américas, 2004); Hugo Niño, *Literatura de Colombia aborigen: En pos de la palabra* (Bo-

Los artículos académicos que componen este libro, escritos tanto en español como en inglés, ofrecen aproximaciones críticas a las obras de escritores indígenas de origen mapuche, wayuu, quechua, kichwa, nahua, guaraní kaiowá, mayas yucateco, ixiles y k'iche'. Los primeros tres capítulos del libro son escritos, respectivamente, por la escritora mapuche Maribel Mora Curriao, Ulises Juan Zevallos Aguilar y Miguel Rocha Vivas. Estos capítulos dan cuenta del resurgimiento de cánones literarios indígenas —particularmente poesía— en Chile, Perú y Colombia. En la segunda parte del libro, Arturo Arias se enfoca en testimonios de mujeres maya ixiles y k'iche's que participaron en la lucha armada guatemalteca entre 1960-1996; Tracy Devine Guzmán se enfoca en los esfuerzos de los guaraní kaiowá y otros Pueblos amazónicos en Brasil para contrarrestar los estereotipos y versiones oficiales de la historia empleados por el estado-nación para obliterar la violencia contra estos

---

gotá: Instituto Colombiano de Cultura, 1978), y *Primitivos relatos contados otra vez: Héroes y mitos amazónicos* (Bogotá: Instituto Colombiano de Cultura, 1977); Jean Franco, "Some Reflections on Contemporary Writing in the Indigenous Languages of America", *Comparative American Studies* 3.4 (diciembre 2005):455-469; Amos Segala, *Literatura náhuatl: Fuentes, identidades, representaciones* (México, D.F.: Grijalbo/Consejo Nacional para la Cultura y las Artes, 1990); Julio Noriega Bernuy, *Buscando una tradición poética Quechua en el Perú. Letras de oro* (Coral Gables, Fla.: Iberian Studies Institute, North-South Center, University of Miami, 1998); Iván Carrasco, "Poesía mapuche etnocultural", *Anales de literatura Chilena* 1 (diciembre 2000): 195-214; Cesáreo de Armellada y Carmela Bentivenga de Napolitano, eds., *Literaturas indígenas venezolanas* (Caracas: Monte Ávila Editores, 1975); Martín Lienhard, *La voz y su huella: Escritura y conflicto étnico-cultural en américa latina, 1492-1988* (Lima, Perú: Editorial Horizonte, 1992); Lynn Mario T. Menezes de Souza, "Surviving on Paper: Recent Indigenous Writing in Brazil", *ABEI Journal–the Brazilian Journal of Irish Studies* 2 (2000): 177-184; Micaela Morales López, *Raíces De La Ceiba: Literatura Indígena de Chiapas*, 1ra. ed. (México, D.F.: Miguel Angel Porrúa, 2004); Carlos Montemayor, *La literatura actual en las lenguas indígenas de México* (México, D.F.: Universidad Iberoamericana, 2001); Tracy Devine Guzmán, *Native and National in Brazil. Indigeneity After Independence* (Chapel Hill: University of North Carolina Press, 2013) (ver especialmente el último capítulo y el epílogo), Miguel Rocha Vivas, *Palabras mayores, palabras vivas: Tradiciones mítico-literarias y escritores indígenas en Colombia* (Bogotá: Taurus, 2012); Luz María Lepe Lira, *Lluvia y viento, puentes de sonido : Literatura indígena y crítica literaria* (Monterrey, México: Consejo para la cultura y las artes de Nuevo León, 2010); Juan Adolfo Vázquez, *Literaturas indígenas de América. Introducción a su estudio* (Barcelona, España: Azul, 1999); y, finalmente, Magda Zavala y Seydi Arraya, *Literaturas indígenas de Centroamérica* (San José, Costa Rica: Editorial Nacional Universitaria Heredia, 2008).

Pueblos; Paul Worley ofrece un análisis de la poesía de la maya yucateca Briceida Cuevas Cob, asociándola a los movimientos por los derechos de las mujeres indígenas en Yucatán; mientras que Adam Coon analiza las obras poéticas de los escritores nahuas Natalio Hernández y Gustavo Zapoteco Zedeño. Finalmente, el académico y activista kichwa, Armando Muyolema, ofrece un riguroso cuestionamiento al latinoamericanismo y al mestizaje a modo de proponer un proyecto civilizatorio indígena propio, partiendo del pensamiento de la activista kichwa Dolores Cacuango y del concepto kuna tule de Abya Yala, o "tierra en plena madurez".

El libro no pretende ser comprensivo. De hecho, éste muestra limitaciones dado que no relata las actividades político-literarias indígenas en otros epicentros culturales como Paraguay y Bolivia. Estas no son omisiones intencionadas. Los esfuerzos por incorporar a más críticos que analizaran producciones textuales indígenas en estos y otros países fueron frustrados por diversas razones. Algunos estudiosos no respondieron a la convocatoria, y otros declinaron la invitación por tener otros compromisos, problemas de salud, o falta de tiempo. Pero a pesar de estos vacíos, que seguramente se llenarán más adelante, los capítulos que componen esta antología ofrecen una indispensable contribución que detalla la autoridad crítico-literaria que la producción textual indígena está alcanzando. Indudablemente, estos estudios abren un importante espacio crítico que no pasará inadvertido.

Si bien los autores demarcan los noventa como la década donde muchos escritores indígenas alcanzan más visibilidad con sus obras, los trabajos desarrollan análisis que muestran orígenes diversos de estos cánones literarios indígenas contemporáneos en cada país. En Chile, Mora Curriao traza los orígenes de la literatura mapuche a principios del siglo XX, con los "cantos" de Segundo Jara (de nombre mapuche Calvún), escritos en 1907 y publicados en 1917 en la antología *Selva lírica*. En 1939, Sebastián Queupul publica *Cancionero Araucano*; más tarde, Anselmo Quilaqueo y Pedro Alonso Retamal publican *Poemas mapuches en castellano* y *Epu mari quiñe* ülcatun (Un dos tres cantos) en 1966 y 1970, respectivamente. Rocha Vivas sitúa la emergencia del canon literario indígena en Colombia en los años cincuenta, con la publicación en Venezuela de la novela *Los dolores de una raza*, escrita en español, por el escritor wayuu colombiano Antonio Joaquín López (también conocido como Briscol). Esta tradición literaria la continúa otro escritor wayuu, Miguel Ángel Jusayú, quien en 1975 publica su libro de cuentos, *Jüküjaláirrua wayúu / Relatos Guajiros*. Por su parte, en su artículo, Zevallos Aguilar da cuenta de dos generaciones de escritores quechuas en Perú. La primera de éstas, influenciados por la obras literarias de José María Arguedas, Andrés Alencastre y César Guardia Mayorga, incluye a Eduardo Ninamango Mallqui, Dida Aguirre e Isaac Huamán Manrique quienes inician su trayectoria literaria haciendo trabajos de traducción al quechua de obras capitales, como las de Cesar Vallejo. Sus propias obras llegan a visibilizarse en los años ochenta. A ellos les sigue una nueva generación de escritores que incluye a Fredy Amilcar Roncalla, Odi Gonzáles y Chaska Eugenia Anka Ninawaman.

Los capítulos del libro que se enfocan en análisis de obras específicas contextualizan sus discusiones dentro de las fronteras geográfico-políticas del estado-nación moderno y la globalización. Éstos se apoyan en diversas escuelas teóricas, como los postulados decoloniales de críticos como Aníbal Quijano, Walter Mignolo y Javier Sanjinés (véanse los textos de Arias y Coon), o Giorgio Agamben y su teoría sobre "el estado de excepción" (véase Devine Guzmán).[4] Aquí se muestra cómo las textualidades indígenas, tanto en su estética como su contenido, expresan rigurosas críticas a los estado-nación modernos latinoamericanos. Se sugiere que sus instituciones, como en otras épocas, mantienen en vigencia políticas de marginalización a través de la "colonialidad del poder",[5] o me-

---

4 La idea de "estado de excepción" fue propuesta por Carl Schmitt, para argumentar cómo el Estado, cuando se siente amenazado, muchas veces suspende el orden jurídico. Mediante un discurso centrado en mantener y defender el "bien común" de la sociedad, el Estado presenta un "enemigo público" que debe ser neutralizado con el objeto de proteger el "bien común", sobrepasando incluso los derechos legales de las personas. Pero si bien Schmitt sugiere que estas medidas del estado son provisionales, Giorgio Agamben propone más bien que el estado de excepción "se presenta como la forma legal de aquello que no puede tener forma legal" (24), llegando a ser una de las características que define al estado-nación moderno hoy día. Se puede pensar, por ejemplo, como la política del Estado estadounidense cambia a un estado de excepción permanente luego del 9/11, cuando muchas personas son encarceladas o vigiladas bajo el argumento de que se trata de defender el "bien común" contra el "terrorismo".

5 Según Quijano, contrario a la colonización —campañas militares, despojo material de territorios, etc.— la colonialidad del poder opera y se difunde de forma "pacífica" a través de las instituciones establecidas por el colonialismo (iglesias, ayuntamientos, centros educativos). Ésta fue legitimada mediante la idea de raza (la supuesta superioridad racial que los blancos creían tener sobre poblaciones indígenas, negras y asiáticas), la cual permitió a los colonizadores justificar la explo-

diante políticas de "inclusión en base a la exclusión". Estos análisis evidencian cómo las obras y los autores estudiados responden primordialmente a políticas estatales que siguen considerando lo indígena como un "problema" no sólo por sus especificidades lingüísticas y culturales, sino también porque éstos viven en territorios ricos en recursos naturales, ambicionados por el estado-nación y empresas locales y transnacionales. Como lo hace ver el capítulo de Devine Guzmán, con la "globalización", el estado-nación latinoamericano opera como mediador clientelista que abraza el capital transnacional depredador. Aun cuando algunos gobiernos se identifican como "progresistas" (Lula da Silva/Rousseff, en el caso de Devine Guzmán), éstos todavía apoyan y se sustentan de políticas económicas extractivistas.

Los autores destacan también los diálogos y las dinámicas internas dentro de los movimientos literarios indígenas. En sus respectivos análisis, por ejemplo, Mora Curriao, Zevallos Aguilar y Coon sacan a luz diferencias estéticas e ideológico-políticas de autores mapuche, quechua y nahuas basadas en diferencias generacionales. Cada autor se guía por preocupaciones propias que responden a contextos histórico-sociales y literarios específicos. Estas discusiones desarticulan perspectivas homogeneizadoras indianistas o indigenistas que asocian lo indígena con el "pasado", lo "rural", lo "bueno", etc., y más bien lo ubican en una contemporaneidad social mucho más compleja, sea ésta rural, urbana o transnacional.

En este sentido, los autores de este libro abanderan una noción de "literaturas indígenas" que no se remite exclusivamente a una producción textual *en* lenguas originarias, o basada en la "tradición oral", sino más bien a obras de autores que en primer lugar afirman un posicionamiento o locus de enunciación indígena en base a una identificación cultural, geográfica, lingüística (aun si éstos no hablan un idioma indígena) y/o política. Estos postulados son significativos en la medida que nos alejan de críticos y literatos que suponen que la producción textual indígena necesariamente debe provenir de hablantes de idiomas indígenas, o que debe ser escrita en estos idiomas. Estas posturas, sin embargo, no consideran las experiencias de castellanización, asimilación, desplazamiento y disgregación que han obligado a muchos de nosotros a no apren-

tación de la mano de obra nativa y los recursos naturales, así como también borrar y obliterar los valores nativos a modo de imponer los valores peninsulares mediante, por ejemplo, procesos de cristianización y castellanización. Véase Quijano.

der nuestros idiomas nativos. En muchos casos, con el objetivo de evitar la discriminación y marginalización, los procesos de "integración" a las sociedades modernas han sido incluso apoyados por "padres indígenas que deciden no enseñar las lenguas [originarias] 'voluntariamente' a sus hijos" (Del Popolo, Oyarce y Ribotta 132). El no hablar un idioma nativo, sin embargo, no implica una pérdida de nuestra identidad, sino más bien el desarrollo de una conciencia indígena en base a otras formas de identificación cultural.

De igual forma, algunos críticos han postulado muchas veces que la "autenticidad" de la producción textual indígena reside en su "oralidad". Estos supuestos muchas veces obliteran el hecho de que las poblaciones indígenas, desde antes de la conquista, contaban con formas escriturales propias, como los quipus en la región andina, o la escritura jeroglífica en la región mesoamericana.[6] Muchas de estas inscripciones, como se sabe, sobrevive hoy no sólo a través de los pocos documentos que nos quedan, sino también de las inscripciones en templos, cerámicas, madera, jade, etc. Toda esta documentación sugiere que nuestros ancestros no dependían meramente de la oralidad para guardar o transmitir sus memorias y conocimientos, sino también de formas propias de expresión epistemológica. Al asociar las literaturas indígenas estrictamente con la oralidad, o sugerir que es ésta una de las características que las distingue, se pierde de vista lo sugerido por Roland Barthes en cuanto a los relatos orales. Es decir, la oralidad ha estado presente "en todos los tiempos, en todos los lugares, en todas las sociedades; el relato [oral] comienza con la historia misma de la humanidad; no hay ni ha habido jamás en parte alguna un pueblo sin relatos; todas las clases, todos los grupos humanos, tienen sus relatos" (7). De ahí que sea mucho más fructífero hablar sobre cómo debido a la colonización y consecuente destrucción de mucha documentación nativa, las poblaciones indígenas dependieron más en la oralidad que en la producción escrita.

Los análisis del libro sugieren más bien que las textualidades indígenas se distinguen y caracterizan por su heterogeneidad discursiva. Los análisis se basan en obras bilingües, así como también se reconoce la contribución de escritores indígenas que escriben y se expresan en español y portugués, y cuyas experiencias no se limitan meramente al mundo rural. La heterogeneidad de estas

---

6 Para una discusión más sustantiva sobre las escrituras indígenas "no alfabéticas", véase Mignolo y Boone.

obras representa incluso una problemática al buscar una definición cabal de lo que son, o lo que representa un canon literario indígena. De ahí que sea pertinente considerar lo dicho por la escritora hopi / miwok Wendy Rose, quien responde a críticos que buscan definir las "literaturas indígenas" cuando nos dice:

> If your idea [de literatura indígena] is based on the Indian-authored works you have read, consider the fact that it is often chosen according to editor's stereotypes. If your idea is based on a solid academic background about tribal literatures, consider that many of us do not speak our native language, were not raised on our ancestral land, and have no literary tradition other than what we received in some classroom. If your idea is based on the observation of certain themes or images, consider that there is no genre of 'Indian literature' because we *are* all different. There is only literature that is written by people who are Indian and who, therefore, infuse their work with their own lives the same way that you do. (En Lincoln 183-184)

Lo descrito por Rose apunta pues a reconocer la complejidad y las diferencias que caracterizan un canon literario indígena. Es decir, la emergencia de obras de autoría indígena no depende de un solo proceso, sino que involucra toda una serie de pugnas contradictorias en cada nivel social –desde la escritura de las obras, su producción, consumo y difusión tanto a nivel local/nacional como internacional. De ahí que es necesario pensar esta producción textual contemporánea dentro de los procesos modernizadores-colonizadores que en buena cuenta han determinado su producción. A su vez, es sumamente importante tener en cuenta que no estamos hablando de un canon literario adecuadamente fijo o ya definido. En lo que hoy es Latinoamérica (incluido el Caribe), además de los idiomas hegemónicos, sobreviven y se hablan hoy día cerca de 800 idiomas indígenas.[7] Se trata pues de escaparnos de aquellas perspectivas e interpretaciones que históricamente nos han encarcelado en categorías homogéneas que borran el hecho de que nuestras experiencias como indígenas se caracteriza por una diversidad y he-

---

7   Los datos sobre los idiomas indígenas provienen de "Ethnologo: Languages of the World", https://www.ethnologue.com/. Agradezco a mi colega, Patricia Amaral por proporcionarme esta información. Para una discusión sobre el status y las familias lingüísticas de los idiomas indígenas en Latinoamérica, véase Kaufman y Golla.

terogeneidad histórica, geográfica, cultural, vivencial, ideológica y lingüística.

Las literaturas indígenas en la mayor parte operan de forma similar a lo descrito por Mary Louise Pratt cuando habla sobre textos autoetnográficos. Éstos involucran una colaboración selecta y una apropiación de los idiomas y los recursos de las metrópolis o el conquistador "para crear autorrepresentaciones orientadas tanto hacia los públicos metropolitanos como hacia las comunidades mismas" (en Rappaport 617; cf. Chakravarty). Ya no se trata de informantes nativos que dicen lo que el "especialista" desea escuchar, sino de autores que ahora más que antes están plenamente conscientes de su papel como mediadores de sus pueblos y del empleo de la palabra para interpelar a occidente y a sus propias comunidades. Si bien el testimonio fue en cierto momento la forma de expresión privilegiada, "la poesía breve y los cuentos de corta extensión", según lo indica Rocha Vivas en su ensayo, se han vuelto "los medios predilectos de la nueva generación de escritoras y escritores indígenas, quienes [quieren] llegar más cerca de la gente". La difusión de estas obras, vale también subrayar, se basa no sólo en publicaciones en formatos de libro, sino también en medios de comunicación masivo. Como lo hace ver Devine Guzmán en su capítulo, los manifiestos de los guaraní kaiowá (y para evocar también al movimiento zapatista), se han hecho a través del empleo de las redes sociales, las cuales han servido para darle autoridad a las voces indígenas y generar solidaridad con sus luchas.

Es importante también subrayar que la producción textual indígena de la que se habla en el libro tiene precedentes culturales y epistemológicos propios. Mucho se sabe de las grandes contribuciones y legados epistemológicos de las civilizaciones indígenas antes y después de la conquista. Incluso, luego de las invasiones española y portuguesa, se produjeron obras capitales como el *Popol Wuj* (¿1554-1558?), *El Rabinal Achi* (1856, en Garza), *Ritos y tradiciones del Huarochirí* (¿1600-1610?), *Los cantares mexicanos* (¿1550s?, en Garibay, 1993) y *La Nueva Corónica y buen gobierno* (1615) de Felipe Guamán Poma de Ayala.[8] Las nuevas generaciones de escritores y activistas indígenas han perfeccionado las lecciones

---

8   Estos textos fueron escritos durante la época colonial, empleando el alfabeto latino. Coloco las fechas de sus respectivas publicaciones en signos de interrogación dado que no tenemos las fechas exactas de su publicación. Véase sus respectivas citaciones en la bibliografía.

de sus predecesores y en sus obras yacen nuevos ejercicios por recuperar y reescribir la historia. Es decir, están plenamente conscientes de que el pasado no es una simple reserva de material, sino más bien el escenario de intensas luchas discursivas y conceptuales; luchas de reescrituras y reinterpretaciones que en cada momento han involucrado constantes auto-modernizaciones para regenerar al mundo indígena. Al margen de su forma y contextos particulares, la principal diferencia entre la producción textual de la época colonial y lo que aquí podríamos denominar re-insurgentes literaturas indígenas, es que las primeras fueron escritas en la clandestinidad o en contextos donde sacerdotes, oficiales de la corona española, y luego criollo / mestizos, determinaban grandemente lo que se podía producir y publicar, mientras que las segundas emergen en contextos menos restringidos. Si bien estas han sido impulsadas tanto el indigenismo o las narrativas testimoniales, han sido los movimientos sociales quienes en su apropiación de espacios públicos, institucionales dentro de los estado-nación modernos y mediáticos han abierto espacios para una intelectualidad indígena contemporánea.

En este sentido, todos los estudios del libro, explícita o implícitamente, señalan una relación intrínseca entre la producción textual indígena y los movimientos sociales. Se sugiere que han sido luchas por reivindicaciones de los Pueblos indígenas las que han posibilitado este canon literario. Paul Worley relaciona la poética de Cuevas Cob con la campaña en pro-derechos femeninos mayas abanderada por el Instituto Cultural Para el Desarrollo de la Cultura Maya en Yucatán (INDEMAYA).[9] Por su parte, Arturo Arias, Tracy Devine Guzman y Armando Muyolema hacen aún más explícita la relación entre lo político-social y lo literario. A través de un análisis de los testimonios de mujeres ixil y k'iche' afiliadas al Ejército Guatemalteco de los Pobres (EGP), Arias nos cuenta como luego de su experiencia revolucionaria, un grupo de 600 excombatientes regresaron a sus comunidades y en 1999 crearon la asociación Kumool (compañera/o) en el departamento del Quiché. Esta organización trabaja con sobrevivientes de la guerra en sus luchas por conseguir derechos civiles en la sociedad guatemalteca. Devine Guzmán analiza las luchas de los Pueblos amazónicos en el estado de Pará en Brasil quienes resisten la construcción de la represa Belo Monte. A través de la apropiación de los medios de comunicación masiva,

---

9   Para obtener más información sobre esta institución, acudir al enlace: http://www.indemaya.gob.mx/video-galeria/indemaya-otros.html.

intelectuales y activistas amazónicos creativamente han podido difundir y divulgar su descontento ante las políticas extractivistas del estado brasileiro. La difusión masiva de manifiestos y declaraciones indígenas ha generado un movimiento de apoyo y solidaridad en favor de los Pueblos amazónicos. Estas experiencias de resistencia y sus expresiones discursivas contemporáneas, según Devine Guzmán, deben ser entendidas no sólo como formas de re-escribir la memoria e historia nacional desde los Pueblos indígenas, sino también como nuevas enseñanzas de colectividad, democracia, solidaridad y soberanía alternativas. Por su parte, Muyolema habla del activismo de Cacuango en Ecuador, quien al adherirse al Partido Comunista, buscó generar y desarrollar una conciencia indígena colectiva a modo de poder materializar e imaginar una emancipación indígena, que según Muyolema, va mucho más allá de las fronteras ecuatorianas. Apoyándose en las palabras de la activista kichwa, "Pitishka urku uksha shina, jutin winakmi kanchik, shinam, urku uksha shinawan pachamamanta catachishun" [Somos como la paja del páramo, que se corta y vuelve a crecer, y de paja de páramo cubriremos el mundo], así como el concepto kuna de *Abya Yala*, Muyolema nos invita a reflexionar sobre la posibilidad de un proyecto civilizatorio indígena propio. (Más adelante, retomo el concepto de Abya Yala).

Son precisamente experiencias como las de Brasil, Guatemala y Ecuador las que nos muestran cómo se ha venido fortaleciendo un movimiento político-intelectual indígena que al apropiarse de la literatura, los medios de comunicación y el "social media", o al forjar alianzas dentro de otros movimientos de resistencia, han venido exponiendo las dinámicas de la modernización y/o neocolonialismo a la vez que articulan un activismo y una producción textual que vislumbra alternativas epistemológicas, políticas, económicas y sociales.

Dentro de un contexto social más amplio, la relación entre lo literario y social se asocia también a las negociaciones entre Pueblos originarios y el estado-nación a propósito de derechos civiles. Estas negociaciones tienen sus precedentes en los años setenta cuando se realizan en Barbados dos cumbres donde participan intelectuales no indígenas e indígenas. De la primera reunión en 1971 surge "La Primera Declaración de Barbados: Por la Liberación del Indígena", en la cual un grupo de antropólogos latinoamericanos hacen responsables al Estado y organizaciones religiosas por implementar políticas etnocidas a través del indigenismo que se ha institucionalizado en varios países. En una segunda reunión, que se realiza en el mismo país, emerge la "Segunda declaración de Barbados" en 1978. Esta declaración es formulada por representantes de varias organizaciones indígenas en el continente que se reúnen para elaborar un discurso de unidad indígena continental.[10] Estas cumbres, a su vez, coinciden y se relacionan a otros debates y procesos políticos que emanan de la teoría de la dependencia (Cardozo y Faletto), la teología de la liberación (Gutiérrez), la teoría sobre "colonialismo interno" (Casanova y Stavenhaggen), así como también la emergencia de los movimientos sociales a finales de los años sesenta (por ejemplo, los movimientos anticoloniales de la negritud, el feminismo, las Madres de la Plaza de Mayo, los afro-descendientes, los chicanos y el *American Indian Movement* en Estados Unidos).[11] Los debates que emergen de estas movilizaciones, entre otras cosas, proponen categorías pan-étnicas que inician a desafiar el colonialismo y sus legados epistemológicos. En cuanto al mundo indígena, se ataca en primer lugar la categoría de "indio" por ser un constructo social de origen colonial que anula la diversidad étnica / lingüista interna de los Pueblos originarios en el continente. Varios intelectuales proponen un reconocimiento identitario en base a nuevos constructos sociales basados en sus orígenes lingüísticos, culturales y geográficos—por ejemplo, aymara, maya k'iche', quechua, etc.

Las Cumbres son también significativas en la medida que, a partir de ellas, líderes de organizaciones indígenas encuentran finalmente participación y representación en organismos internacionales como la Organización de las Naciones Unidas (ONU), lo cual "marca el inicio de la promulgación de instrumentos jurídicos de protección de derechos indígenas" (Cal y Mayor). Desde entonces, surge un protagonismo mejor preparado legalmente en la lucha por derechos civiles. El movimiento indígena continental alcanzará sus más significativos logros luego del Primer Encuentro Continental de Pueblos Indios que se realiza en Quito, Ecuador, en julio de 1990. Con la caída del muro de Berlín en 1989 buena parte de los fundamentos de la izquierda en Latinoamérica son minados y se generan nuevos debates sobre reivindicaciones sociales en donde se logra una sensibilización global alrededor de los derechos indígenas. Ese

---

10   Para una discusión sobre las Cumbres de Barbados y los documentos que emergen a partir de éstas, véanse Grünberg y Bonfil Batalla.
11   Para una discusión sobre este contexto particular, véase Gutiérrez.

mismo año, la Organización Internacional del Trabajo (OIT) aprueba el Convenio 169 sobre "Pueblos Indígenas y Tribales en Países Independientes", el cual puntualiza que los gobiernos deben asumir la responsabilidad de desarrollar, con la participación de los Pueblos indígenas, "una acción coordinada y sistemática con miras a proteger los derechos de esos pueblos y a garantizar el respeto de su integridad".[12] Después, en 1992, la activista maya k'iche', Rigoberta Menchú, recibe el Premio Nobel de la Paz. Este evento, aunado a los debates en torno al llamado "descubrimiento de América" genera una recepción global a propósito de las demandas sobre "identidad y derechos de los Pueblos indígenas". Estas se capitalizan luego de que la Asamblea General de las Naciones Unidas proclama el "Año Internacional de los Pueblos Indígenas del Mundo" en 1993. El 1 de enero del año siguiente, vemos la irrupción armada del Ejército Zapatista de Liberación Nacional (EZLN), el cual con sus demandas de reforma agraria y derechos indígenas desarticula la visión homogeneizadora a propósito del mestizaje del estado-nación mexicano. Son estos eventos los que impulsan cambios discursivos en varios estado-nación latinoamericanos como México, Bolivia, Nicaragua, Ecuador y Guatemala, los cuales reestructuran sus constituciones y se empiezan a constituir como naciones "plurilingües, pluriétnicas y plurinacionales" dando reconocimiento a algunas de las demandas de los Pueblos originarios.[13]

Todos estos procesos influyen en políticas editoriales. La voz indígena contemporánea, como se dijo anteriormente, abre su propio espacio de agenciamiento literario desde inicios del siglo veinte. Ésta empieza a alcanzar autoridad a finales de los años setenta y principios de los ochenta con el género testimonial, especialmente luego de la publicación de *Me llamo Rigoberta Menchú y así me nació la conciencia* (1983). Como se sabe, luego de ganar el Premio Casa de las Américas, el texto toma vuelo y genera un sin número de debates no sólo sobre el género testimonial, sino también sobre la "veracidad" de su contenido.[14] Más allá de estos debates, el testimonio de Menchú también motiva a editoriales a publicar más textos

---

12 Este documento, puede accederse en línea. Véase página 6 de http://www.cdi.mx/transparencia/convenio169_oit.pdf.
13 Para una discusión sobre reconocimiento constitucional y los derechos de los pueblos indígenas desde una perspectiva legal, véase Yrigoyen-Fajardo.
14 Para debates sobre el testimonio, véase Gugelberger. Y para la controversia que se generó sobre la narrativa de Menchú, véase Arias.

de autoría indígenas. Desde finales de los ochenta, iniciamos a ver todo un florecimiento y resurgencia de obras que alcanza su apogeo en los noventa tal y como lo indican los ensayos de Mora Curriao, Zevallos Aguilar y Rocha Vivas. En México, por ejemplo, en 1993 se instituye el Premio Nezahualcóyotl de Literatura en Lenguas Indígenas en el marco del Año Internacional de las Poblaciones Indígenas del Mundo.[15] Al mismo tiempo, surge también la Dirección General de Culturas Populares, CONACULTA, la cual mediante su rama, Letras indígenas contemporáneas, se dedica a publicar y difundir obras de autoría indígena. En Guatemala, después de la firma de los Acuerdos de Paz en 1996, se apoyan proyectos editoriales para la publicación de textos en idiomas Mayas. Una de las entidades más importantes en este terreno es la Fundación Cholsamaj, cuya "labor principal es contextualizar y difundir materiales educativos para el ambiente multicultural de Guatemala; especialmente los escritos y diseñados por miembros del Pueblo Maya y dirigidos a la sociedad guatemalteca en general".[16] Además, surgen Organizaciones No Gubernamentales que apoyan publicaciones de autoría indígena como la editorial Yax Te' en California, Estados Unidos. En Quito, Ecuador, la editorial Abya Yala emerge en 1975, primero bajo los nombres "Mundo Shuar" y "Mundo Andino". A partir de los ochenta, ésta cambia su nombre a Abya Yala para incluir publicaciones de y sobre los indígenas del resto del continente.[17] En Chile, la editorial LOM, que significa "Su sol" en el idioma del pueblo Yamana o Yagan, empieza igualmente a publicar obras de autores Mapuches a partir de los años noventa.[18]

A pesar de estos avances en los terrenos editoriales e institucionales, queda todavía mucho por recorrer. Movimientos sociales como el Ejército Zapatista de Liberación Nacional (EZLN) en Chiapas, México, así como otras luchas de resistencia contra empresas capitalistas, nos recuerdan que el modelo económico neoliberal adoptado en varios países a través de tratados de libre comercio sigue generando innumerables tensiones entre Pueblos originarios y estado-nación.

---

15 Cf. http://www.culturaspopularesindigenas.gob.mx/cp/index.php?option=com_content&view=article&id=109:premio-nezahualcoyotl-de-literatura-en-lenguas-mexicanas&catid=60:mexico-multilinguee.
16 http://www.cholsamaj.org/antecedentes.php.
17 http://www.abyayala.org/index.php.
18 http://www.lom.cl/historia.aspx.

En efecto, para el estado-nación latinoamericano los indígenas que resisten las políticas económicas extractivistas siguen siendo una amenaza al status quo. Mientras iniciaba a escribir esta introducción, el presidente chileno Sebastian Piñera establecía la ley "anti-terrorista" en la región sureña de la Araucanía donde habita la mayor parte de la población mapuche en lo que hoy es Chile.[19] Varios líderes de esta región han sido encarcelados bajo supuestos de que atentan contra el estado con sus "tácticas terroristas". En Totonicapán, Guatemala, a inicios del mes de octubre del 2012 el ejército guatemalteco reprimió una protesta pacífica maya k'iche' que le reclamaba al gobierno del ex-militar y luego presidente del país Otto Pérez Molina, abolir el incremento a la electricidad, revocar propuestas de privatización al sistema educativo y dar más poder constitucional al ejército nacional. Las protestas concluyeron con una intervención militar que culminó con el asesinato de ocho personas, y más de 35 heridas. En Perú, en junio del 2009, con el deseo de implementar políticas neoliberales con la extracción de recursos naturales en la región amazónica, el entonces presidente Alan García invadió estos territorios. La respuesta a la resistencia amazónica, similar al caso de Guatemala, fue la represión militar. El razonamiento de García para justificar los atropellos fue el siguiente:

> ...Ya está bueno, estas personas [los indígenas amazónicos] no tienen corona, no son ciudadanos de primera clase que puedan decirnos 400 mil nativos a 28 millones de peruanos tú no tienes derecho de venir por aquí. De ninguna manera, eso es un error gravísimo y quien piense de esa manera quiere llevarnos a la irracionalidad y al retroceso primitivo. (en Bebbington 288)

Los ejemplos son innumerables y recurrentes.[20] Si bien como lo indica Mario Vargas Llosa, en las sociedades que cuentan con una fuerte presencia indígena, prevalece "un discreto, a veces inconsciente, pero muy efectivo apartheid" (811), el tratar de involucrarse en asuntos del estado, defender los territorios y recursos naturales, al igual que en el pasado, sigue involucrando para muchos de nosotros inmensos costos y sacrificios.

---

19 Véase el siguiente enlace: http://www.mapuche.info/?kat=3&sida=3903
20 Para luchas indígenas en Abya Yala sólo en el año 2012, se puede acudir al siguiente documento: *Indigenous Struggles 2012. Dispatches from the Fourth World*. El enlace es el siguiente: http://intercontinentalcry.org/indigenous-struggles-2012-dispatches-from-the-fourth-world/.

Conscientes de estas experiencias de atropello y marginalización, muchos movimientos y escritores indígenas y no indígenas han venido elaborando sus propias propuestas civilizatorias. De ahí que Muyolema, en su ensayo, haga referencia al concepto de "Abya Yala" como un "posicionamiento político y como un lugar de enunciación" indígena propio y diferenciado de América Latina. Abya Yala en idioma kuna tule de San Blas, Panamá, significa "tierra en plena madurez".[21] El empleo y difusión de esta categoría fue sugerida por el activista e intelectual aymara Takir Mamani quien la justifica de la siguiente manera: "Llamar con un nombre extranjero nuestras ciudades, pueblos y continentes equivale a someter nuestra identidad a la voluntad de nuestros invasores y a la de sus herederos" (Arias et al. 1, 10). Si bien para algunos la evocación del concepto de Abya Yala como un proyecto indígena propio supone "separatismo", "esencialismo", o "fundamentalismo", como lo muestran los ejemplos citados arriba y como lo indica Vargas Llosa, los estado-nación latinoamericanos se han caracterizado por históricamente mantener un *apartheid*. Desde la perspectiva de las elites políticas criollo-mestizas y hasta algunos sectores indígenas que ven un atractivo en el modelo neoliberal,[22] los sectores que cuestionamos el modelo económico por su indiscriminada violencia, representamos un problema. De ahí que sea necesario eliminarnos, encarcelarnos, y construirnos discursivamente como sujetos "terroristas" o "incivilizados". Como lo sugiere Devine Guzmán, los Pueblos indígenas cuentan en la medida que permanecen en un estatus de "integración en base a su exclusión"; es decir, importan en la medida que han aceptado ciertos términos propuestos por el estado, pero a la vez se mantienen excluidos debido a que sus demandas y reivindicaciones específicas no son atendidas. En este sentido, posicionamientos como los de Mamani o los de Muyolema son el resultado, según Silvia Rivera Cusicanqui, de una dialéctica que ha engendrado "inevitablemente actitudes separatistas y confrontacionales: si no es posible la coexistencia, es lógico que

---

[21] La población kuna sostiene que han habido cuatro etapas históricas en el desarrollo del planeta tierra: Kualagun Yala, Tagargun Yala, Tingua Yala y Abia Yala. Vivimos hoy día en la última etapa; la de la tierra madura, tierra de sangre.

[22] Charlie Hale y Rosamel Millaman, basándose en una conversación con Silvia Rivera Cusicanqui, han elaborado el concepto de "Indio permitido" para sugerir la complicidad de ciertos sectores indígenas con las políticas "multiculturales" o neoliberales de los estados-nación en Chile y Guatemala. Véase Hale y Millaman.

los movimientos indígenas reproduzcan una identidad excluyente y postulen procesos radicales de segregación o expulsión de los invasores, como una recuperación de la soberanía" (19).

Al considerar los contextos de conflicto y confrontación, bien podemos afirmar que lo que une a la mayoría de autores indígenas y a estas literaturas es una lucha común frente a políticas estatales que hoy día se manifiestan a través del neoliberalismo económico y sus políticas extractivistas. Asimismo, una de las preguntas cruciales que el libro nos lleva a reflexionar es si este emergente canon literario pertenece o no a "América Latina". Dado que entre las demandas de los movimientos indígenas actuales y en buena cuenta articuladas en la literatura indígena se incluyen discusiones de autonomía y soberanía nacional, la respuesta puede ser sí y no. Sí en el sentido de que esta producción textual representa una tradición literaria imbricada, pero a la vez —debido a su estatus periférico— distinta del canon hegemónico latinoamericano. Por un lado, estamos hablando de obras que son el resultado de la experiencia colonial —se escriben y producen en idiomas hegemónicos y/o en idiomas indígenas usando el alfabeto latino.[23] Además, si la consideramos a partir de los estudios latinoamericanos, han sido tradiciones literarias como el indigenismo y el testimonio (particularmente aquellas narrativas mediadas por intelectuales no indígenas), las que en muchos casos han posibilitado y abierto el camino a la producción textual indígena. A esto se agrega la solidaridad de intelectuales y organizaciones (estatales y no gubernamentales en y fuera del continente) no indígenas que han venido apoyando nuestros procesos de reivindicación.

Pero por otro lado, al considerar esta producción textual y sus demandas político-discursivas, nos percatamos de ciertas desconexiones que hacen muy pertinente el proyecto civilizatorio de Abya Yala. En el terreno lingüístico, la idea de "América Latina" todavía reconoce la hegemonía de los idiomas de orígenes románicos en una región que, como se dijo, se caracteriza por una rica y vibrante —asimismo conflictiva— diversidad lingüística, étnica y

---

23 Al decir esto, estoy consciente de que "América Latina" es también resultado de la experiencia colonial. Como indica Walter Mignolo, la "'idea' de América Latina es la triste celebración por parte de las élites criollas [y mestizas] de su inclusión en la modernidad, cuando en realidad se hundieron cada vez más en la lógica de la colonialidad" (81, mis corchetes). Véase también el trabajo de Muyolema en este libro a propósito de este tema.

cultural. En países como México, Guatemala, Ecuador y Bolivia los idiomas indígenas por primera vez fueron reconocidos como "oficiales" a partir de los años 90s cuando las constituciones adoptaron acuerdos de identidad indígena y tribal. A pesar de esto, estos idiomas todavía ocupan un lugar secundario frente a los idiomas hegemónicos como el español, inglés, francés y portugués. Vale mencionar que estas discusiones a propósito de los idiomas indígenas no se dan en lo abstracto. Podemos aquí mencionar algunas de las experiencias cotidianas de indígenas que se mueven dentro de los terrenos institucionales hegemónicos.

En su ensayo, por ejemplo, Zevallos Aguilar nos cuenta sobre cómo la poeta Ch'aska Anka Ninawaman decidió escribir su tesis de maestría en Quechua en la Universidad de Cuzco. Su comité de tesis, sin embargo, no contaba con hablantes nativos que pudieran leer el manuscrito. El problema fue luego resuelto cuando la universidad invitó a lingüistas quechuas para hacer el dictamen y la defensa oral de Ninawaman. De forma similar, aunque no con la misma suerte, el aymara Pablo Mamani Ramírez nos cuenta la reticencia académica a la que se enfrentó un amigo suyo a finales del 2012, quien quiso defender su proyecto de investigación en el idioma aymara. Su universidad rechazó la propuesta. Las preguntas que Mamani Ramírez desarrolla y problematiza a partir de este hecho son muy importantes a tomar en cuenta: "¿Por qué aún no es normal escribir, pensar, hablar en la academia y en la vida social, en la lengua aymara o en otros casos quechua o guaraní?"

Si bien los estados-nación modernos abanderan políticas "pluriculturales y plurilingües", éstos en la mayor parte todavía muestran reticencia frente a políticas lingüísticas y propuestas de oficialización nacional de programas de educación bi(multi)lingües. Se razona que aprender estos idiomas en las escuelas no tiene sentido puesto que la globalización y los mercados neoliberales operan en base a los idiomas hegemónicos. No tengo espacio aquí para profundizar este tema, pero vale solo decir que los debates que se han generado a partir de propuestas de institucionalización de los idiomas indígenas han sido feroces, llevando incluso a ciertos impases.[24]

Estas discusiones son también pertinentes cuando consideramos que la mayoría de estudios críticos sobre la existente produc-

---

24   Para discusiones sobre estos debates, se puede acudir a los libros de May y Mar-Molinero.

ción textual indígena bilingüe (incluida la de este libro) se basan en las traducciones al castellano o portugués de las obras indígenas. Falta todavía conocer plenamente estos mundos desde sus propios universos lingüísticos. Será ésta la tarea de las actuales y venideras generaciones de críticos indígenas y no indígenas, quienes al aprender a expresarse en los idiomas originarios nos guíen por estos nuevos rumbos.

Pese a estas limitaciones, la producción textual indígena actual y los análisis que se están desarrollando de estas obras van dejando un precedente importante. La crítica no solo reconoce la autoridad y las propuestas políticas emanadas desde los mismos sectores intelectuales indígenas, sino que también nos llevan a problematizar y expandir las existentes tensiones dentro de los campos de estudio que han tomado al mundo indígena como objeto de estudio. Desde mi punto de vista, tales discusiones alimentan y justifican la idea y el proyecto civilizatorio de Abya Yala que propone Muyolema.

Un punto importante a tomar en cuenta es que desde una perspectiva indígena, Abya Yala no se remite meramente a lo que hoy es Latinoamerica, sino a todo el hemisferio en su totalidad. El libro en este sentido, peca al no incluir en estas discusiones y debates a estudiosas y estudiosos de los estudios indígenas del norte y el caribe de Abya Yala. Sin embargo, vale subrayar que espacios como la Asociación de Estudios Nativos e Indígenas (NAISA por sus siglas en inglés), ha sido un punto de encuentro y dialogo importante, generando intercambios entre académicos indígenas del norte y sur. Por ejemplo, en la conferencia de NAISA en Sacramento, California, en el 2011, la Asociación oficialmente aprobó la creación del grupo de trabajo Abya Yala, la cual tiene como objetivo incrementar la participación de académicas/os indígenas provenientes del sur del Rio Grande, desarrollar paneles compuestos de activistas, intelectuales y estudiosas/os de ambas latitudes, y de eventualmente realizar conferencias de NAISA en lo que hoy muchos conocen como América Latina. En un espíritu similar al de NAISA, el consorcio de Estudios Latinoamericanos y caribeños de las universidades de Duke y Carolina del Norte aprobaron y auspiciaron la creación del grupo de trabajo Abya Yala en el 2012, el cual, con la colaboración de estudiantes graduados y profesorado de ambas universidades, ha contado con la participación de escritores, académicas y académicos indígenas y no indígenas que han ofrecido charlas y discusiones sobre los desafíos que los Pueblos indígenas enfrentamos en el continente. Incluso, la producción de este libro, es el resultado de varias de las discusiones que tuvimos con varios de los contribuidores, quienes en ciertos momentos desde el 2012 ofrecieron y compartieron sus reflexiones con nuestro grupo de trabajo.

En todo caso, hablar de un proyecto civilizatorio indígena propio es pues el resultado de la intervención de activistas e intelectuales indígenas que poco a poco nos están ayudando a re-imaginar, re-pensar y hasta recuperar el mundo. Nos falta todavía generar y profundizar los diálogos entre académicos indígenas del norte y sur, y pensar más detenidamente sobre las implicaciones de estas conversaciones. Aquí, es también importante dejar claro que aquellos que nos adherimos al proyecto de Abya Yala lo hacemos como una forma de trascender políticas opresivas establecidas desde la colonización del continente. Se trata de imaginar y forjar una indigeneidad hemisférica, e incluso, transcontinental (Nueva Zelanda y Australia).[25] Tal proyecto no es exclusivo a/o de los Pueblos originarios. Más bien —tal y como lo muestra la producción textual indígena— se ha nutrido y se nutre de otros conocimientos para regenerarse. El proyecto de Abya Yala implica una conversación e intercambio global, estableciendo conversaciones, diálogos y debates no sólo entre nosotros como indígenas, sino también con estudiosas/os y activistas que provienen de otros pueblos, "especialmente aquellos que comparten la experiencia colonial —en África, en Asia, o en otras partes del mundo" (Arias et.al. 9). Como lo hace ver la producción textual indígena actual, y los análisis de éstas, estamos ahora en una posición más privilegiada que antes donde nuestras propuestas pueden y deben ser escuchadas y discutidas. De ahí la importancia de este libro, el cual —a pesar de sus limitaciones—supone el deseo de seguir los caminos que las literaturas y movimientos indígenas han venido abriendo y forjando.

Para concluir, quiero agradecer a Greg Dawes y Samuel F. Sotillo su valiosa labor editorial y el haber abierto el espacio en la editorial *A contracorriente* para este libro. Por otro lado, agradezco a los autores por haber aceptado la invitación a participar, y por su paciencia. He aprendido mucho de sus contribuciones. También agradezco el apoyo que en varias ocasiones recibí del Departamento de Lenguas Romances, el Instituto de Estudios de las Américas de

---

25 Para algunos estudios que van en esta dirección, véase: Delgado y Brown, y Castellanos, Gutiérrez Najera y Aldama.

la Universidad de Carolina del Norte en Chapel Hill (UNC-CH) y el Centro de Estudios Latinoamericanos y del Caribe de la Universidad de Duke. Tal apoyo me permitió viajar a conferencias, participar en paneles, y conocer e invitar a varios de los contribuidores a visitar UNC-CH y Duke. Agradezco igualmente al Grupo de trabajo Abya Yala, o *Abya Yala Working Group,* auspiciado por el consorcio de estudios latinoamericanos de UNC-Duke, por el apoyo y la ayuda que brindaron con la organización de estos eventos, especialmente a Miguel Rojas Sotelo, Beatriz Riefkhol, Shelley Clarke, Natalie Hartman, Anca Koczkas, Miguel Rocha Vivas, Andrew Stewart, Greg Severyn, Hannah Palmer, Francisco Laguna Correa, Zully Amaya, y Noah Myers. De igual forma, agradezco el apoyo de mis colegas en el Departamento de Lenguas Romances, particularmente Federico Luisetti, Sam Amago, Oswaldo Estrada, Juan Carlos González Espitia, Irene Gómez Castellanos, Logan Bracket y Jennifer Washington. Finalmente, la escritura y publicación de este libro ha sido posible gracias al apoyo del departamento de Lenguas Romances, y la beca Wilmer Kuck Borden Fellowship del Institute for the Arts and Humanities de UNC-CH que obtuve en la primavera de 2013. Por hacer este libro posible, ¡*Maltiox chiwe!*

Bibliografía

Agamben, Giorgio. *Estado de excepción. Homo sacer II, I.* Trad. Flavia Costa e Ivana Costa. Intr. Flavia Costa. Buenos Aires: Adriana Hidalgo, 2004.

Aguirre Beltrán, Gonzalo. *El proceso de aculturación y el cambio socio-cultural en México.* México, D.F.: Fondo de Cultura Económica, 1992.

Albó, Xavier, y Félix Layme P., eds. *Literatura Aymara: Antología.* Literaturas amerindias. La Paz, Bolivia: CIPCA, 1992.

Arguedas, José María. *Ollantay: cantos y narraciones quechuas.* Lima: Patronato del Libro Peruano, 1957.

Arias, Arturo, Luis Carcamo-Huechante, y Emilio del Valle Escalante. "Literaturas de Abya Yala". *Lasaforum* 43.1 (Winter 2012): 7-10.

Arias, Arturo, ed. *The Rigoberta Menchú Controversy.* Minneapolis, MN: University of Minnesota Press, 2001.

Armellada, Cesáreo de, y Carmela Bentivenga de Napolitano, eds. *Literaturas indígenas venezolanas*. Caracas: Monte Ávila Editores, 1975.

Bareiro Saguier, Rubén, y León Cadogan, eds. *Literatura Guaraní del Paraguay*. Caracas: Biblioteca Ayacucho, 1980.

Barthes, Roland. "Introducción al análisis estructural de los relatos." *Análisis estructural del relato*. Ed. Roland Barthes. Buenos Aires: Editorial Tiempo Contemporáneo, 1974. 7-39.

Bebbington, Anthony. "La nueva extracción: ¿Se re-escribe la ecología política de los Andes?" *Umbrales* 20 (2010): 285-305.

Bonfil Batalla, Guillermo, ed. *Utopía y revolución: El pensamiento político contemporáneo de los indios en América Latina*. México, D.F.: Editorial Nueva Imagen, 1981.

Brotherston, Gordon. *La América indígena en su literatura: Los libros del cuarto mundo*. México, D.F.: Fondo de Cultura Económica, 1997.

Cal y Mayor, Araceli Burguete. "Cumbres indígenas en América Latina: Cambios y continuidades en una tradición política. A propósito de la III cumbre continental indígena en Guatemala". *El Quinto Infierno*. S.n. 2007. Internet.

Carrasco, Iván. "Poesía mapuche etnocultural". *Anales de literatura Chilena* 1 (diciembre 2000): 195-214.

Castellanos, Bianet M., Lourdes Gutiérrez Nájera, y Arturo J. Aldama, eds. *Comparative Indigeneities of the Americas: Toward a Hemispheric Approach*. Tucson: University of Arizona Press, 2012.

Chakrabarty, Dipesh. *Provincializing Europe: Postcolonial Thought and Historical Difference*. Princeton, N.J.: Princeton University Press, 2000.

Cintra, Leda Rita. *Escritos indígenas: uma antologia*. São Paulo, Editora Caminhos, 2013.

Del Popolo, Fabiana, Ana María Oyarce, y Bruno Ribotta. "Indígenas urbanos en América Latina. Algunos resultados censales y su relación con los Objetivos de Desarrollo del Milenio". *CEPAL. Revista Notas de Población* 86. (2009): 101-140.

Delgado, Guillermo P. y John Brown Childs. *Indigeneity: Collected Essays*. Santa Cruz, CA: New Pacific Press, 2012.

Devine Guzmán, Tracy. *Native and National in Brazil. Indigeneity After Independence*. Chapel Hill: University of North Carolina Press, 2013.

Favre, Henri. *El indigenismo*. México, D.F.: Fondo de Cultura Económica, 1998.

Franco, Jean. "Some Reflections on Contemporary Writing in the Indigenous Languages of America". *Comparative American Studies*. 3.4 (diciembre 2005): 455-469.

Galich, Manuel. *Nuestros primeros padres*. El Vedado, La Habana, Cuba: Casa de las Américas, 2004.

Garibay K., Ángel María. *La literatura de los aztecas*. El legado de la América indígena. México, D.F.: J. Mortiz, 1964.

—. *Poesía Náhuatl*. 2da. ed. México, D.F.: Universidad Nacional Autónoma de México, 1993.

Garza, Mercedes de la, ed. *Literatura maya: Popol vuh; Memorial de sololá; Libro de chilam balam de chumayel; Rabinal Achí; Libro de los cantares de Dzitbalché; Título de los señores de Totonicapán; Las historias de los Xpantzay; Códice de Calkiní*. Caracas, Venezuela: Biblioteca Ayacucho, 1980.

Grünberg, George, ed. *Indianidad y descolonización en América Latina: Documentos de la segunda reunión de Barbados*. Serie Interétnica. México, D.F.: Editorial Nueva Imagen, 1979.

Guamán Poma de Ayala, Felipe. *Nueva crónica y buen gobierno: Antología*. Lima: Editorial Horizonte, 1998.

Gugelberger, Georg M, ed. *The Real Thing: Testimonial discourse and Latin America*. Durham: Duke University Press, 1996.

Gutiérrez, Ramón A. "Internal Colonialism: An American Theory of Race". *Du Bois Review* 1.2 (septiembre 2004): 281-295.

Hale, Charles, y Rosamel Millaman. "Cultural Agency and Political Struggle in the Era of the Indio permitido". *Cultural Agency in the Americas*. Ed. Doris Sommer. Durham/London: Duke University Press, 2006. 281-304.

Huenún, Jaime Luis, ed. *Antología de poesía indígena latinoamericana: Los cantos ocultos*. Santiago de Chile: LOM Ediciones, 2008.

—, ed. *La memoria iluminada: Poesía mapuche contemporánea / pelótuñma ngütrámtunzüngu: Fachántü ta mapuche ñi ülkántumeken*. Trad. Víctor Cifuentes Palacios (Mapundgun). Málaga: Diputación Provincial de Málaga, Servicio de Publicaciones, 2007.

Kaufman, Terrence, y Victor Golla. "Language Groupings in the New World: Their Reliability and Usability in Cross-disciplinary studies." *America Past, America Present: Genes and Languages in the Americas and Beyond*. Ed. Colin Renfrew. Cambridge, U.K.: The McDonald Institute for Archaeological Research, 2000. 57-67.

León Portilla, Miguel. *Literaturas indígenas de México*. Colecciones MAPFRE 1492. Madrid: Editorial MAPFRE, 1992.

—. *Visión de los vencidos: Crónicas indígenas*. Crónicas de américa. 1ra ed. Vol. 6. Madrid: Historia 16, 1985.

León Portilla, Miguel, Earl Shorris, y Sylvia Shorris, eds. *Antigua y nueva palabra: Una antología de la literatura mesoamericana, desde los tiempos precolombinos hasta el presente*. México, D.F.: Aguilar, 2004.

Lepe Lira, Luz María. *Lluvia y viento, puentes de sonido : Literatura indígena y crítica literaria*. Monterrey, México: Consejo para la cultura y las artes de Nuevo León, 2010.

Lienhard, Martín. *La voz y su huella: Escritura y conflicto étnicocultural en América Latina, 1492-1988*. Lima, Perú: Editorial Horizonte, 1992.

Lincoln, Kenneth. *Native American Renaissance*. Berkeley: University of California Press, 1983.

Mamani Ramírez, Pablo. 2013. "Jach'at äruña, isk'a luraña. Falsa descolonización". *Bolpress*, 9 enero 2013. Internet. S.f. http://www.bolpress.com/art.php? Cod=2013010904.

Mar-Molinero, Clare. *The Politics of Language in the Spanish-Speaking World: From Colonisation to Globalisation*. London; New York: Routledge, 2000.

May, Stephen. *Language and Minority Rights: Ethnicity, Nationalism and the Politics of Language*. New York, NY: Routledge, 2012.

Menezes de Souza, Lynn Mario T. "Surviving on Paper: Recent Indigenous Writing in Brazil". *ABEI Journal – the Brazilian Journal of Irish Studies* 2 (2000): 177-184.

Mignolo, Walter. . *La idea de América Latina. La herida colonial y la opción decolonial*. Barcelona, España: Editorial Gedisa, 2007.

Mignolo, Walter, y Elizabeth Boone. *Writing without Words: Alternative Literacies in Mesoamerica and the Andes*. Durham: Duke University Press, 1994.

Montemayor, Carlos. *La literatura actual en las lenguas indígenas de México*. México, D.F.: Universidad Iberoamericana, 2001.

Montemayor, Carlos, and Jacinto Arias, eds. *La voz profunda: Antología de la literatura mexicana contemporánea en lenguas indígenas*. México, D.F.: Editorial Joaquín Mortiz, 2004.

Montemayor, Carlos, and Donald H. Frischmann, eds. *U túumben k'aayilo'ob x-ya'axche': U meyaj bejlabeno'ob maaya aj ts'íibo'ob ti' u petenil yúucataane' / los nuevos cantos de la ceiba: Antología de escritores mayas contemporáneos de la península de yucatán*. Mérida, Yucatán: Instituto de Cultura de Yucatán, 2009.

Morales López, Micaela.*Raíces De La Ceiba: Literatura Indígena de Chiapas*. 1ra. ed. México, D.F.: Miguel Angel Porrúa, 2004.

Munduruku, Daniel. *Antologia de contos indígenas de ensinamento: Tempo de histórias*. Ed. Heloísa Prieto. 1ra ed. São Paulo, Brasil: Editora Moderna, 2004.

Munduruku, Daniel. *Histórias que eu ouvi e gosto de contar*. Ilust. Rosihna. 2da ed. São Paulo, Brasil: Callis, 2005.

Muyolema, Armando. "De la 'cuestión indígena' a lo 'indígena' como cuestionamiento. Hacia una crítica del latinoamericanismo, el indigenismo y el mestiz(o)aje". *Convergencia de tiempos. Estudios subalternos/contextos latinoameri-

nos. *Estado, cultura y subalternidad*. Ed. Ileana Rodríguez. Amsterdam/Atlanta, GA: Rodopi, 2001. 327-363.

Niño, Hugo. *Literatura de Colombia aborigen: En pos de la palabra*. Bogotá: Instituto Colombiano de Cultura, 1978.

—. *Primitivos relatos contados otra vez: Héroes y mitos amazónicos*. Bogotá: Instituto Colombiano de Cultura, 1977.

Noriega Bernuy, Julio. *Buscando una tradición poética Quechua en el Perú*. Letras de oro. Coral Gables, Fla.: Iberian Studies Institute, North-South Center, University of Miami, 1998.

—. *Poesía quechua escrita en el Perú: Antología*. Lima, Perú: Cep, 1993.

Popol wuj. Biblioteca Guatemala. Ed. Luis Enrique Sam Colop. 2da ed. Guatemala: F & G Editores, 2011.

Potiguara, Eliane. *Metade cara, metade máscara*. Serie visões indígenas. São Paulo, Brasil: Global Editora / Instituto Indígena Brasileiro para Propriedade Intelectual, 2004.

—, ed. *Sol do pensamento*. São Paulo: Inbrapi / Grumin, 2005

Quijano, Aníbal. "Modernidad y colonialidad-racionalidad". *Perú Indígena* 13.29 (1992):11-20.

Rappaport, Joanne. "Intelectuales públicos indígenas en América Latina: Una aproximación comparativa". *Revista Iberoamericana* 72.220 (julio-septiembre 2007): 615-630.

Taylor, Gerard, y Francisco de Ávila, eds. *Ritos y tradiciones de Huarochirí*. Lima: Instituto Francés de Estudios Andinos / Instituto de Estudios Peruanos / Fondo Editorial Universidad Nacional Mayor de San Marcos, 2008.

Rocha Vivas, Miguel. *Palabras mayores, palabras vivas: Tradiciones mítico-literarias y escritores indígenas en Colombia*. Bogotá: Taurus, 2012.

Rocha Vivas, Miguel, ed. *Antes el amanecer: Antología de las literaturas indígenas de los andes y la sierra nevada de santa marta*. Biblioteca básica de los pueblos indígenas de Colombia. 1ra. ed. Bogotá: Ministerio de Cultura, 2010.

Rocha Vivas, Miguel, comp. *Pütchi biyá uai: Antología multilingüe de la literatura indígena contemporánea en Colombia*. Libro al viento. Bogotá: Alcadía Mayor de Bogotá / Secretaría de Cultura, Recreación y Deporte / Secretaría de Educación del Distrito / Fundación Gilberto Alzate Avendaño, 2010.

Segala, Amos. *Literatura náhuatl: Fuentes, identidades, representaciones*. México, D.F.: Grijalbo / Consejo Nacional para la Cultura y las Artes, 1990.

Valle Escalante, Emilio del, comp. & ed. *Uk'u'x kaj, uk'u'x ulew : Antología de poesía maya guatemalteca contemporánea*. Pittsburgh, PA: Instituto Internacional de Literatura Iberoamericana, 2010.

Vargas Llosa, Mario. 1992. "El nacimiento del Perú". *Hispania* 75.4 (1992): 811.

Vázquez, Juan Adolfo. *Literaturas indígenas de América. Introducción a su estudio*. Barcelona, España: Azul, 1999.

Yrigoyen-Fajardo, Raquel. *Pautas de coordinación entre el derecho indígena y el derecho estatal*. Guatemala: Fundación Myrna Mack, 1999.

Zavala, Magda, y Seydi Arraya. *Literaturas indígenas de Centroamérica*. San José, Costa Rica: Editorial Nacional Universitaria Heredia, 2008.

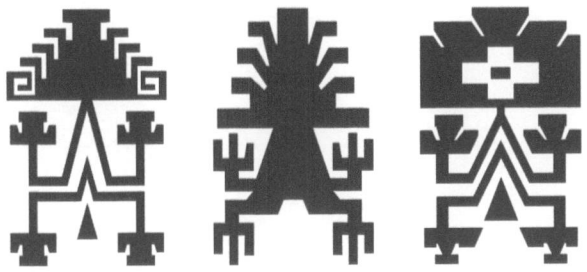

Parte I

Poesía mapuche: la instalación de una mismidad étnica en la literatura chilena

Maribel Mora Curriao
Universidad de Chile

"Ni la ciudad letrada ni la ciudad virtual acabaron con los discursos 'alternativos'. Diversas voces indígenas, antiguas y nuevas, siguen desmintiendo el anuncio de su enmudecimiento definitivo que se viene publicando, más o menos periódicamente, desde hace cinco siglos".

—Martín Lienhard

La literatura mapuche se ha desarrollado en Chile a pesar de los anuncios de "enmudecimiento" que —como sostiene Lienhard— recaen sobre los discursos de los pueblos indígenas. Aunque está claro que los mapuche no desarrollaron escritura propia sino hasta hace muy pocos años, también está claro que sí se generó una tradición de discursos orales de carácter retórico y artístico que se mantuvo y sobrevivió a los procesos de Conquista, Colonia y República para llegar hasta nuestros días. Entre ellos se encuentran los nütram, epew, koyagtun y diversos tipos de ül o cantos, mencionados recurrentemente como antecedentes de la poesía mapuche actual.[1] Sin ahondar en estos discursos tradicionales, cabe mencionar que

---

1 Nütram, epew y koyawtun, simplificando pueden señalarse como tipos de relatos. Distintos estudios tratan de asemejarlos a los géneros occidentales, sometiéndolos a clasificaciones que no siempre resultan por la sutil diferencia entre ellos o la movilidad de las denominaciones. El epew ha sido considerado en el mayor de los casos como un relato de animales que se asemejaría en algunos aspectos a las fábulas; el nütram como un relato, narración o simple conversación retórica de distintos temas y el koyawtun como modalidad discursiva formal en la que se

fueron registrados en distintas épocas por sacerdotes, lingüistas y otros interesados en el tema (Moesbach, Lenz, Augusta, Guevara y Pino, entre otros). Sin embargo, desde la década del ochenta, y sin que estos discursos tradicionales hubieran desaparecido, se comenzó a desarrollar regular y notoriamente la "poesía mapuche". Con alrededor de treinta libros publicados y otros escritos inéditos que circulan en antologías y revistas literarias nacionales e internacionales, se puede ya apreciar las particularidades de esta poesía que tiende a diferenciarse tanto de la literatura chilena como de la literatura mapuche tradicional. Puede sostenerse al respecto que las temáticas y los discursos que la constituyen se articulan en la búsqueda de una mismidad étnica.

Aunque en los estudios sobre esta poesía pareciera haber consenso sobre ciertos hitos, nombres y publicaciones que la refieren, no hay aún una descripción de cómo y por qué se visibiliza, acrecienta y publica esta poesía durante la década del noventa. Nombres como Elicura Chihuailaf, Leonel Lienlaf, Jaime Huenún, Graciela Huinao y Bernardo Colipán, entre muchos otros, se repiten en estudios, revistas literarias, medios de comunicación y páginas electrónicas. Son los poetas mapuche que han trascendido el siglo veinte para instalarse de lleno en el nuevo milenio. Pero, ¿qué ocurrió desde fines de los ochenta para que esta poesía adquiriera notoriedad en Chile? ¿Qué hechos sociales, políticos y literarios permitieron su visibilización? ¿Cómo logra instalarse esta poesía en la literatura chilena y cuáles son las características generales que adquiere?

Antes de entrar de lleno en la descripción de este fenómeno literario en Chile, cabe realizar algunos alcances generales sobre la producción verbal mapuche que la antecede. Un hito curioso sobre este tipo de producción se suscita a principios del siglo XX cuando se menciona como parte de la literatura chilena a las producciones orales mapuche y a Segundo Jara (de nombre mapuche Calvún) como poeta, en la antología de poesía *Selva lírica* (1917).[2] Curioso

habla de historia. Al respecto se puede revisar: Marivil Gloria y Segovia Jeannette; Carrasco Hugo; Mariman et al.

2   Calvún no sólo fue uno de los más importantes informantes de Rodolfo Lenz, sino que también se preocupó de difundir sus ül (cantos) y poemas en diversas localidades y a través del diario *El Mariluán* de Victoria, según consta en un artículo publicado por Pedro Pablo Figueroa en 1907 y en Molina, 1917.

hecho, porque no habrá más adelante otras consideraciones literarias al respecto, sino hasta la década del ochenta. Y no es que no hubiera producción literaria mapuche escrita durante este siglo, sino que ésta quedó invisibilizada a los ojos de literatos y críticos, quizás al producirse en espacios limitados como las publicaciones (periódicos o revistas de circulación restringida) de organizaciones sociales y políticas mapuche o simplemente porque no se les reconoció valor literario en su momento.

Lo cierto es que sólo se conoce de tres textos poéticos que anteceden a la poesía mapuche actual: *Cancionero Araucano* (1939), de Anselmo Quilaqueo; *Poemas mapuche en castellano* (1966), de Sebastián Queupul; y *Epu mari quiñe ülcatun* (1970), de Pedro Alonzo Retamal. Queupul ha sido mencionado recurrentemente como el precursor de esta poesía, aunque desde ésta, su única publicación, pasaron más de veinte años antes que se generara un real auge de ella. En el año 1981 se publica *Algunas cosas* de José Painemilla (Coordinación Regional de Bibliotecas) y en 1982, *Mi mundo niño* de Emilio Antilef, que sólo tenía ocho años al momento de la publicación. Ni estos textos ni estos autores lograron entonces entrar en el circuito de la literatura nacional, aunque fueron comentados aisladamente en algunos medios de comunicación regionales.[3] El nombre de Elicura Chihuailaf, en cambio, se hace presente en círculos literarios ya en 1977 cuando daba a conocer en revistas y trípticos fragmentos de su libro *El invierno y su imagen*, texto que no se publicó como tal, pero que circuló en lecturas poéticas realizadas durante toda la década del ochenta.

Cabe recordar aquí que en los ochenta se desarrollaron en Chile talleres y otras actividades literarias que permitieron no sólo la reunión de escritores y la manifestación artística, sino también abierta o subrepticiamente los pensamientos políticos y sociales de sus participantes. Allí se encontraron más de alguna vez los poetas mapuche de distintas regiones que se consolidaron en la década siguiente. De una u otra manera estas actividades fueron intervenidas por la dictadura de Pinochet y un caso particular fue el del taller Aumen en Chiloé que, tras diez años de labor poética, vio despedidos

---

[3] Excepción es el caso de Emilio Antilef que a su corta edad apareció en periódicos de circulación nacional, fue invitado a programas de televisión y concitó el interés de la oficialidad vigente.

de sus labores docentes a parte de sus integrantes.[4] Allí se formaron los poetas mapuche-huilliches Sonia Caicheo, José Teiguel, Héctor Véliz y Miriam Torres, entre otros. A pesar de estas prácticas, los talleres y encuentros se sucedieron en este y otros lugares del país, siendo esto y las publicaciones (revistas y libros de circulación restringida) parte de la tónica que, junto a las protestas y actos culturales de repudio al régimen dictatorial, marcaron una época.

    La década del ochenta fue una década de luchas sociales y políticas en Chile y toda Latinoamérica. Las reivindicaciones étnicas se potenciaron con las nuevas sensibilidades finiseculares y el continente entero se veía obligado ahora a mirar a sus indios que se levantaban para exigir sus derechos con el compasivo y justiciero acompañamiento de sectores ecologistas y de ciertas izquierdas de países europeos y norteamericanos que los apoyaron de diversas formas. En el área de las artes y la literatura, las producciones mapuche se realizaban al amparo de organizaciones sociales, políticas, culturales o estudiantiles logrando mayor visibilidad sólo durante la década siguiente. Este trabajo se propone hacer una aproximación al proceso de visibilización de la poesía mapuche en la década de los noventa y a los factores sociales, políticos y culturales que rodearon esta emergencia poética; así mismo se pretende describir los hitos fundamentales de este surgimiento y las características literarias generales que adquiere esta poesía emergente. Como los cortes temporales no necesariamente se relacionan con los hechos fundamentales que determinan las emergencias o visibilizaciones de ciertos fenómenos literarios se hará necesario comenzar esta panorámica considerando al menos dos o tres años anteriores a la década que ocupa a este trabajo.

---

4 Este suceso puede verse en Carlos Alberto Trujillo (5, 10 y 19). Trujillo sostiene: "Las dictaduras nunca han sido amigas de la poesía y la de Pinochet no fue una excepción. Muchos poetas tuvieron que salir del país forzadamente. Varios lo lograron tras meses en prisión, en campos de concentración o relegados en pequeños pueblos. La historia no estaba para bromas." (10) Sobre encuentros y publicaciones del ochenta en el sur de chile, se entrega abundante información en Sergio Mansilla (13-26 y 157-167).

Emergencia de la poesía mapuche: factores y circunstancias sociopolíticas de la visibilización de los discursos indígenas en Latinoamérica

Antonio Cornejo Polar, en *Escribir en el aire*, sostiene que escribe tratando de escapar al imperativo de definir una Latinoamérica "uniforme, complaciente y desproblematizada". Se sitúa en el hecho histórico indesmentible del trauma de la conquista y se pregunta por qué es tan difícil asumir la "hibridez, el abigarramiento y la hetereogeneidad" propia del continente:

> Aquí todo está mezclado con todo, y los contrastes más gruesos se yuxtaponen, cara a cara, cotidianamente. Visceralmente dislocada, esta intensa comarca social impone también, como materia de la representación verbal, códigos de ruptura y fragmentación [...] realidad [de] ejecución reiterada de injusticias y abusos, ocasión siempre abierta para discriminaciones, maquinaria que insume y produce miserias insoportables. (22)

Desde esa realidad diversa y conflictuada Cornejo Polar define el sistema literario de Latinoamérica como una "totalidad contradictoria" en la que conviven histórica y espacialmente diversos sistemas literarios, entre ellos el culto, el indígena y el popular. Esa diversidad de la que hablan los estudios latinoamericanos actuales se evidencia durante la década del ochenta, tanto desde las producciones literarias, como desde la visibilización de los movimientos indígenas que reclamaban la aceptación de la pluralidad étnica y cultural del continente. Se explicitó entonces, una vez más, un problema latente que no podía soslayarse después de siglos de ocultamiento y negación: "la cuestión indígena". Cuestión que adquirió gran fuerza en los noventa.

Para que ello ocurriera en Chile, la situación política debió cambiar. Si a principio de los ochenta las demandas indígenas en el país se articularon al amparo de la Iglesia Católica, avanzando la década las organizaciones se fueron acercando a los partidos políticos que se aunaban en oposición al régimen dictatorial imperante. En un escenario de violencia que tuvo sus momentos álgidos en hechos como el "caso degollados", "el caso quemados" y "la matanza de Corpus Cristi", el país se tensionaba bajo el mando militar y los grupos mapuche organizados también tomaron partido en las luchas sociales que pretendían poner fin a la dictadura de Pinochet.

Las tensiones producidas al politizarse el movimiento genera a fines de los ochenta la diversificación de las organizaciones mapuche y mientras algunas simpatizaban o militaban políticamente, otras se alejaban tomando un camino sólo de reivindicación étnica.[5] Aunque desde entonces adoptaron diversas formas de acción, las organizaciones se aunaron en torno a la canalización política de las demandas de manera que fueran incluidas en la nueva democracia que se prometía y participaron con sus pares latinoamericanos en encuentros y cumbres que preparaban acciones de protesta contra el Quinto Centenario del llamado "Descubrimiento de América".

Un aliciente para las demandas de los pueblos originarios —como se les comienza a llamar entonces— fue el reconocimiento constitucional nicaragüense de los derechos de libre determinación y autonomía de los pueblos indígenas de la Costa Atlántica en 1987. Los mapuche en tanto, no sólo se preparaban —como todo Chile— para el plebiscito que en 1988 le diría "no" a la dictadura militar, sino que también iniciaban conversaciones en torno al reconocimiento constitucional de los pueblos indígenas y a la elaboración de una nueva ley que promoviera la multiculturalidad. Conversaciones que dieron como fruto "el acuerdo de Nueva Imperial" firmado en 1989 por el entonces candidato presidencial de la Concertación para la Democracia, Patricio Aylwin Azócar, y las comunidades indígenas de Chile. Esto instaló políticamente el tema.[6]

Durante esa década una decena de poetas mapuches ya estaba desarrollando su producción literaria en distintas zonas geo-

---

[5] A fines de los ochenta, algunas de las organizaciones mapuche que estaban en funcionamiento eran: Newen Mapu (1987), asociada a la Democracia Cristiana; Centro Cultural Mapuche AG (1987), creada por ex militantes comunistas; Callfullican, creada por ex militantes socialistas; Lautaro Ñi Aillarehue, asociada al partido socialista; Admapu, organización heredera de los Centros Culturales mapuche (CCM) que tomaron el nombre Admapu en 1980, al legalizarse; la asociación mapuche Arauco; Choin Folilche; la tradicional Junta de caciques de la Butahuillimapu, que abarca comunidades mapuche-huilliches de las provincias de Osorno, Valdivia y Chiloé; y Münku Kusubkien, organización huilliche de Osorno, entre otras más. Respecto a este momento se puede revisar desde distintas perspectivas: Saavedra; Reuque y Mallon; José Bengoa; Pablo Marimán et al.; y José Marimán.
[6] Ese mismo año se realizó en Oaxaca el Foro sobre Derechos Humanos de los Pueblos Indios; se convocó a la Campaña 500 Años de Resistencia Indígena, Negra y Popular (Confederación de Nacionalidades Indígenas del Ecuador CONAIE, Organización Nacional Indígena de Colombia ONIC, South and Mesoamerican Indian Rights Center SAIIC) y en Colombia se realizó el "Encuentro latinoamericano de organizaciones campesinas e indígenas".

gráficas del país. Temuco, Chiloé, Concepción, Santiago y Osorno, escucharon o leyeron, a la sombra de la dictadura, dichas producciones. Los talleres locales de poesía, las peñas, las revistas y otras publicaciones permitían, la mayor parte de las veces con escasos recursos dar a conocer a un público interesado lo que se estaba haciendo en poesía. A pesar del esfuerzo, muchos de estos productos expresaban en su realización carencias de todo tipo. Fueron tiempos en que la precariedad era también valentía. Y así lo entendía María Teresa Panchillo al fragor de las luchas mapuche en contra el decreto de división de tierras indígenas dictado en 1979 y lo expresaba en su combativo poema "Calibre 2.568" que alude a dicho decreto. "Me disparan desde La Moneda / con una bala de calibre 2.568" leía Panchillo desde Santiago a sus compañeros de Ad Mapu, mientras Graciela Huinao, Erwin Quintupil, Anselmo Raguileo, José Santos Lincomán, César Millahueique, Lorenzo Ayllapán, y tantos otros, escribían los poemas que circulaban en revistas, trípticos e informativos de circulación restringida o bien, en lecturas poéticas de diversas organizaciones.[7]

Otros transitaban ya, en esos años, la senda del reconocimiento de sus pares chilenos y eran acogidos en antologías poéticas y revistas literarias. El año 1988, Elicura Chihuailaf autoeditaba su libro *En el país de la memoria,* que le dio cierto reconocimiento en los círculos poéticos del sur de Chile y en otros lugares del mundo, donde los exiliados chilenos y mapuche difundían la literatura nacional.[8] Al año siguiente Leonel Lienlaf presentaba *Se ha despertado el ave de mi corazón,* prologado por el poeta chileno Raúl Zurita. Ese mismo año la poesía de Jaime Huenún era incluida en la antología de poesía chilena *Cartas al azar,* de Verónica Zondek y Elvira Hernández. En la isla de Chiloé, en tanto, la poeta mapuche-huilliche Sonia Caicheo había publicado ya para esa fecha dos libros

---

7   Además de estos nombres se pueden rastrear en diversos estudios y entrevistas algunos que se mantienen escribiendo hasta ahora y otros que publicaron esporádicamente, entre ellos y ellas: Antonio Mulato, César Millahueique, Domingo Colicoy, Emilio Antilef, Héctor Véliz Pérez-Millán, Jorge Loncón, José Ancán Pilquian, José Painemilla, José Teiguel, Juan Elías Necul, Leonel Melín, María Angélica Reiñanco, María Teresa Panchillo, Pedro Aguilera Milla, Rosendo Huisca, Sandra Trafilaf, Víctor Cachaña, Víctor Hugo Cárdenas, Victoriano Pranao y Viviana Marilaf.

8   Entre el 27 y 29 de octubre de 1989 Elicura Chihuailaf participa del encuentro de Poesía Latinoamericana, realizado en Estocolmo, Suecia, junto a los poetas nacionales Teresa Calderón, Diego Maqueira y Jorge Teiller.

de poesía: *Horas de lluvia (1977)* y *Recortando sombras* (1984).[9] Rayen Kuyeh, tras dar a conocer sus primeros poemas en el exilio en revistas catalanas, alemanas y vascas, publica su primer libro en Alemania el año 1989. *Wvne coyvn ñi kvyeh / Mond der ersten Knospen*, es un libro bilingüe, mapudungun-alemán que sólo el año 1997 ve la luz en Chile en una autoedición realizada en Temuco. Si el plebiscito de 1988 fue para los chilenos el inicio de un lento proceso de retorno a la democracia, para la poesía mapuche el año 1989 fue el año decisivo en su proceso de visibilización. La publicación del libro de Lienlaf, y el premio municipal de poesía otorgado al año siguiente, marcaban el inicio del reconocimiento literario y mediático para esta poesía, hito en el que ahondaremos más adelante.

Mientras esto ocurría en Chile, en el mundo en general y en Latinoamérica en particular, se generaban una serie de transformaciones que darían origen a un ambiente de "transición" en todo el orbe. En un marco de caídas —de dictaduras, muros, bloques— la década del ochenta culminaba con la necesidad de rehacerse dentro de un nuevo orden de cosas. Ese nuevo orden fue para unos la temporal alegría de los cambios que se prometían democráticos y pluralistas; para otros el término de las utopías y la derrota. En cualquier caso, neoliberalismo y globalización fueron los conceptos más escuchados y discutidos del período. Los intelectuales que ponen sorpresivamente la lápida a la modernidad, sus vicios y sus virtudes, instauraron los "pos" y los "neos" que se enseñorearon desde entonces en las academias. El punto central de este juego de prefijos hizo evidente que las palabras tradicionalmente usadas para definir tal o cual situación eran insuficientes o precarias frente a una

---

9 Respecto de Sonia Caicheo y los demás poetas mapuche-huilliche de Chiloé que acá se mencionan cabe hacer notar que sólo hace un par de años han sido considerados desde su condición étnica mapuche en estudios literarios, ya que anteriormente sólo se les reconocía como poetas "chilotes". Es el caso José Teiguel, Miriam Torres Millán, Héctor Véliz y otros más. La excepción es José Santos Lincomán que por ser dirigente de la ButaHuillimapu (Junta de caciques huilliches) su filiación étnica resulta evidente. Cabe hacer notar aquí que la reivindicación étnica no fue en principio un hecho generalizado entre escritores de origen mapuche (algunos de ellos privilegiaron durante años su rol de poetas por sobre su condición étnica y su poesía no difería de la de cualquier otro poeta coetáneo) a medida que avanzaba la década del ochenta este hecho fue haciéndose cada vez más recurrente en encuentros y talleres de poesía. Ya en los noventa se comienza a percibir con mayor claridad no sólo las posturas literarias de los autodenominados poetas mapuche, sino también las particularidades de una poesía que con sus diferencias étnicas y culturales pretendía inscribirse en la literatura nacional.

realidad que lejos de homogeneizarse en "la aldea global", dejaba en evidencia no sólo la vorágine del cambio, sino también toda la heterogénea complejidad que encierra. Y ante esa heterogeneidad visibilizada tras el término del llamado socialismo real, el cambio de sensibilidad de fines de siglo y la apertura intelectual hacia la *otredad* (sus manifestaciones consideradas marginales o alternativas), la cuestión indígena se instalaba en un escenario propicio para ser vista y oída. El año 1990 abría una década con esperanzas, expectativas y luchas significativas para los movimientos indígenas. En ese marco surge el Ejército Zapatista de Liberación Nacional que generó el levantamiento indígena en Chiapas; la Confederación de Nacionalidades Indígenas de Ecuador; los foros de las Naciones Unidas; el Proyecto de la Declaración de los Derechos de los Pueblos Indígenas; el Convenio 169 de la OIT sobre los pueblos indígenas y tribales en países independientes; la Declaración Universal de los Derechos Lingüísticos; y la declaración de los noventa como Década de los Pueblos.[10] Tras quinientos años parecía que este redescubrimiento —siempre en manos de los descendientes de europeos— a pesar de la violencia de algunos hechos se pretendía por lo menos más amable que el precedente.

Las movilizaciones indígenas se orientaron a lograr la visibilización política y a interpelar a los Estados y organismos multilaterales, para la consecución del reconocimiento de sus derechos fundamentales. Los discursos enfatizaban la identidad indígena, las lenguas propias, las cosmovisiones, proponiendo construir un mundo alternativo a la hegemonía de occidente. Para la consecución de estos proyectos enarbolaban los conceptos de autonomía, territorio y autodeterminación (Bengoa; Burguete). En Chile fue la creación de Aukiñ Wallmapu Ngulam —Consejo de todas las Tierras— lo que marcó la radicalización de los discursos. Su acción disruptora fue

---

10   Los siguientes países han reconocido el carácter multicultural de sus Estados: Argentina, Bolivia, Brasil, Colombia, Ecuador, Guatemala, México, Nicaragua, Paraguay, Perú y Venezuela. Chile, El Salvador, Honduras y Panamá, han reconocido algunos derechos como una educación diferenciada, el uso de sus elementos culturales propios y enseñanza en su propia lengua. Algunas Constituciones reconocen las lenguas vernáculas como idiomas de uso oficial. Otros hechos significativos fueron: "Declaración de Quito" Ecuador, de 1990; la de Temoaya México, de 1993; II encuentro Indígena de Guatemala que apoyó la campaña de Rigoberta Menchú al Nobel de la Paz 1991; I Cumbre de Pueblos Indígenas organizada por Rigoberta Menchu en Chimaltenango Guatemala, el 23-28 de mayo de 1993; II Encuentro Continental de Pueblos Indígenas en México 1993.

la recuperación simbólica de tierras, y aunque pretendió agrupar a todas las comunidades mapuche, esto no se dio en la práctica. A fines de la década otra organización más radical —Coordinadora de comunidades mapuche en conflicto Arauco Malleco (CAM)— optaría por el enfrentamiento directo con el Estado y los particulares al no tener respuestas a sus antiguas demandas por usurpaciones de tierras.

Para los mapuches ésta fue una década de fuertes luchas: Quinquén, Ralco, Lumaco, Traiguén, Malleco.[11] Estos son nombres que permanecen en la memoria de quienes participaron de las organizaciones mapuche que florecieron en esa década.[12] Las luchas por recuperación de las tierras fueron tema recurrente en los medios de comunicación de masas. El modelo chileno basado en una democracia protegida heredera del régimen dictatorial y la economía neoliberal que promovía los tratados de libre comercio, las privatizaciones y el desarrollismo, se convertía en sólida muralla contra la que chocaban las demandas por territorio, autonomía y autodeterminación (Drake y Jaksic; Guillaudat y Mouterde). La ley sobre asuntos indígenas 19.253, aunque trajo algunos avances en materia de derechos culturales y lingüísticos, la creación de fondos de tierras y de una entidad para asuntos propios (CONADI), no solucio-

---

11   Organizaciones nacionales e internacionales adhirieron a las demandas indígenas y ecologistas en estas zonas. La oposición a la represa Ralco fue una lucha infructuosa de toda una década; finalmente el 2005 fueron inundados valles y cementerios pehuenches. En relación a la situación de los mapuche, el relator especial de las Naciones Unidas, Rodolfo Stavenhagen, en noviembre de 2003, sostuvo que: "Los derechos sobre la propiedad de la tierra y la territorialidad constituyen uno de los problemas históricos más graves que afectan a los pueblos indígenas de Chile, ya que son el resultado de un largo proceso de despojo de sus tierras y recursos. El programa de compra de tierras para los indígenas [...] se implementa lentamente con recursos insuficientes, lo que no ha permitido extenderlo a todas las áreas necesitadas, produciendo insatisfacción entre la población indígena [...] Las distintas leyes sectoriales facilitan y protegen la inscripción de derechos de propiedad privados sobre recursos que tradicionalmente han sido propiedad comunal".
12   Las organizaciones mapuche más visibles en la década del noventa fueron: Coordinadora de comunidades mapuche en conflicto Arauco-Malleco (CAM); Identidad Territorial Lafkenche, Aukiñ Wallmapu Ngulam Consejo de todas las Tierras y Meli Wixan mapu. También en esta década tuvieron protagonismo las organizaciones de investigación, desarrollo y difusión cultural y artística como: Corporación de desarrollo y comunicaciones mapuche Xeng Xeng; Casa de Arte Mapuche Mapu Ñuke Kimce Wejin; Casa de la mujer mapuche; Centro de documentación mapuche Liwen; Trafkin; Grupo universitario Mapuche We Kintun; Sociedad mapuche Lonko Kilapán, entre algunas más.

naba los problemas de fondo. El reconocimiento constitucional de los pueblos indígenas en Chile no vio la luz en los noventa. En torno a las movilizaciones surgía la necesidad de pensar la situación del mundo mapuche desde perspectivas distintas y la cuestión identitaria pasó a ser un tema central. No sólo se estaba luchando por un territorio, sino por una nueva forma de ser mapuche.

Los poetas mapuche no estuvieron ausentes de este proceso, más bien desde uno y otro frente se encargaron de dejar en claro sus posiciones. El 13 de marzo de 1994, Lienlaf en entrevista, afirmaba: "Mi lucha ya no es sólo cultural [...] Me he involucrado en la defensa del bosque nativo, porque su suerte afecta directamente a la de mi pueblo y es parte de su historia" (Guerrero, "La poesía mapuche hoy" 4). Lienlaf aludía con ello al rechazo a la explotación maderera de astillas en Chiloé que por entonces era ampliamente debatida. Como él, otros poetas participaron de actividades en apoyo a las luchas que se gestaban y Ralco fue el punto de encuentro para quienes buscaban justicia frente a una situación de la que ellos mismos eran producto: reducciones, expropiaciones, migración forzada y pérdida de elementos culturales propios. Reencontrarse con sus raíces fue por cierto el otro gran aliciente. Paulo Huirimilla, Adriana Paredes Pinda y Bernardo Colipán, entre otros jóvenes poetas urbanos, comenzaron allí su "viaje a la semilla". La reetnificación de que algunos hablan.

La poesía, a pesar de dejar al descubierto las fracturas identitarias, se convierte entonces en otro elemento de lucha. Como señalaba Jaime Huenún:

> El poeta, mientras tanto, circula sobre su identidad fragmentada, revisando una y otra vez los torvos materiales de la desmemoria y la contramemoria. En medio de las alucinaciones y las fracturas del tiempo real —la ciudad de fin de siglo— recordar y remontar hacia el origen de la sangre y la palabra es siempre un acto subversivo [...] sus efectos aunque imprevisibles son siempre poderosos. ("Poeta de la tierra / ciudadano de la página" 167)

Desde estas convicciones compartidas por los poetas mapuche que entonces se encontraban y reencontraban en las diversas actividades culturales y literarias, se articularon los discursos públicos, cada vez más requeridos por los medios de comunicación de masas. Importantes fueron también en esa década los intentos por agrupar a los creadores mapuche. Entre los gestores relevantes se encontraban: Rayen Kvyeh, quien a través de la casa de Arte mapuche *Mapu Ñuke Kimce Weyiñ* publicaba una revista de difusión artística y social bajo el mismo nombre; Jaime Huenún que con auspicios de la Universidad de la Frontera editaba la revista Pewma Literatura y arte, y organizaba encuentros locales de poesía; y Elikura Chihuailaf que, a través del Centro de Documentación mapuche Liwen, publicó la revista *Kallfu Püllü* y organizó en 1994 el encuentro de escritores mapuche y no mapuche *"Zugutrawun. Reunión en la palabra"*, que selló el reconocimiento de los literatos chilenos hacia una nueva manifestación literaria: la poesía mapuche.

En las cercanías y postrimerías de la conmemoración del quinto centenario, la intelectualidad chilena se dio a la tarea de mirarse a sí misma en su condición de tal y en su filiación latinoamericana. Se sucedieron entonces debates, foros y congresos que hablaban sobre el tema de la identidad. Una de estas actividades fue el Diálogo Quinto Centenario realizado en la Sociedad de Escritores de Chile (SECh) el 29 de mayo de 1992.[13] Se abordaron allí muchos de los temas que se estaban discutiendo en distintos espacios, temas como "la construcción del otro" (el indio) desde la subalternidad y la opresión; "la identidad latinoamericana" que considera o no al indio; el reconocimiento de que ese es un momento en que se puede "mirar a ese otro" de manera distinta; se asumió los riesgos de ese "mirar petrificándolos", exigirles que sean ese algo definitivo que se quiere o puede ver; se dejó en claro también la importancia de reconocer esa "zona ambigua, la hibridez" que compone la realidad latinoamericana; y por último se reconoció que si este diálogo era posible, se debía en gran medida a que existían elementos teóricos para ello. Observar ciertas producciones como las de Huamán Poma, sugería Grínor Rojo, era factible gracias a la deconstrucción actual del concepto de literatura. Adriana Valdés, adscribiendo a esta reflexión, afirmaba: "Creo que hace treinta años no teníamos con qué y, aunque hubiésemos tenido las ganas, nos habrían dicho 'son desbordes emocionales de ustedes', y nosotros mismos nos habríamos reprimido" ("Diálogo Quinto Centenario" 89). Era posible en esos momentos dar cabida a los discursos que ponían en

---

[13] Participaron en la mesa de conversación: la crítica de arte y literatura Adriana Valdés; el novelista y crítico literario, Jorge Guzmán; el filósofo Humberto Giannini; y el científico-biólogo Humberto Maturana y como moderador, Grínor Rojo. Véase "Diálogo Quinto Centenario" 89.

interdicción a la sociedad chilena del nuevo milenio. La identidad nacional ya no se veía unívoca y se había instalado a nivel mediático el asunto indígena. Y para muchos (ecologistas, medioambientalistas, pacifistas, promotores de los derechos humanos, intelectuales, etc.) ésta será una nueva bandera de lucha. El punto que quedaba abierto aún era si este reconocimiento del "otro", esta apertura era tal que permitiera su ingreso a espacios propios de los intelectuales chilenos. Y Humberto Maturana planteaba el tema en los siguientes términos:

> [...] nosotros estamos aquí, en esta mesa, en la SECh, siendo algunos profesores de la Universidad y otras cosas [...] pero el mapuche, no está aquí. Los que están aquí son los que viven esta dualidad, o ninguna dualidad [...] es raro encontrarse con un mapuche-mapuche aquí. A lo mejor alguien se encuentra con un poeta maravilloso mapuche y lo trae. ¿Pero es raro no? No porque sea raro ser poeta entre los mapuches, pero es raro que lo traigamos acá, incluso nosotros que nos consideramos suficientemente alertas y abiertos. ("Diálogo Quinto Centenario" 89)

Las dudas planteadas por Maturana en este diálogo involucran una serie de aspectos que es necesario ver a la luz de las relaciones que los poetas mapuche establecieron durante la década de los noventa con la literatura chilena en general.

La poesía mapuche como discurso de identidades marginadas en Chile

El proceso de visibilización de la poesía mapuche en el Chile de los noventa se entiende inmerso en los procesos sociales, políticos y económicos que viven el país y los pueblos originarios, y las transformaciones del sistema literario nacional. Vinculada a la tradición literaria occidental la producción poética de los intelectuales mapuche, de manera voluntaria o involuntaria, pasa a formar parte de ese *campo intelectual*. Pero como sostiene Claudia Zapata, éste es un espacio de poder en que se corren riesgos, el primero de ellos es que allí los intelectuales indígenas aparecen como los "recién llegados" y muchas veces se les considera más por la exclusión de que han sido objeto, que por constituir corrientes de pensamiento.[14]

---

14   Claudia Zapata, a propósito de lo que señalaba el dirigente indígena Ye´cuana de Venezuela Sieón Jiménez en 1979, dice que: "para el intelectual 'de procedencia

Aunque este fue el riesgo, la poesía mapuche se comenzó a leer, antologar, traducir y estudiar en distintas instituciones nacionales y extranjeras.

Como ya se señaló a fines de los ochenta se visibilizan las primeras producciones poéticas ante la crítica, el sistema literario y la sociedad en general, alcanzando notoriedad mediática. Mientras la mayoría de los chilenos soñaba con el término de la dictadura y el inicio de una democracia pluralista e inclusiva, las producciones literarias nacionales se enunciaban ya desde distintos lugares: lo social y político radicalizado, lo femenino, lo homosexual, lo neovanguardista, lo neocoloquial, lo etnocultural, se encontraban en un mismo escenario.[15] El uniforme obligado terminaba por romperse y allí en ese tablado la polifonía parecía hacerse realidad, aparecían entonces nítidas y claras las voces de tres poetas mapuche que por su calidad literaria y propuesta estética no pudieron sino ser considerados por sus pares chilenos, ellos eran: Chihuailaf, Lienlaf y Huenún.

Antes de hablar de estos poetas, cabe señalar que en la década de los ochenta dos autores chilenos hicieron visible el tema indígena: Clemente Riedemann con Karra Maw´n (Ed. Alborada, 1984) y Juan Pablo Riveros con *De la tierra sin fuegos* (Libros del Maitén 1986). Guardando las diferencias, se aprecia en ambos la necesidad de evidenciar la historia de la colonización del sur de Chile. Instalado el tema indígena, al menos en la poesía del sur de Chile, se hizo más fácil oír las producciones de los integrantes de estos pueblos. Otro hecho literario, que aunque poco difundido, fue otro antecedente de la apertura de la literatura chilena hacia la poesía mapuche, fue la publicación de *Nepegñe Peñi Nepegñe. Despierta Hermano despierta* antología poética realizada por el dramaturgo Juan Radrigán, quien desde su deseo de colaborar con el trabajo

---

indígena', el llamado fue entonces a constituirse en un 'intelectual indígena' [...] Por lo tanto, no es ya el antropólogo o el etnohistoriador el que va a dar cuenta de su situación (únicamente), sino un integrante mismo de la sociedad indígena. Este tipo de representación significa la posibilidad de hacer el tránsito desde el sujeto colonizado (aquel que es hablado por otros o en el mejor de los casos, 'informante nativo'), al sujeto con identidad étnica, capaz de reflexionar sobre las condiciones de su existencia y de apropiarlas en un sentido político". Claudia Zapata, "Michel Foucault, los intelectuales y la representación. A propósito de los intelectuales indígenas".

15 Morales Andrés: *Breve visión de la poesía chilena actual*. En Cyber Humanitatis Nº 38 (Otoño 2006).

mapuche y "del compromiso con los marginados" (como se señala en la solapa del libro) elabora esta muestra poética de seis autores mapuche.[16] Se trataba de hacer presente una realidad que estaba allí, pero permanecía en los márgenes y no lograba ingresar al sistema literario nacional.

    A pesar del intento, esta antología no tiene gran repercusión como tampoco lo logra el primer libro de Chihuailaf, *En el País de la Memoria* (1988), a pesar de la inclusión y el reconocimiento que este poeta tiene entre los escritores nacionales desde inicio de los ochenta.[17] Elicura Chihuailaf, como los poetas mencionados, fue parte de esta poesía del sur desarrollada en época de dictadura. Es el primer poeta mapuche conocido como tal en el circuito literario chileno e incluido en él. Desde 1977 ha desarrollado un trabajo literario sistemático con un fuerte compromiso étnico y cultural y, durante la década del ochenta, bajo la mirada atenta de la dictadura, desarrolló también una ardua labor en pro de la literatura chilena en el sur de Chile, publicando 12 números de la revista *Poesía diaria* junto al escritor Guido Eytel. Durante esa misma década, Chihuailaf participó de encuentros regionales y nacionales de escritores chilenos junto a José María Memet, Omar Lara, Guido Eytel, Bernardo Reyes, Jaime Quezada, entre otros. Su opción por la poesía y la cultura mapuche lo llevó a principios de los noventa a vincularse a organizaciones como el Centro de Documentación Mapuche Liwen, desde donde promovió la literatura y la pintura mapuche. Este au-

---

16 Ésta antología reúne los poemas de seis mapuche: Domingo Colicoy, Pedro Alonso Retamal, Juan Elías Necul, Lorenzo Aillapán, Sebastián Queupul y José Santos Inaicheo, más un poema recopilado por tres estudiantes de la Universidad Austral que no son identificados. No se registra en este libro dato biográfico alguno de los autores de los poemas, datos sobre la selección de éstos o criterios literarios o estéticos que la hayan determinado. En ella se encuentran poemas de diversa factura y calidad literaria, algunos más cercanos a la tradición oral mapuche y otros a la tradición poética occidental, algunos en versión bilingüe (mapudungun-español) y otros sólo en español; abordan temas diversos que van desde las tradiciones mapuche y su relación con la naturaleza, hasta reclamos por justicia, desamor, desarraigo, traición. Cabe hacer notar que José Santos Inaicheo es el mismo José Santos Lincomán Inaicheo, Lonko de la junta de caciques de Butahuillimapu, poeta y cuentista de Chiloé.

17 Siguieron a este libro: *El Invierno, su Imagen y Otros Poemas Azules* (1991) y *De Sueños Azules y Contrasueños* (1995), obtuvo los Premios: Municipal de Literatura de Santiago y Consejo Nacional del Libro y la Lectura. Tradujo los poemas de Pablo Neruda al mapudungun: *Todos los Cantos / Ti kom Ül* (1997) y escribió un libro ensayístico *Recado Confidencial a los Chilenos* (1999) con el cual obtuvo el Premio Consejo Nacional del Libro y la Lectura 2000.

tor ha sido considerado en diversas antologías de poesía nacionales y del sur de Chile donde se le ha reconocido como "poeta mapuche", poeta intercultural, poeta etnocultural, entre otras clasificaciones.[18]

Sin embargo, el reconocimiento literario visible y mediático lo obtiene *Se ha Despertado el Ave de mi Corazón* de Leonel Lienlaf, poeta mapuche de entonces 19 años, comentado por Ignacio Valente en la *Revista de Libros* el 22 de octubre de 1989. Valente, crítico caracterizado como el censor de la literatura chilena durante la dictadura militar, le dedicó un extenso comentario. No fue éste un hecho menor en un país donde los resabios de la dictadura sedimentaron profundamente. Así, las cosas, esta publicación se convirtió en el pie de entrada de esta poesía al ámbito de la literatura nacional, pero esa entrada quedó marcada por las palabras de Valente: "Es imposible –sería injusto– calibrar los versos de este poeta mapuche de 19 años [Leonel Lienlaf] con el criterio que normalmente usamos para juzgar la nueva producción poética del país. Pues Leonel Lienlaf pertenece a una tradición cultural distinta, que yo en gran parte ignoro (*¡mea culpa!*)".

Será este *mea culpa* de Valente el que regirá en gran medida la "acogida" de las producciones literarias mapuche posteriores en los círculos literarios e intelectuales. El desconocimiento de la otra cultura será la excusa más recurrida para no pronunciarse literaria o estéticamente sobre estas producciones. Un *mea culpa* que permite no adentrarse o desentenderse de ellas so pretexto de dicho desconocimiento cultural. Sólo unos pocos harán el ejercicio de acercarse a la cultura para comprender estas producciones aunque en general lo harán sólo desde la perspectiva de la identidad.

Lienlaf recibe el premio Municipal de poesía al año siguiente con amplia cobertura de prensa. Su juventud, su procedencia rural, la correspondencia física con el estereotipo mapuche, el ser ha-

---

[18] La poética etnocultural ha sido propuesta por Iván Carrasco y usada por algunos académicos desde la década del noventa. Carrasco señala que ésta se caracterizaría por plasmar superposiciones interculturales, textos de codificación dual o plural, *collages* etnolingüísticos, palimpsestos indígenas, europeos y criollos, autoría y enunciación sincrética, híbrida o intercultural, intertextos transliterarios, para investigar, denunciar y reconstruir espacios étnicos y socioculturales de violencia, discriminación, genocidio, así como formas de utopía y diálogos interétnicos; véase Carrasco "Los textos de doble codificación. Fundamentos para una investigación", "La literatura etnocultural en Hispanoamérica: concepto y precursores" e"Interdisciplinariedad, interculturalidad y canon en la poesía chilena e hispanoamericana actual".

blante del mapudungun y practicante de una tradición ancestral de ülkantufe (cantor), además de tener la habilidad de traducir poéticamente al español (aunque con ayuda de Zurita, como reconoce en alguna entrevista) le valieron un éxito arrollador no sólo en Chile, sino también en el viejo continente, hacia donde viajó a exponer su poesía, su cultura y su condición étnica.[19] Se evidenciaba entonces rápidamente el segundo riesgo en este proceso de visibilización de la poesía mapuche: la cooptación. Como señala Lienhard:

> La euforia provocada por el surgimiento, en los circuitos de la cultura de elite y la de masas, de algunas voces nuevas, 'populares', no debe ocultar el hecho de que éstas—además de no representar sino la punta de un iceberg cuyas partes sumergidas desconocemos—son el resultado de un proceso de cooptación por parte de los dueños del poder discursivo. Proceso que implica la adaptación de esas voces a los deseos o los intereses de los cooptantes. ("Voces marginadas" 796-797)

Y el deseo de los medios fue la imagen de ese mapuche puro, vinculado a lo ancestral, fiel a sus tradiciones que hablaba desde un lenguaje primigenio, el tópico del buen salvaje que pudiera oponerse al mapuche violento de las recuperaciones de tierras en el sur.[20] Así, aunque la poesía mapuche en general no fue complaciente,

---

19 En entrevista con Margarita Cea, Lienlaf habla sobre la ayuda que le prestó Zurita en la traducción de sus poemas que él declara escribe en mapudungun. "Mientras conversábamos él me ayudaba a encontrar las palabras precisas en castellano. Si bien es cierto que yo hablo el castellano, hay muchas palabras que me cuesta encontrar, que correspondan exactamente a cada idea", en *Análisis* 13 de agosto de 1990 (39). Lienlaf desde 1991 hasta la fecha ha investigado la cultura y la literatura oral mapuche; ha incursionado como guionista de *Punalka El Alto Bio Bio* (1994), *We tripantu* (1996), Centro de Estudios y Comunicación indígena *Lulul Mawidha*; *Wirarün-grito y Quinquen, tierra de refugio* (1998) de AM producciones (dirección de Margarita Campos); en 1998 realizó un disco compacto de canto y poesía mapuche, financiado por embajada de Finlandia; ha sido el ejecutor y creador del proyecto "Elaboración de módulos literarios con énfasis en poesía mapuche, orientado a profesores de educación general básica" bajo el alero de la Pontificia Universidad Católica de Chile, sede Villarrica, en el 2003.

20 Un interesante trabajo sobre los mapuche en los medios de prensa y la oposición binaria buenos/malos que se presenta en los medios de comunicación es "Bravas, Integradas, Obsoletas: Mapuche Women in the Chilean Print Media", de Patricia Richards [*Gender & Society* 21.4 (agosto 2007): 553-578]. Allí se pretende demostrar que las imágenes tradicionalmente establecidas de mujeres mapuche, los medios de comunicación las presentan en la dicotomía buena/mala. Se sostiene que buenas serían las que responden a los patrones de mujer madre que educa y prepara a sus hijos para ser buenos ciudadanos, y mala sería aquella que adopta

sino generalmente contestaria, muchas veces incluso rayando en el panfleto político, fue vista en alguna medida como un producto de mercado cultural. Lienlaf lo tenía claro. En septiembre de 1990, en entrevista con Faride Zerán, para la revista *Literatura y libros* de *La Época*, sostenía que ser poeta mapuche podía verse desde dos puntos de vista: uno el de la folclorización y otro desde la responsabilidad que implica hablar desde una cultura particular con la que hay que cargar. Ante la pregunta de si esta es una carga muy pesada, Lienlaf responde: "Sí. En mi caso se me pide fidelidad —no explícitamente— a lo que implica ser mapuche. Yo no puedo buscar otras cosas" (Guerrero, "La poesía mapuche hoy" 5).

Aparece entonces el tercer riesgo: la petrificación del sujeto o el modelo del que no puede desmarcarse. Transgredir los límites fijados por el estereotipo del sujeto o sus producciones lo dejarían fuera del juego. La exotización y/o la autoexotización pueden resultar las dos caras de esta misma medalla. Sin embargo, a pesar de la utilización que se pudiere haber hecho de este suceso, ello permitió la visibilización de los muchos poetas mapuche que por entonces circulaban en encuentros y lecturas de poesía locales, regionales o nacionales, donde sus pares chilenos los convocaban. Además de los ya nombrados, se conocían en los noventa a: Jacqueline Caniguán, Kelv Liwen Tranamil, Emilio Guaquín, Ramón Quichillao, David Aniñir y Omar Huenuqueo, entre otros y otras que sumaban a fines de los noventa alrededor de una treintena de poetas.[21]

Huenún surgía como un poeta problemático. Se planteaba frente al mundo como un poeta huilliche mestizo que optaba abiertamente por el canon de la poesía occidental. La valoración de su escritura, en su caso, como en el de Chihuailaf, provino de los circuitos literarios nacionales desde sus inicios como poeta, siendo conocido desde su adolescencia como parte de los poetas del sur.[22]

---

liderazgos políticos y transgrede el modelo anterior. El accionar político sería entonces el actuar demonizado por la prensa.

21 Dan a conocer sus poemas en revistas y otras publicaciones de la época: Armando Marileo, Armando Nahuelpán, Carlos Levi, Danko Marimán, Faumelisa Manquepillán, Hueitra Angélica, Ana María Huentelicán, Jeannette Hueitra, Jessica Cona, Juan Marimán, Karin Molfinqueo, Lidia Nahuelñir, Maribel Mora Curriao, Miriam Torres Millán, Mónica Huentemil, Patricia Leufumán, Ricardo Loncón, entre otros y otras.

22 Yanko González transcribe parte de una conversación con poetas de Valdivia en que se menciona a Huenún como uno de los poetas "malditos" del sur de Chile (167).

Desde fines de los ochenta fue valorado y difundido por los poetas chilenos Sergio Parra, Elvira Hernández, Verónica Zondek, Sergio Mansilla y Guido Eytel, entre otros. En 1998 publica su primer libro de poesía *Ceremonias* bajo el sello de la editorial Universidad de Santiago.[23] Huenún había sido reconocido también tempranamente por Chihuailaf quien lo califica como un "joven poeta huilliche" en la muestra antológica de poesía mapuche que publica en 1992 en la revista *Simpson 7* de la Sociedad de Escritores de Chile (SECh). Dicha muestra considera a 23 poetas, desde principios de siglo hasta el año 1992. No hay allí información biográfica alguna de los poetas, ni de su producción poética, por lo que sólo un lector especializado podría reconocer a qué época corresponde cada escritura.[24] No se especifican criterios literarios o estéticos que rigen la selección, sin embargo un artículo previo a la muestra entrega datos generales sobre la poesía mapuche, dando nombres y mencionando hitos del siglo XX. Esta muestra poética tampoco logra trascender, quizás por la poca difusión de la revista en que se edita o bien porque los criterios literarios y estéticos son difusos o no concuerdan con los criterios de "calidad literaria" que suele aplicarse a la poesía occidental.

Más allá de Chihuailaf, Huenún y Lienlaf, habrá que esperar hasta el año 1994 para que los poetas mapuche en bloque sean vistos y oídos por sus pares chilenos. Al comienzo de ese año el premio Casa de las Américas en la categoría de poesía indígena es otorgado

---

23 Huenún obtiene el primer lugar en el concurso nacional de poesía joven Neruda el año 1999 con su poemario Puerto Trakl; realiza un taller literario en el CEIA Paulo Freire donde se forman varios poetas jóvenes de la novena región, edita la revista *Pewma literatura y arte*; se dedica a proyectos de recopilación de relatos mapuche en la zona de Freire que dan origen a los libros: *Viaje a la memoria ancestral* y *El Pozo negro y otros relatos mapuches* (Ambos proyectos financiados por el Fondo del Libro y la lectura). Obtuvo becas del consejo de cultura durante los años 1996, 1998 y 2005. Beca de la fundación Andes 2003 y Beca de la fundación Simon Guggenheim 2005 y el Premio Pablo Neruda de poesía 2003, otorgado por la fundación homónima. El año 2003 publicó una antología de poesía mapuche *Epu mari* ülkantufe *ta fachantu/ 20 poetas mapuche contemporáneos*.

24 Entre los escritos se encuentra una recopilación de Lenz, (*Canto de la viuda*), y textos de informantes de Fray Félix José de Augusta, como los de Julian Hueitra, C. Hueitra y Trekamañ Manquelef. Los demás son poetas posteriores a la década del treinta: Pascual Painemilla, Camilo Melipán, Juan Necul, Rayen Kvyeh, Emilio Antilef, Sebastián Queupul, Lorenzo Ayllapán, Benito Orellana Anguilef, Guillermo Igaiman, Antonio Painemal, María Angélica Raiñanco, Juan Marimán, Graciela Huinao, Ricardo Loncón, Jessica Cona, Armando Marileo, Karin Molfinqueo, Leonel Lienlaf y Jaime Huenún.

a Lorenzo Ayllapán por su libro bilingüe *Uñumche / Hombre Pájaro*. Este hecho pone en el tapete nuevamente a la poesía mapuche y la *Revista de libros* de *El Mercurio* (13 de marzo 1994) le dedica un reportaje que incluye entrevistas a los poetas Chihuailaf, Lienlaf y Ayllapán. Pedro Pablo Guerrero, autor del reportaje, sostiene que:

> Detrás de los autores de mayor renombre vienen otros aún más jóvenes, poseedores de experiencias más urbanas y desprovistos, muchos de ellos del conocimiento de su propio idioma. Se estima que tanto ellos como los poetas que aún conservan el mapudungun, contribuirán a la afirmación de su cultura, logrando adaptarla con éxito a un mundo en el que hasta hace muy poco no veían un espacio propio. ("La poesía mapuche hoy" 3)

En este mismo reportaje se anuncia la realización del Zugutrawun, Reunión en la Palabra, Encuentro de Escritores Mapuche y no Mapuche, en Temuco entre el 5 y el 7 de mayo, evento coorganizado por Elicura Chihuailaf y Jaime Valdivieso. Este encuentro visibiliza al conjunto de creadores mapuche que se conocían entonces.[25] Más allá de la gran cobertura mediática, la importancia de este encuentro radicó en evidenciar los puntos en común y las diferencias entre todos aquellos que se hacían llamar "creadores mapuche".[26] Se encontraron allí desde los que hablaban mapudungun y hacían uso de costumbres y tradiciones propias, hasta quienes asumían su transculturación y marginalización dentro de las tradiciones culturales. En los intermedios estaban quienes aún no conociendo las tradiciones o sólo parte de ellas, abogaban por su recuperación. Quedaba en evidencia también la procedencia de cada uno (rural, urbana, semiurbana); las diferencias etáreas (que iban desde los nacidos en la década del cincuenta hasta la niña Kely Liwen nacida en la década del ochenta); el compromiso político (participación en organizaciones); la formación literaria y académica (autodidactas y sujetos con formación universitaria) y todas

---

25 Al encuentro asistieron los escritores chilenos: Jorge Guzmán, Diego Muñoz Valenzuela, Esteban Navarro, Gonzalo Rojas, Poli Délano, Armando Uribe Arce, Jorge Teillier, Nicanor Parra, Virginia Vidal, Astrid Fugielli, Gonzalo Millán, entre otros.

26 Esta denominación fue utilizada en este y otros encuentros para referirse a los poetas mapuche, pero también era usada más ampliamente para involucrar a quienes realizaban distintas manifestaciones artísticas y culturales tradicionales propias (ül, epew, artesanías, tejidos, entre otras) y las de tradición occidental como la poesía, la narrativa, la pintura y la escultura.

las combinaciones posibles entre ellas. Quedaron excluidos de este encuentro los poetas huilliches de Chiloé. Sonia Caicheo, José Teiguel, Miriam Torres Millán, Héctor Véliz y otros más. Formados en Aumen, estos poetas tardaron en ser reconocidos como mapuche-huilliche ya que sus poéticas eran más fácilmente ligadas a su condición de chilotes que a su filiación étnica, aunque sus textos dejan al descubierto el entramado cultural que se relaciona con el sincretismo propio de la cultura huilliche de Chiloé. Cabe recordar aquí que Sonia Caicheo, inicia sus publicaciones el año 1977 y que ha sido conocida como una poeta del sur, poeta chilota, tributaria del taller Aumen o poeta etnocultural.[27]

La presencia de escritores chilenos en el Zugutrawun potenció un diálogo no exento de tensiones que obligó a los literatos chilenos a repensar al "otro" que ahora tenían en frente. Más allá o más acá del marginal, del indio, del salvaje y del belicoso mapuche, se estaba en frente de un conglomerado diverso que reclamaba para sí una pertenencia étnica y cultural que en muchos casos era incongruente entre discurso y práctica. José Ancán, videísta mapuche, licenciado en Arte, señalaba:

> La gente nos dice que no somos mapuche porque andamos vestidos con parka y jeans. Hay mapuches que no nos consideran mapuche porque no tenemos tierras. Los antropólogos nos dicen que no somos mapuche porque no hablamos mapudungun. No importa lo que piensen ellos. Yo me siento parte del mismo pueblo. (Guerrero, "La poesía mapuche hoy" 9)

En ese contexto, Nicanor Parra que fue el verdadero protagonista mediático del evento, escribía y daba conocer su poema "Hay Mapuches & Mapuches", que bien podía ser un homenaje o una burla; lo cierto es que ironizando leía en voz alta:

> [...] Soy un mapuche por naturaleza /

---

[27] Iván Carrasco desde el año 2003 incluye a Caicheo como poeta mapuche, en trabajos anteriores figuraba junto a otros poetas chilotes como Nelson Torres, Sergio Mansilla y Mario Contreras, entre otros; véase Carrasco "Poetas mapuches en la literatura chilena", y "Sebastián Queupul: pionero en su propia tierra". En el año 1977 Sonia Caicheo publica *Horas de lluvia* (SECREDUC Pto. Montt), en 1984 *Recortando Sombras* (Editorial Barcelona, Chile) y en 1991 la primera edición de "Rabeles al Viento" (Imprenta A&C Ancud, Chile). En 1999 publica *Salve Dolorosa* (Ediciones La Minga, Valdivia). Esta autora ha publicado además algunas obras de teatro. Su poesía testimonia el sincretismo entre el catolicismo y las creencias indígenas y las tradiciones culturales isleñas.

Dudo que haya alguien más mapuche que yo".[28]

Con una mesura que lo aleja de Parra, Jorge Guzmán, un mes después del encuentro, señalaba las cuestiones básicas que habían quedado en claro: la comprensión del mapuche de sí mismo en oposición al "no mapuche" (el huinca); la estructuración de su mundo en relación con la naturaleza, el idioma, la religión y el sistema de reciprocidad social; y la negación que de ellos se hace desde la sociedad chilena (Guerrero, "Encuentro en la palabra" 5). Así las cosas y siendo honesta con la historia, este encuentro se centró más bien en unas pocas cuestiones étnicas y de identidad más que en temas literarios propiamente tales. Sería en 1997 en el encuentro Taller Suramérica de Escritores en Lenguas Indígenas (Temuco y Purén, del 15 al 18 de abril) que se discutiría el tema de las literaturas indígenas, la poesía y cómo definir aquello que se estaba escribiendo. Asistieron a estas conversaciones escritores en lengua maya, nahuatl, huichol, *ñengatú*, rapanui, quechua y mapudungun, incluidos escritores de los pueblos Yanacona. Allí se planteó la escritura indígena como *oralitura*, término que venía utilizando Chihuailaf desde el año 1995 para designar a su producción poética.[29] A partir de entonces él ya no se dirá poeta, sino *oralitor*, término que también utilizará para nombrar a los demás escritores mapuche, aunque muchos no concuerden con ello y se sigan asumiendo poetas. Chihuailaf dirá de su oralitura: "[...] transcurría al lado de

---

28 Cuatro poemas de Parra fueron publicados en el reportaje al Zugutrawun realizado por Pedro Pablo Guerrero en la *Revista de Libros*, 15 de mayo 1994; véase Guerrero "Encuentro en la palabra (Zugutrawun)".

29 Sobre *oralitura*, la primera referencia al concepto se encuentra en Yoro Fall 1992, allí el término "oralitura" hace referencia a las creaciones literarias basadas en las manifestaciones estéticas orales de una etnia determinada. Nina Friedman tomando este concepto habla de oralitura aborigen y de oralitura afrocolombiana (s.p.); Maldonado sostiene que desde el 2000 esta denominación es de uso frecuente para referirse al carácter oral de una literatura practicada por escritores indios (s.p.); en Colombia recientemente se ha instituido un concurso de oralituras indígenas. Allí se ha definido *oralitura* como "la expresión propia de los pueblos indígenas; no solamente lo escrito puede calificarse como una expresión que busca su lugar en la literatura universal, el canto ritual, las consejas, la palabra ceremonial, hacen parte de la antigua palabra, herencia que hoy representa formas de vida reales, que en el contexto social ya tiene su lugar indicado, pero en la literatura universal debe conquistarlo desde la naturaleza misma de las expresiones propias de los pueblos indígenas. La *oralitura* es una forma estética recreada en textos escritos con base en la palabra antigua"; véase *Bases programa nacional de estímulos a la creación y la investigación*, Colombia, 2006.

la oralidad de mi gente, de mis mayores (en el respeto hacia ellos, hacia ellas: a su pensamiento), no en el mero artificio de la palabra" (Chihuailaf, "La oralitura (segundo avance)" s.p.).

Hacia fines de la década las posiciones sobre la poesía mapuche variaban tanto como las posiciones políticas sobre los temas mapuche contingentes. Se dejaban ver entonces claramente las diferencias entre los escritores: mapuche/ huilliche, urbanos/rurales, poetas/oralitores letrados/autodidactas y todas las combinaciones derivadas de ellas. En ese contexto surge la voz disruptora de David Aniñir que con sus primeros poemas de Mapurbe, instaló un neologismo a partir del cual los mapuche tomaban posesión de las ciudades de Chile y el Puel Mapu (Territorio mapuche en Argentina). La Mapurbe o territorio mapuche urbano formaba parte de una cultura que tras décadas de migración forzada, tenía ya raíces en el cemento. De una poesía anclada en lo ritual, la oralidad, los discursos tradicionales, se pasaba ahora a una poesía transgresora que mezclaba el tradicional lenguaje poético con rock, hip-hop y lenguaje marginal como una forma de dar cuenta de la realidad del mapuche urbano marginal.

No había entonces una propuesta unívoca, y es posible que nunca la hubiera, respecto de qué se entendía como poesía mapuche. A pesar de ello esta escritura había trascendido las fronteras nacionales y se traducía a otras lenguas. En Estados Unidos se publicó la antología *Ül Four Mapuche Poets* (1998), editada por Cecilia Vicuña, que incluía a Chihuailaf, Lienlaf, Huenún y Huinao, y se sucedieron los premios literarios y reconocimientos a los poetas mapuche. La mayor parte de los encuentros de poetas chilenos incluía a alguno de ellos o ellas, se llamasen estos oralitores o sólo poetas. Se habían desarrollado también algunos estudios en torno a esta poesía, fundamentalmente en las Universidades de La Frontera de Temuco, Austral de Valdivia y Los Lagos de Osorno.

A pesar de ello, los riesgos de no inclusión real en el campo intelectual de la literatura chilena —por ser considerados sólo como elementos marginales o exóticos— y la cooptación desde el modelo de mercado —que implicaba "vender" o "venderse" como estereotipos del buen salvaje o de lo genuinamente mapuche— seguían por supuesto, latentes. Ello, en última instancia, daba cuenta de una realidad en que los mapuche seguían siendo un grupo dominado. Paradojalmente, mientras el Estado chileno perseguía enérgicamente a los activistas mapuche, el espacio literario chileno de fin de siglo —aunque todavía sin comprender bien al otro— les daba a los poetas la posibilidad de una autonomía relativa que les permitía crear o recrear expresiones discursivas propias a la vez que difundirlas en el territorio nacional.

Características generales de la poesía mapuche en los noventa

Al hablar de poesía mapuche es necesario señalar que los escritores que la realizan deciden, en general, construir sus textos poéticos a partir de una visión mapuche, obedeciendo quizás a la voluntad de romper con las mediaciones que se han llevado a cabo en la literatura latinoamericana a través del indigenismo y otras perspectivas, para situarse en el rol del intelectual indígena que quiere expresar su mundo desde sí mismo. La incorporación del discurso tradicional mapuche, el habla popular, la versión de los hechos en múltiples voces, parecen corresponder a una necesidad de posicionar lo no contado por la historia oficial, para cuestionar, como señala Claudia Zapata, "un dispositivo ideológico que les niega contemporaneidad" ("Discursos de resistencia" s.p.). De esta forma, la mayoría de los poetas mapuche sustentan sus textos en esos elementos propios que les permiten posicionarse desde su mismidad. Al mismo tiempo, esta poesía se escribe desde una concepción occidental de la misma utilizando diversos recursos literarios: figuras retóricas, tipo de versificación, y formatos como el poema escrito y el libro de poesía. El uso de metáforas e imágenes se combina con elementos prosaicos y narrativos que se pueden asociar tanto a la poesía contemporánea como al relato oral propio de los pueblos originarios; el lirismo emotivo puede provenir tanto de la poesía occidental como del canto indígena, otorgándole a los textos una complejidad que los enriquece.

Como se señaló anteriormente, desde inicios de los noventa se evidenciaban las diferencias en las construcciones textuales y las concepciones estéticas y poéticas que se ponen en juego en la creación de los poetas (u oralitores) mapuche. Un caso significativo es la obra de Chihuailaf que se inicia con *En el país de la memoria,* texto de carácter experimental que hace uso de distintos tipos de tipografías, páginas en color, collage lingüístico, reproducciones de fotografías y fragmentos de artículos de prensa, en una poesía que quiere dar cuenta de la realidad mapuche en el siglo XX. Es lo que el autor denominará su libro blanco "[...] que toma conciencia de la historia y que quiere ser el primer grito de un pueblo al que no dejan nacer" (Chihuailaf, *En el país de la memoria*). En *El invierno, su imagen y otros poemas azules* —quizás el mejor libro de este autor—se decanta y purifica el estilo de su texto anterior, haciendo confluir en él elementos discursivos y cosmovisionarios mapuche con rasgos de la poesía de la tradición moderna. A partir de este texto su poética da un giro hacia lo tradicional mapuche basado en la insistencia en la sacralidad del color azul y en su estética de la oralitura como ocurre en su texto *De sueños azules y contrasueños*. El movimiento aquí va desde una poesía anclada en la tradición moderna occidental que incorpora elementos mapuche, hacia una poesía u oralitura basada en elementos tradicionales que toma la escritura como soporte. Esta transición poética la realizan también otros poetas como Adriana Paredes Pinda, quien comienza escribiendo en los noventa una poesía de cuño moderno, no siempre relacionada con temas mapuche, para ir posteriormente asumiendo una escritura que pretende rescatar el "hablar" (castellano o mapudungun) propio del mapuche rural, acercándose a la propuesta de oralitura. Un desplazamiento similar aunque mucho menos radical se puede apreciar en los poetas Bernardo Colipán y César Millahueique, que desde una poesía de tradición moderna, van hacia una escritura que rescata elementos culturales propios, situándolos en algunos casos en la estructura textual. Estos últimos escritores no se identifican como oralitores, sino como poetas y conciben su escritura como poesía.

Una segunda línea escritural es la de Leonel Lienlaf, que en *Se ha despertado el ave de mi corazón*, desde una visión y una realización del discurso y la lengua propios construye su propuesta poética a modo de traducción. Esta poesía está estrechamente relacionada con el *ül* (canto mapuche) y otros discursos tradicionales mapuche como el nütram (conversación, relato) que tratan de ser incorporados a la textualidad poética moderna, tomándose para ello de los elementos que resulten estéticos en la lengua otra (en este caso el castellano). Los resultados de la traducción o la versión propia en castellano, son diversos aún en el mismo poemario, lográndose en algunos poemas un hondo lirismo, mientras en otros el castellano parece no alcanzar la vitalidad del mapudungun. Lienlaf, en una entrevista, sostiene que: "La poesía que vale dentro de los mapuche es la bien hablada, bien creada, que uno la puede cantar en comunidad" (Zerán s.p.). Y es ese canto el que algunos poetas quieren rescatar. Otros autores que se acercan a esta línea que va desde las manifestaciones mapuche tradicionales a la poesía propiamente tal, son Lorenzo Ayllapán, Carlos Levi, María Teresa Panchillo, Ricardo Loncón, Erwin Quintupil, Jacqueline Caniguán y, en menor medida, al no ser hablantes nativos del mapudungun: Graciela Huinao y Faumelisa Manquepillán, entre otros y otras. *Uñumche / Hombre Pájaro* de Aillapán, en esta misma línea, se construye con los recursos de la oralidad y la sonoridad ambiental propia de las comunidades rurales de la Región de la Araucanía, especialmente de sus aves. En este caso específico y dada las particularidades de este texto, la realización escrita pierde significativamente ante la necesidad performativa del texto oral. *Uñumche* es un texto que se emite y recepciona mejor en la expresividad oral y kinésica de su autor. En general, los autores en esta línea pueden concebirse a sí mismos como oralitores o como poetas, pero lo cierto es que son los más cercanos a la tradición oral mapuche.

La tercera línea de escritura sería aquella que abiertamente asume la poesía moderna y la condición de poeta para incorporar allí los elementos de su cultura propia a la que no se ha accedido libremente debido a los diversos procesos sociohistóricos de dominación cultural, sino que en muchos casos sólo a través de un proceso de "recuperación". Huenún asume esta propuesta y la defiende. En *Ceremonias* desarrolla una poética que aunque anclada en lo étnico, no se detiene en la construcción de una identidad idealizada o desproblematizada, se trata más bien de dar cuenta de la diversidad interna de una realidad étnica conflictuada por la historia: "Huilliche hispanohablante como soy —insisto en decir— nacido y criado en los dominios de la sociedad chilena, perdida ya la inocencia de la raza y de la infancia, he debido tomar las ramas de la poesía para cobijarme bajo el árbol desmedrado de mi origen" (Huenún). Desde esta misma perspectiva, aunque con matices, escriben autores como José Teiguel, Sonia Caicheo César Millahueique, Bernardo Colipán y Paulo Huirimilla, entre otros y otras que aspiran a dejar su huella en la literatura universal. Estos autores construyen textos poéticos que dan cuenta de un cabal conocimiento de los recursos y figuras retóricas, así como de las diversas posibilidades del lenguaje y la estructura poética; utilizan recursos como la intertextualidad, la polifonía y el uso de elementos de distintas lenguas y distintos lenguajes (el audiovisual, de la fotografía, de la historia, etc). Un caso particular en esta línea es la poesía de Aniñir que utiliza múltiples lenguajes para dar cuenta de la compleja realidad del mapuche urbano que habla *flaitedungun* o es *mapunky*.[30] Aquí se extrema la visión de la heterogeneidad que habita al sujeto mapuche contemporáneo.

Las líneas escriturales antes descritas no pretenden ser una clasificación taxonómica de los poetas y sus producciones, sino sólo una aproximación a ciertas formas de escrituras que pueden modificarse, desplazarse o transgredirse en el espacio y el tiempo que le toca a la poesía mapuche actual. Las estéticas que se aprecian en estas escrituras van desde las más o menos elementales si se las observa desde la perspectiva de la poesía moderna (Manquepillán, Quintupil, Huinao, entre otros) a las más elaboradas construcciones (como las de Chihuailaf y Huenún), pasando por aquellas donde la reivindicación es el elemento articulador (Panchillo, Loncón, entre otros). En cualquier caso todas estas escrituras de una u otra forma dan cuenta de las problemáticas que afectan al pueblo mapuche y se responsabilizan de la condición étnica que enarbolan.

Más allá o más acá de los conflictos emblemáticos de posesión de la tierra, las protestas por la construcción de la represa Ralco y otros sucesos de relevancia étnica, de las últimas décadas, los poetas mapuche han vuelto su mirada hacia lo propio. 'Recuperar' fue el término más utilizado durante los noventa y los poetas lo hicieron suyo: se trataba de ir en busca de un espacio perdido. Lo que no se logró en términos territoriales y constitucionales tuvo sus logros en los espacios simbólicos de la poesía.

Finalmente, cabe señalar que si bien queda en evidencia, la penetración discursiva de occidente en estas manifestaciones, también se evidencian los intersticios donde ésta no ha logrado asentarse o se ha hibridizado, resemantizado o resignificado, produciendo cambios discursivos y culturales complejos.

---

30 *Flaitedungun* es una palabra compuesta por 'flaite' término que en léxico popular chileno designa a los sujetos urbanos marginales, y 'dungun' que en madungun (lengua mapuche) significa lengua. El sentido de la palabra es el "hablar de los sujetos urbanos marginales". *Mapunky* es una amalgama de mapuche y *punky* (o punk). El término hace referencia a los mapuche que pertenecen a esa tribu urbana, los punk.

Conclusiones

Las producciones indígenas todavía son en Latinoamérica un elemento *especial* de las que sólo algunos estudios críticos se hacen cargo. Quizás porque nombrar esa realidad inevitablemente trae consigo explicitar el sistema de opresión y el desconocimiento constitucional y jurídico en que estos grupos humanos se encuentran aún en relación con las naciones de las que forman parte. Hablar de literaturas indígenas no sólo es hablar de espacios simbólicos, es también hablar de pueblos, territorios y fronteras nacionales. Los productos literarios que actualmente surgen desde esas realidades o las refieren, muchas veces tienden a convertirse en los elementos simbólicos que llenan el espacio que les ha negado la historia oficial. Otras veces incluso se han transformado en el manifiesto o la denuncia política propia de un grupo que sufre la dominación o aboga en contra de ella, y más aún se constituyen en el espacio y ejercicio —social y cultural— de la autonomía negada.

La poesía mapuche compleja y tensionada escritura que se visibiliza en los noventa sobre un fondo de conflictos arrastrados desde hace siglos, aspira a contribuir de alguna manera a la recuperación y mantención de las costumbres y la cultura propia, revalorizándola a través de la escritura. Pero como se señaló en este ensayo, esta poesía debe sortear todavía algunos obstáculos en los que habría que profundizar en estudios posteriores. El primero es la trampa del estereotipo que no sólo se aplica a la imagen del buen salvaje, sino que puede expresarse en una insistencia desmesurada en el maniqueísmo *buenos* versus *malos*, mapuche versus winca. Los poetas se han visto exigidos a adoptar una posición política sorteando la presión hacia un despliegue de oposiciones binarias: comunidad/individuo, unidad pasada/ fragmentación presente, territorio propio/diáspora, territorio rural/territorio urbano. Esta binariedad se ha constituido en tópicos que en algunos casos adquieren múltiples matices complejizando los textos poéticos que ganan literariamente.

El segundo obstáculo es la posibilidad real de acogida de esta poesía como parte del sistema literario y no como mero objeto exótico. En muchos casos, esta poesía se ancla en un lenguaje analógico propio del rito, lenguaje primordial ligado a la comunidad y esto es lo que en gran medida se les ha exigido a los poetas y a la escritura mapuche para ser considerada como tal. Sin embargo, esta poesía también utiliza una estructura y una forma de poetizar propia de la literatura occidental, reorganizando significaciones múltiples que se superponen unas a otras en el texto poético. En alguna medida, esta producción poética ha logrado penetrar en los intersticios del sistema a través de distintas estrategias: asumiendo el escenario dado, negociando con sus símbolos, estereotipos y formas y otorgando nuevas significaciones a estos elementos, a la vez incorporando nuevos y antiguos lenguajes poéticos de la cultura propia. Anclada en un lenguaje analógico propio del lenguaje ritual, puede decirse que la poesía mapuche escribe nuevos versos con palabras antiguas, produce ese reencantamiento de la "palabra original" de que habla Heiddeger. Cabe señalar aquí que evidentemente los resultados son variados y disímiles en cuanto a calidad literaria en los textos poéticos mapuche contemporáneos.

Por otra parte, en una situación de marginalidad social, cultural y económica, como la que viven los mapuche, las expresiones literarias más que nunca adquieren ribetes políticos y de una u otra forma el sistema tratará de cooptarlas de acuerdo a sus propios intereses. Y este es el tercer riesgo: estamos frente a textos en los que se diseminan los sentidos de una historia negada o escrita desde la intolerancia política y étnica, representada desde las estructuras de poder, inmersa en un proceso de *desarrollismo* que tiene como eje el libre mercado, frente a la cual lo mapuche no es más que un obstáculo a salvar o un elemento que cooptar. En el mayor de los casos esta poesía se escribe desde los límites que hacen visible lo *uno* frente a un *otro* que les niega contemporaneidad. Lo ausente se hace presente en el discurso poético tensionando la historia que se pretende releer y reescribir. Lo uno y lo otro en una dialéctica que puede resultar autodestructiva, pero que ha significado una posibilidad de autonomía simbólica frente a una realidad social, política y culturalmente compleja.

Por último cabe señalar que la poesía mapuche ha producido en las últimas décadas alrededor de cuarenta publicaciones que se constituyen en la expresión tangible de un proceso cuyos alcances, literarios, sociales y culturales, visto en perspectiva histórica, trascienden lo estético y literario, adquiriendo una connotación política, social y cultural insoslayable.

Bibliografía

Bases programa nacional de estímulos a la creación y la investigación. Ministerio de Cultura Colombia, s.f. Web. s.f.

Bengoa, José. *La emergencia indígena en América Latina*. Santiago: Fondo de Cultura Económica, 2000.

Burugete, Araceli. "Cumbres indígenas en América Latina". *Adital, noticias de América Latina y Caribe*, 9 abril 2007. Web. s.f. <http://www.adital.org.br/site/noticia.asp?lang=ES&cod=27 052>

Carrasco, Hugo. "El sistema funcional de los mitos mapuches". Tesis doctoral. Universidad de Chile, 1989.

Carrasco, Iván. "Interdisciplinariedad, interculturalidad y canon en la poesía chilena e hispanoamericana actual". *Estudios Filológicos* 37 (2002): 199-210.

—. "Los textos de doble codificación. Fundamentos para una investigación". *Estudios Filológicos* 26 (1991): 5-15.

—. "La literatura etnocultural en Hispanoamérica: concepto y precursores". *Revista Chilena de Literatura* 42 (1993): 65-72.

—. "Poetas mapuches en la literatura chilena". *Estudios Filológicos*. 35 (2000): 139-149.

—. "Sebastián Queupul: pionero en su propia tierra". *Poesía mapuche. Las raíces azules de los antepasados*. Eds. Mabel García y Silvia Galindo Silvia. Temuco: Editorial Florencia, 2004. 48-58.

Chichuailaf, Elicura. *En el país de la memoria*. Temuco: Quechurewe, 1998.

—. *El invierno su imagen y otros poemas azules*. Santiago: Ediciones Lar, 1991.

—. "La oralitura (segundo avance)". *El Periodista*, 27 agosto 2004. s.p.

Colipán, Bernardo. *Zonas de emergencia*. Valdivia: Paginadura ediciones, 1994.

Cornejo Polar, Antonio. *Escribir en el aire. Ensayo sobre la heterogeneidad cultural de las literaturas andinas*. Lima: Editorial horizonte. 1994.

—. "Mestizaje, transculturación, heterogeneidad". *Asedios a la heterogeneidad cultural. Libro de homenaje a Antonio Cornejo Polar*. Coords. José A. Mazzoti y Juan Cevallos. Philadelphia: Asociación Internacional de Peruanistas, 1996. 21-36.

"Diálogo Quinto Centenario". *Simpson 7: Revista de la Sociedad de Escritores de Chile* 2 (1992): [89-118].

Drake, Paul e Iván Jaksic. *El modelo chileno. Democracia y desarrollo en los noventa*. Santiago: LOM Ediciones, 1999.

Fall, Yoro. "Historiografía, sociedades y conciencia histórica en África". *África, inventando el futuro*. Cord. Celma Agüero Doná. México: Centro de Estudios de Asia y África / El Colegio de México, 1992. 17-37.

Friedemann, Nina. "De la tradición oral a la etnoliteratura". *Argenpress.info*, s.f. Web. S.f. <http://www.argenpress.info/notaold.asp?num=011064>.

Galindo, Oscar y David Miralles. *Poetas actuales del sur de Chile. Antología crítica*. Valdivia: Paginadura Ediciones, 1993.

García, Mabel y Silvia Galindo. *Poesía mapuche. Las raíces azules de los antepasados*. Temuco: Editorial Florencia, 2004.

García, Mabel, Hugo Carrasco Muñoz y Verónica Contreras Hauser. *Crítica situada. El estado actual del arte y la poesía mapuche. Rakizuam. Pu mapuche tañi kimvn tañi vl zugu fahtepu*. Temuco: Universidad de la Frontera / Editorial Florencia, 2005.

González, Yanko. *Héroes civiles y santos laicos. Palabra y periferia: Trece entrevistas a Eecritores del sur de Chile*. Valdivia: Editorial Barba de Palo, 1999.

—. "Ritos de Paso. Joven poesía emergente: Sur de Chile y otros horizontes". *Zonas de emergencia*. Eds. Colipán Bernardo y Jorge Velásquez. Valdivia: Paginadura Ediciones, 1994.

Guerrero, Pedro Pablo. "La poesía mapuche hoy". *Revista de Libros. El Mercurio*, 13 de marzo de 1994. s.n.

—. "Encuentro en la palabra (Zugutrawun)". *Revista de libros. El Mercurio*, 15 de Mayo de 1994. s.n.

Guillaudat, Patrick y Pierre Mouterde. *Los movimientos sociales en Chile. 1973-1993*. Santiago: Editorial LOM, 1998.

Huenún, Jaime. "Poeta de la tierra / ciudadano de la página." *Pentukun* 10-11 (2000): 167-168.

—. *Ceremonias*. Santiago: Editorial Universitaria, 1999.

— . "Discurso de recepción del premio de poesía Pablo Neruda 2003". *Biblioteca Virtual Miguel de Cervantes*, 2003. Web.

Lienhard, Martín. *La voz y su huella*. Lima: Editorial Horizonte, 1992.

—. "Es como si otro, antiguo, cantase a través de nuestras voces". *Lengua y literatura mapuche* 9 (2000): 9-26.

—. "Voces marginadas y poder discursivo en América latina". *Revista Iberoamericana* 66.193 (2000): 785-798.

Maldonado, Ezequiel. "Desde la memoria al registro escrito en los relatos zapatistas". *Imaginário* 7 (2001): 163-172.

Mallon, Florencia. "Cuando la amnesia se impone con sangre, el abuso se hace costumbre: pueblo mapuche y el Estado chileno, 1881-1998". *El modelo chileno. Democracia y desarrollo en los noventa*. Eds. Paul Drake e Iván Jaksic. Santiago: LOM Ediciones, 1999. 433-462.

Mansillo, Sergio. *El paraíso vedado. Ensayos sobre poesía chilena del contragolpe*. Santiago: LOM Ediciones, 2010.

Marimán, José (1995). "La Organización mapuche Aukiñ Wallmapu Ngulam." *Centro de Documentación Mapuche. Documentation Center,* abril 1995. Web. <http://www.mapuche.info/mapuint/jmar2.htm>.

Marimán, Pablo, Sergio Caniuqueo, José Millalén y Rodrigo Levil. *¡...Escucha, Winka...! Cuatro ensayos de historia nacional mapuche y un epílogo sobre el futuro*. Santiago: LOM Ediciones, 2006.

Marivil, Gloria, y Jeannette Segovia. "El sentido de la historia en los mapuche: desde la historiografía chilena al discurso histórico mapuche". Tesis de licenciatura. Universidad de la Frontera, 1998.

Molina, Julio, y Juan Agustín Araya. *Selva lírica*. 1a ed. Santiago: Imprenta y Litografía Universo, 1917.

Morales, Andrés. "Breve visión de la poesía chilena actual". *Cyber Humanitatis. Revista de la Facultad de Filosofía y Humanidades* 38 (otoño 2006): s.n. Web.

Radrigán, Juan. *Nepegñe, Peñi, Nepegñe. Despierta hermano despierta*. Santiago: Ñuke Mapu Ediciones, 1987.

Reuque, Isolde, y Florencia Mallon. *Una flor que renace: autobiografía de una mujer mapuche*. Santiago: DIBAM / Centro de investigaciones Diego Barros Arana, 2002.

Richards, Patricia. "Bravas, Integradas, Obsoletas: Mapuche Women in the Chilean Print Media". *Gender & Society* 21.4 (agosto 2007): 553-578.

Rodríguez, Claudia. "Weupüfes y machis: canon, género y escritura en la poesía mapuche actual". *Scielo* 40 (2005): 151-163.

Saavedra, Alejandro. *Los mapuche en la sociedad chilena actual*. Santiago: LOM Ediciones, 2002.

Stavenhagen, Rodolfo. "Informe de la Comisión de DDHH referido a la visita oficial a Chile realizada por el Relator Especial sobre la situación de derechos humanos y libertades fundamentales de los indígenas los días 18 a 29 de julio de 2003". *Derechos.org*. Equipo Nizkor, 2003. Web. <http://www.derechos.org/nizkor/chile/doc/staven6>.

Trujillo, Carlos. *Aumen. Antología poética*. Castro: Ediciones Aumen, 2001.

Valente, Ignacio. "Todo un joven poeta mapuche". *Revista de Libros. El Mercurio*, 29 octubre 1989: 29-10.

Zapata, Claudia. "Michel Foucault, los intelectuales y la representación. A propósito de los intelectuales indígenas". *Cyber Humanitatis. Revista de la Facultad de Filosofía y Humanidades* 35 (invierno 2005): s.n. Web

—. "Discursos de resistencia: Los indios frente al Estado-Nación Mexicano a partir de 1970". *Cyber Humanitatis. Revista de la Facultad de Filosofía y Humanidades. Universidad de Chile* 23 (invierno 2002): s. p. Web.

Zerán, Faride. "Lienlaf, el extranjero". *Literatura y Libros. La época,* 2 septiembre 1990. s.n.

PERUVIAN QUECHUA POETRY (1993-2008):
CULTURAL AGENCY IN THE CENTRAL ANDES[1]

Ulises Zevallos Aguilar
Ohio State University

In recent decades there has been a diminishing of linguistic and cultural diglossia between Quechua and Spanish in Central and Southern Peru that has made possible the establishment of permanent centers of Quechua literary activity. In the Southern region, the cities of Arequipa, Cuzco, and Puno stand out with literary workshops. In the central region, the cities of Ayacucho, Huanta, Huancayo, and Huancavelica have become more visible. It could be said that a Quechua literary renaissance has been taking place.

1 This article is based on a presentation which took place at the Symposium: "The Global Script of Indigenous Identities: Local Literacies, Oral Languages, and the Written Word," Michigan State University, East Lansing, October 30, 2008. The introduction and consolidation of neoliberalism in Peru was carried out by several democratic governments during the last two decades of the twentieth century. Although the political parties have collapsed, new social movements mobilized, defending their own social agendas. Among them, Amazonian, Aymara and Quechua Movements started to organize independently in a micropolitical strategy. The celebration and condemnation of the quincentenary of Christopher Columbus' arrival in the Americas in 1492 contributed to their development. Foundations and international organizations supported indigenous movements' condemnations of this date, with many organizations making economic aid contingent upon governments' planning economic and social programs for indigenous peoples. In this way, government offices and NGOs had to develop specific programs for ethnic groups. Without their integration it would have been impossible to receive loans and donations. At the same time, indigenous agency, known as globalization from below, had broken national boundaries. Indigenous immigrants have also contributed to the consolidation of their communities and the emergence of new cultural practices abroad and in their places of origin.

Indeed, there have been poetry jams, literary prizes and the publishing of Quechua literature by public and private institutions. In addition, there are individual efforts that have contributed to the increase of a Quechua literary corpus. The Quechua writer Porfirio Meneses Lazón commended some of these initiatives when, in 2000, he thanked Julio Noriega, César Itier and Abelardo Oquendo for their contributions to the formation of a Quechua literary canon with their respective volumes of poetry, testimonies and plays. Meneses ends up saying that all these contributions "will help our countrymen to be proud of their language as it has a bright future" (214).

The emergence and consolidation of a Quechua literary tradition, as indicated by the linguists Hornberger and Coronel-Molina, is the most important factor in Quechua's becoming a prestige language ("Quechua Language Shift" 36). However, the maintenance and renewal of a literary tradition are not the only features necessary to achieve this goal. The government and the people should also be involved in designing cultural and educational policies that upgrade and officially recognize Quechua as a second language of Peruvian citizens.

The Quechua literary corpus is notable in that, in contrast with the literatures of the Mesoamerican region, there is not a continuous production of novels or short stories. However, there are a few Quechua writers who have began to produce prose in Quechua. According to César Itier,

> algunos escritores del quechua han producido también creaciones literarias absolutamente originales, que no retoman motivos de la tradición oral. Hasta hoy [1999] han sido tres: José Oregón Morales, Porfirio Meneses Lazón y Macedonio Villafán Broncano. Nadie, antes de ellos, había intentado ese tipo de empresa y sus creaciones abren nuevos derroteros para la literatura quechua. Parece incluso que estamos presenciando el surgimiento de un nuevo tipo de literatura en ese idioma. Si este proceso siguiera desarrollándose, esa literatura le daría al quechua una riqueza, un prestigio y una visibilidad decisivos para su futuro. Este idioma, hasta hoy muchas veces desvalorizado, adquiriría una mayor dignidad cultural en el mundo urbano. ("Literatura nisqap" 41)[2]

---

2   There are Quechua writers who have also produced completely original literary creations. Until now, there have been three: José Oregón Morales, Porfirio Meneses Lazón and Macedonio Villafán Broncano. Nobody before them had tried to carry out that kind of work and their creations open new avenues for Quechua

In my view, there is a lack of Quechua fiction has occurred because contemporary Quechua writers have chosen poetry as a literary medium of expression, continuing a long tradition established in the sixties by, among others, Andrés Alencastre Gutiérrez, César Guardia Mayorga and José María Argüedas. Today, there is an active group of Quechua poets who have produced interesting works. These include Porfirio Meneses Larzón, who has written poetry and some short stories. He has also translated César Vallejo's poetry from Spanish to Quechua. William Hurtado de Mendoza, who under the government of Velasco Alvarado in the seventies endorsed Quechua linguistic and cultural policies, has published Quechua poetry and a critical work, *Poesía quechua diglósica* (1994) where he talks about these cultural, political, and literary experiences. A second generation of Quechua writers that includes Dida Aguirre García, Eduardo Ninamango, and Isaac Huamán Manrique emerged in the '80s and '90s. More than fiction and narrative, they have written poetry in Quechua.

But why do these Quechua writers choose the poetic genre as a cultural weapon and a form of political empowerment? In general, literature in Quechua or Spanish, the dominant language, is an art that does not generate significant income or prestige in contemporary Peru. This happens because the literary industry in the country remains weak in comparison to other media. In addition, the Peruvian government does not have cultural policies that promote the reading, writing and publishing of books. Because of this situation, poetry in Spanish is considered a minor genre. We can affirm that it is the less popular and understood of the literary genres because of its complexity. That is, for the most part, readers of poetry do not have a grounding of reading strategies that can allow them to better grasp what is expressed in poetry. Moreover, the fact that several writers decide to write in Quechua is also problematic since literacy in Quechua is not widespread. The government has not yet instituted educational policies that promote the learning of pre-Columbian languages. Despite these limitations, if we interpret this move to appropriate poetry from the perspective of indigenous

literature. It seems that we are witnessing the emergence of a new type of literature in that language. If this process continues its development, that literature would give to Quechua richness, prestige and decisive visibility for its future. This language, which has been belittled would acquire a major cultural dignity in the urban world.

writers, we can understand that there are some good reasons why they chose poetry to develop and organize a transformational social literary movement.

To begin with, Quechua writers are aware that because poetry is a "minor" genre, it is subject to less control and surveillance, a circumstance that may allow possibilities to forge political alternatives. In Peru, most cultural institutions privilege testimonial writing and compilations of the oral indigenous traditions. Together with the Peruvian government's neglect for poetry, this situation creates better opportunities to bring about indigenous agency. Indeed, unlike testimonial writing, poetry allows Quechua writers to explore their indigenous subjectivity from their own creative poetic voice. Quechua writers, for instance, feel that testimonial writings don't belong to them since they have been transcribed and elaborated by third parties with utilitarian goals in mind, in particular, the preservation of a millenarian cultural legacy. Poetry, in this sense, becomes a useful vehicle to better explore Quechua identity. Following this line of thought, Jean Franco points out that poetry "best stages the versatility and beauty of languages and suggests the emergence of a new kind of indigenous subjectivity" (Franco 461-462). Moreover, a poetic discourse is more related to orality. Since the medieval ages, poetry has been conceived as an art of verbal creation. Therefore, it is a genre to be recited and not read, a characteristic that makes poetry a versatile tool in the struggle for change as it can be read in front of a big audience of Quechua listeners. Consequently, one can argue that the construction of a Quechua literature is carried out in poetry. We also have to remember that this move to appropriate poetry is nothing new. Other Peruvian Quechua writers like José María Arguedas, Eduardo Ninamango Mallqui, and Fredy Amílcar Roncalla, also chose poetry to intervene in the public sphere and struggle for their political rights.

This emerging Quechua literature is part of a new indigenous social movement organized within the context of cultural and linguistic diglossia. Doris Sommer points out that: "Throughout the Americas, culture is a vehicle for agency" (2). After giving several examples in which different cultural practices have brought political and social change for the opressed, Sommer offers an explanation of how culture contributes to change:

> Culture enables agency. Where structures or conditions can seem intractable, creative practices add dangerous supplements that

add angles for intervention and locate room for maneuver. Social movements have learned this and ocassionally taught it to social scientists. (3)

Some critics point out that in comparison to Bolivia or Ecuador, Peru lacks a strong indigenous social movement to create a political and social agenda that benefits its citizens and challenges neoliberalism. There is as incipient awareness of the articulation between culture and politics. This according to anthropologist Rodrigo Montoya who, during the first conference of the Coordinadora Andina de Organizaciones Indígenas (CAOI) in July 2006, stated that indigenous leaders recognize cultural agency's force to promote political and social change. He adds that while in Bolivia and Ecuador, indigenous movements have focused on politics, in Peru cultural agency has been the focus. Literature in this sense serves as a means to criticize the status quo and to defend communities, for instance, from mining corporations. Indigenous leaders were finding that in the Andes, the Amazon, and the Coast of Peru, many groups brought up issues related to their languages and cultures, aspects that are central in Quechua poetry. Based on this, these leaders decided to go further than issues of unionization and include cultural and linguistic issues in their plans (4).

In analyzing the individual agency of Peruvian Quechua poets in a context in which they connect with the emergence of a new indigenous social movement, the creation of an international civil society, and the production of indigenous literatures, I will develop two lines of analysis. The first one addresses the construction of the poetic subjectivity of the poets, who conceive of themselves as agents of the new social movement. The second line proposes to explore how these poets contribute to the organization of the indigenous movement with their works. I will concentrate on writers who have published their books in bilingual Quechua-Spanish editions in the last twenty-five years. To see the changes that have occurred in the literary institutionalization of Quechua in different historical and sociocultural contexts, I will compare two groups of active poets that have emerged to form a "new Quechua poetry" canon.

The new Quechua poetry started to become visible in the eighties. It is a literary trend that differs from singing and *signorial* Quechua traditions. According to Martín Lienhard this poetry,

> coincide... con las profundas modificaciones de la relación entre las comunidades quechuas y la sociedad global. Las comunidades

se ven invadidas por la economía mercantil y capitalista, como también por la educación escolar. Al mismo tiempo, ellas —o sus representantes— inundan las ciudades y la capital nacional, llegando incluso a convertirlas, de espacios urbanos o 'metropolitanos', en aglomeraciones casi aldeanas o 'andinas'. Es en este contexto urbano moderno, no en el de la vieja tradición quechua *misti*, que va surgiendo, muy poco a poco, una poesía quechua escrita que nada o poco tiene que ver con la poesía peruana contemporánea en español, pero que tampoco sigue la tradición de los poemas cantados. Aunque todavía marginal, esta poesía podría llegar a ser, según las opciones político-culturales que se vayan imponiendo, una de las expresiones más significativas de los sectores urbanos andinos o de origen andino. (285)[3]

The first group of Quechua poets is composed of Eduardo Ninamango Mallqui (1947-), Dida Aguirre García (1953-), and Isaac Huamán Manrique (1959-), who became known in the '80s and '90s (Noriega, *Poesía quechua escrita en el Perú*; Lienhard *La voz y su huella*). The second one is integrated by Fredy Amílcar Roncalla (1953-), Odi Gonzáles (1962-), and Chaska Eugenia Anka Ninawaman (1973-), who originally published their poems in Quechua. The translations of their works into Spanish appeared, respectively, in 1996, 2002, and 2004.

The priority of the first group was to revindicate their regional identity. Eduardo Ninamango Mallqui, for instance, highlights his Junín origin through his poetry, whereas Dida Aguirre and Isaac Huamán Manrique identify themselves as poets from the small city of Huancavelica.[4] These poets write in Quechua with the purpose of advocating politically for the populations from their re-

---

3 "Coincides … with the in-profound modifications of the relationship between Quechua communities and global society. The communities are invaded by merchant and capitalist economies and formal education. At the same time, they—or their citizens—flood the cities and the national capital, converting them into "Andean" agglomerations. It is here, in this modern, urban context and not in the traditional Quechua *misti*, that there emerges, little by little a written Quechua poetry that does not have a relationship with contemporary Peruvian poetry in Spanish, nor does it follow the tradition of singing poems aloud. Although marginal at present, with the framing of new political and cultural choices, it could become one of the more meaningful expressions of urban Andean populations or those of Andean origin."

4 In his efforts to assert his regional identity, in his activities as cultural promoter, Isaac Huamán Manrique was the editor of an anthology of Huancavelica literature: *La voz del trueno y el arco iris: literatura de Huancavelica* (2000).

gions, and contrasting their depictions of the Peruvian centralism of cities like Lima. In this sense, they carry on a writing practice of previous writers, like José María Arguedas, who focused on the indigenous experiences from the vantage point of rural areas. Jean Franco points out that "written poetry in Peruvian Quechua has often been written by bilingual intellectuals who are not indigenous but have defended Quechua in a gesture of defiance against the hegemony of Lima" (464). In doing so, these writers stake out a contradictory position. Centralism also made them migrate to the cities in order to continue their education at the university level, and to get permanent jobs. Aguirre, Huamán Manrique, and Ninamango Mallqui studied at the University of San Marcos in Lima. Aguirre has since returned to her native province to work at the University Daniel Alcides Sánchez Carrión of Cerro de Pasco. Huamán works at the National School of Folklore José María Argüedas. Ninamango Mallqui teaches at the University of Sacred Heart in Lima.

Fredy Roncalla, Odi Gonzáles, and Chaska Anka Ninawaman's experiences have dovetailed with new forms of activism and cultural agency, similar to what is described by the anthropologist María Elena García:

> Activists have begun pointing to the emergence of what they call 'transnational Quechua literature'. Highlighting the international prestige and diffusion of their language, activists point to the increasing number of Peruvian intellectuals in the United States, self-styled indigenous, Andean, or Quechua, who began writing 'self-ethnographies' (Coronel-Molina 1999b), and to develop and examine concepts such as 'Andean archipelagos' (Zevallos 2002), and postmodern Andean Poetry (Roncalla 1998). (García 147)

Contrary to generations of Quechua writers in former decades, the poets who write in Quechua in the nineties adopt a mestizo-Quechua identity. As indicated above, the Quechua self-representation of the poets who write in runa simi before the '90s, did not occur to self-represent them as Quechuas, rather they emphasized their rural experiences.

In contrast to the first group, Roncalla, Gonzáles, and Anka Ninawaman had different migration routes. Roncalla was born in Chalhuanca, Apurimac, and migrated to the city when he was a teenager. He first went to Cañete and later to Lima to continue his education at the high school and university level. After dropping out of the university, he migrated to the US and resumed his higher education. Gonzáles and Anka Ninawaman were born in neighboring villages in the Department of Cuzco. They did not establish themselves in Lima, but rather migrated to more urban centers near Cuzco. Anka Ninawaman left her town of Yauri-Espinar to work as a servant when she was seven years old in the city of Arequipa, and later moved to the city of Cuzco where she started her formal education. Gonzáles also went to Arequipa to complete his high school studies. Anka Ninawaman got a bachelor's degree in education at the Universidad de San Antonio Abad del Cuzco and Gonzáles a degree in industrial engineering at the Universidad de San Agustín de Arequipa. Before traveling abroad, both poets got jobs in these same cities. Anka Ninawaman was a translator from Quechua to Spanish and a research assistant at the NGO Pukllasunchis. Gonzáles was a professor and cultural promoter at his *alma mater*. Abroad, Ch'aska Anka Ninawaman got a Master's degree in Ethnic Studies at FLACSO (Facultad Latinoamericana de Ciencias Sociales) in Ecuador (2002-2004), and currently works as a Quechua instructor at the Institut Nacional des Langues et Civilisations Orientales (INALCO), Paris. Gonzáles got his Ph.D. at the University of Maryland, College Park, and has worked as a Quechua specialist at the Smithsonian Institute, for National Geographic, and at the National Foreing Language Center at the University of Maryland. He currently teaches Quechua at the Center for Latin American Studies at New York University.

This group of poets has used Quechua as cultural and ethnic capital in different ways throughout their lives. Unlike in other countries, Quechua self-affirmation has been made through the knowledge of the Quechua language. This happens because there is not an official racialization policy in Peru. Roncalla's bilingual Quechua and Spanish identity made his migration to the US possible. He was hired as a translator by the anthropologist Jane Marie Isbell at Cornell University. He learned to speak and write in English during his several years in residence in Ithaca, New York. Afterwards, he started to write poems in English and a testimonial narrative about his life experience. In the Autumn of '92, when Columbus Quincentennial was celebrated, Roncalla was involved in the organization of several events. In a multimedia spectacle in which the organizers tried to make visible the Andean presence in New York City,

Roncalla read his poems in English and Quechua.⁵ Many months later, after affirming his tricultural and trilingual identity, Roncalla started producing poetry in the three languages. His poetry is written in Andean Spanish, English and Quechua ("Free Traditions..."). Roncalla embraces his diverse identities by rejecting the idea that he is only a person. Instead, he recognizes the dialectic synthesis of three cultures. He considers that his body hosts three persons who think, feel, and perform according to the context in which the individual, Fredy Roncalla, finds himself. On any given day, he can speak, think, and feel in Quechua, Spanish, and English, depending on the various contexts in which he moves. His condition as an immigrant was acknowledged in the title of his book of essays, *Escritos mitimaes. Hacia una época andina postmoderna* (1998). *Mitimaes* is the Spanish rendering of the Quechua word *mitmakuna* used in the Tawantinsuyo. The mitimaes were rebel ethnic groups displaced by the Incas with the purpose of unrooting them, neutralizing their rebellious attitude and colonizing strategic geographical places. Roncalla's knowledge of Quechua and his ethnic heritage allowed him to look for opportunities in the US to fund his work. He applied for grants for Native Americans through organizations such as the Indigenous Research Center of the Americas (IRCA) at the University of California at Davis, and participated as a Quechua writer in many events.

For her part, Anka Ninawaman's use of Quechua as an ethnic marker allowed her to be a part of the organization of student movements at the University of Cuzco. Her public performances and the reading of her work in Quechua helped her secure a job as a Quechua-Spanish translator. It should also be mentioned that her dissertation, "Oral Literature in the School of Choqecancha Lares" (2004), was written in Quechua in fulfillment of her academic degree in education. However, her request to defend her project in her native language embarrassed the university administration since none of the committee members was fluent enough in Quechua to discuss with it the candidate. The university, however, eventually solved the impasse by inviting the American ethnolinguist, Bruce Mannheim, who, coincidentally, was doing research on the teaching of Quechua in Cuzco, to be part of Anka Ninawaman's committee.

---

5   The most important presentation took place in the *Nuyorican Poet's cafe* of Lower East Side, Fall '92.

Odi Gonzáles's use of Quechua is different from that of Anka Ninawaman. Gonzáles, in his adult life, first built a reputation as a poet in Spanish before traveling abroad to continue his Ph.D studies in Latin American Literature. He published the following books of poems in Spanish: *Valle sagrado* (1993), *Almas en pena* (1998), and *La escuela de Cusco* (2005). In 1992, he won the National César Vallejo Poetry Prize, promoted by the newspaper *El Comercio*, of Lima, and later that year he also won the National Poetry Award from the Universidad Nacional Mayor de San Marcos in Lima. It is abroad where he has made public the Quechua part of his mestizo identity, particularly with the publication of his first book in Quechua, *Tunupa* (2002). Gonzáles self-identifies as mestizo-quechua. He recognizes that the most important part of his cultural identity is his indigenous part.[6] Gonzáles declares: "In fact, at the formal level, I have only one book in Quechua [Tunupa], but the content of the rest [of my publications] is Quechua, andino, mestizo.Bilingual editions are the alternative. If I publish only in Quechua, who would read me?" [En efecto, a nivel de formas tengo un solo libro en Quechua [Tunupa], pero el contenido del resto es enteramente quechua, andino, mestizo. Las ediciones bilingües son la alternativa. De publicar solamente en Quechua, ¿quién me leería?] (personal communication).

Currently these three poets have become the representatives of Peruvian Quechua poetry, and as such, they participate in international events. They practice a linguistic essentialism to mark their indigenous authenticity and legitimize themselves.[7] Neverthe-

---

6   Fredy Roncalla theorizes on this subjectivity as well. He says: "Debemos aprender a hablar de la cuestión indígena en primera persona, de la cuestión del mestizo en primera persona y de la cuestión de la blanquitud en primera persona. Es decir, si soy mestizo, ¿debo sólo considerar el lado 'blanco' de la mezcla o me es más importante el lado indígena y esa es mi opción?" [We must learn to speak about the indigenous question in the first person, the question of mestizo in the first person, and the question of whiteness in the first person. That is, if I am mestizo, should I only consider the 'white' side of the mix or is the indigenous side more important? The last one is my choice] (4).
7   Odi Gonzáles participated as a Quechua poet by reading his poems and lectures on Quechua poetry at "II Festival of Poetry: Language of America," on October 12, 2006, organized by the late Carlos Montemayor in Mexico City. He also participated in the XVI International Poetry Festival of Medellín, June 24 to July 2, 2006, and the XIX International Book Fair, November 26 to December 4, 2005, in Guadalajara. Ch'aska Ninawaman Anka was invited to the 6th International Meeting of Poets, "Poetry and Violence," Coimbra, 24-27, May 2007, the First International

less, Anka Ninawaman uses additional ethnic markers. She wears long hair down to her waist and dresses in ethnic traditional clothes from her community. She also adopted the old writer's habit of assigning herself pen names (Noriega "La poesía quechua escrita"), but with different identification goals. Her birth name is Eugenia Carlos Ríos, but she now uses a Quechua nickname to recover a lost and usurped identity. She explains her pen name by indicating its translation to Spanish. That is, she recovered her mother's parents' last names, which were lost in the Spanish genealogy by the second generation. First, she underscores her identification with her town (*ayllu*) as an important collective reference: "My official name is Eugenia Carlos Ríos. But I am Ch'aska Anka Ninawaman. For myself: Ch'aska (Morning Star). From my father, Anka (eagle). From my mother, Ninawaman (Fire Hawk). All of my names are from my rebellious Quechua town [Chisicata]" (7).

It is noteworthy that Roncalla, Gonzáles, and Anka Ninawaman assume their Quechua identity and the construction of poetic personas consciously. As such, they acknowledge the talent and creativity of Quechua writers in an unmediated fashion. This is important given that historically this identity, as it manifests itself in testimonial narratives, has been mediated by non-indigenous writers or intellectuals.

In the following paragraphs, I will comment Fredy Roncalla's trilingual poems, Odi Gonzáles' *Tunupa* (2002), and Ch'aska Eugenia Anka Ninawaman's *Poesía en quechua. Ch'askaschay* (2004).[8]

Roncalla's trilingual poems are composed of fragments of *huaynos* (a genre of Andean music in Spanish and Quechua). They evoke Andean memories in English, Quechua, and Spanish. The result is a collage of verses in three languages that recreates the process of creating a poem ("Tradiciones, libres traducciones"). According to Roncalla, the verses were originally written in Quechua because this language is considered his original language, related to his primary identity and feelings. He writes in English because it is

---

Congress of Peruvian Poetry, November 21-24, 2006, Madrid, and "The EARTH Symposium: Breaking New Ground," April 28-May 2, 2004 in Vancouver, Canada.
8 Gonzáles has published his poems in a trilingual edition: Spanish, Quechua and English. They appear in the exhibition's catalog as photographic collages *Vírgenes urbanas / urban virgins* [2007] by the Peruvian photographer Ana de Orbegoso, 12-34. The poems allude to each of the photographs that are part of the exhibit.

associated with learning new knowledge, which in turn evokes new emotions. The poem "Muyurina," for instance, evokes an emblematic place, an imaginary town in Ayacucho. The poem generates associations with other less remote places, experiences and emotions. This is a poem that reveals automatic writing as a strategic expression. The verses in English, Quechua, and Spanish are interspersed. The poetic voice acknowledges that he has felt and lived experiences in three cultures and languages during his lifetime.[9]

Anka Ninawaman's *Poesía en quechua* includes forty-three poems in Quechua and their translations into Spanish. The poems are divided into six sections titled: "Sirinita Apumallkumanta / Mythical beings, stars, sirens, condors and flying vicuñas", "Yuyaysapa misichakunamanta / About wild cats and pumas"; "Inkantuyupuq llaqtakunamanta / About mountains and cities"; "Mama Kukachamanta / About mother coca and sacred foods"; "Huk Vidamanta Kundinarumantawan / About other lives, witchcrafts, and condenados"; "Vida vidachamanta / About little shots, love and life."

Anka Ninawaman's poetry evokes popular Quechua speech and aims to represent a collective voice. She conceives her book as an imaginary place where several voices express daily situations and common feelings. The introduction of her book was written by her parents and it appeals to Quechua readership. It begins: "Dear sisters and brothers, Quechua like us" (14). They later add, "in these moments, our daughter Ch'askita, with her thoughts and feelings, makes our hearts feel very happy… In 'Apu mallku', 'Yuyaysaspa Pumacha', 'Wanp'uli ch'iwarcha.' 'Kundinaru' and in all the pretty poems, our lives, dances, fears, laughters are written" (14). Her poems also speak to the experiences of the people from her community. For instance, the footnote of the poem, "Perdiduna rikukuni", reads: "This poem belongs to Don Florencio Carlos Anka" (134). In another instance, a male voice speaks about his daily life in the community (145). In addition, she evokes the experiences of Quechuas who have migrated to the cities. In her poems, Quechuas leave their towns due to hunger, poverty, and the search to overcome these situations by establishing themselves in cities like Cuz-

---

9   To get an idea of these poems, here are the first five verses of *Traducciones libres*: "CINCO urpillay / arwi chuqcha / FLORES tika / NECESITO Tikaylla tika / after the golden flight / your silence floats/ on the wells of sound/ the nameless my love."

co or Lima. In her reconstruction of popular imagery, she evokes Andean elements such as coca, condenado, wakcha, sirenas, and Kukuli. In thematizing the new experiences of Quechuas in the city, she refers to consumption as the main foundation of the neoliberal order. The runas listen to *tecnocumbia* (musical genre that fuses techno, cumbia and huayno) while they drink low quality alcohol to neutralize maladaptation and depression.[10] They wear western clothes and disrespect their mothers.[11] Instead of being concerned with the negative changes, she trusts that Quechuas have their own regulating social mechanisms that do not allow the abandonment of the community, family, customs, and values. One could say that Anka Ninawaman highlights change as a cultural strategy that is indispensable to survival. In other words, she does not advocate for a pristine, uncontaminated Quechua culture; rather, she accepts the linguistic loans from Spanish that Quechua makes. This position allows her to position herself against purist stances that favor a pure Incan Quechua that disregards linguistic loans (Anka Ninawaman, "La producción literaria" 165-166). For instance, she legitimizes, the use of the term *vidaschay* (my beautiful life) because it records the urban experience of Quechuas, and rejects the word *Kawsay* proposed by the purists.[12] The language of this poem and many more could be labeled as Andean Spanish or "quechuanish" since it mixes both languages. Like Roncalla, Anka Ninawaman would acknowledge that certain experiences are linked to the language where they take place.

    Odi Gonzáles' book *Tunupa / The book of sirens* (2002) contains ten poems in Quechua, Spanish, and English.[13] He did his own

---

10 See her poems: "Wamp'luli ch'iwarcha" / "Mala fe traguito" (158-162), and "Rusi War tragucha" / "Rosi War traguito" (164-165).
11 ("Mama kutipakuqkuna" / "Niños malcriados", 106-107).
12 See her poem: "Vida bidascha" / "Vida vidita" (166-167).
13 Many chroniclers have recounted the mishaps of Tunupa, the god pertaining to the mythical cycle of Viracocha. The youngest son of Pachayachachic—the Maker and Organizer of the pre-Colombian world—Tunupa was the defiant and dissonant child, the antihero who "in every way was contrary to his father." Ordered to journey to the Center of the World—perhaps Cuzco—his duty was to initiate men in the agricultural labors and cults of his father. Instead, he preferred to travel to other lands. This act of disobedience provoked the wrath of the powerful Viracocha Pachayachachic, who ordered his other children to throw the rebellious son—hands and feet bound—into the waters of Lake Titicaca. His powers and authority taken away, scorned by his own lineage, and now a mere mortal, Tunupa began a difficult pilgrimage across the windswept plains and prairies of the Andes.

translations from Quechua to Spanish, and Alison Krogel and José Ramón Ruisánchez translated them into English. Most of the poems in the book are love poems. The book is structured as a cosmopolitan poetic subject's traveling notes on places such as Brooklyn, New York; College Park and Mount Rainier, Maryland, Chinchero, Ollantaytambo, and Pisac, Chilcaloma, Cajamarca, Uros, Taquile, Kollao in Puno, and Pachacamac, Lima. The poetic voice in these love poems conceives of the woman as a savior. He is mesmerized by his lovers' exuberant female bodies and the mothers that he observes on his trips. In poems like "Tus rebasantes senos de turbia leche" and "Un tropel de jabalíes hozaba tus pechos mamaría madre", he evokes his lover's breasts in such a ways that they can be understood as fertility symbols. He also dedicates poems to female body attributes: birth delivery, and lactation, as well as to the daily care of children. According to the poet, his purpose in *Tunupa* was to associate the woman's body with *pachamama* (mother Earth) as a giver of life.

Gonzáles' poetry is more academic and cultured in comparison to Roncalla's and Anka Ninawaman's. These poets represent at least two types of the latest Quechua poetry. Although they speak and write in a dialect of Quechua called *cuzqueño*, Anka Ninawman's poetry is an example of popular register, while Gonzáles' displays a more cultured one. When Gonzáles speaks about Quechua gods like Tunupa and mythical beings like sirens, he takes advantage of a specialized knowledge of Quechua culture he has acquired. Gonzáles comments about this issue in the introduction to his book. His goal is to connect a mythology, like Tunupa and sirens, to the poetic subject and the protagonists —in this case female— he creates. In other words, the poetic voice is conceived of as a rebel subject, a carrier of Quechua culture through his poems. Rather than learning about the world, he is interested in exploring it. He is not interested in power, but rather women's love. Consequently, he emphasizes the female body as a giver of life and a protector of chil-

---

It was during these wanderings that Tunupa was received by the twins Umantuu and Quesintuu, the first sirens in Andean mythology. At the bottom of Lake Titicaca, Tunupa lived with the sirens, thus marking the origin of underwater fauna. Tunupa is a myth deeply rooted in the traditional lore throughout vast regions of Peru and Bolivia, and is also the name given to many mountains that represent this god who chose love over power. By arbitrarily interpolating (mythical) times and places with personal experiences, this book attempts to recreate the exile Tunupa's underworld, far from his kingdom and lineage (51).

dren. Nevertheless, this chosen path is not an easy one. After being expelled from his place of origin, the poet gets depressed, becomes sick, and implores a siren to save him (11-12).

Besides Quechua cosmology, *Tunupa* also has Western cultural and thematic references. In its evocation of themes such as exile, the book displays similarities to Homer's *The Odyssey*. However, Gonzáles includes a Quechua worldview. While the Odyssey's sirens destroy men, in Umantuu the siren is a savior. Regarding cultural references, Gonzáles's poem "Yacana" (25) alludes to the Quechua constellation Yacana, which is located between the Western constellations of Scorpio and Sagittarius. In other words, Tunupa's poems are directed to an educated reader in English and/or Spanish who has an academic knowledge of Inca and contemporary Quechua cultures as well as the Western literary canon.

In the exploration of the biographies, poems, and books of Roncalla, Gonzáles, and Anka Ninawaman, we can see that there is a democratization of the production of Quechua poetry. Mestizo and Quechua poets whose lives are part of globalization articulate the experiences of their daily lives in Peru and abroad through their poetry. In Roncalla and Anka Ninawaman's cases, certain feelings and experiences are associated with the places where they occur. In Gonzáles' case there is a loyalty to a primordial language and culture. Although the three poets come from remote villages, they articulate different poetic styles. Roncalla's poems reveal a trilingualism and triculturalism of a poetic subject who can know and move within three cultures. He is able to express his experiences and feelings in each of the three languages.

Anka Ninawaman's poems convey the image of an organic intellectual who represents her family and community and denounces the deplorable situation of Quechua's people under neoliberalism. She aims to reclaim the cultural identities of urban Quechua subjects. In this way she reveals the hybrid identity and behavior of the Quechuas, in general, and the life of a poor urban woman in the age of neoliberalism, in particular. As regards Gonzáles, he makes us to research in depth in a Quechua archive, rejects Hispanisms, and uses the well-known Tunupa myth to give voice to the sorrows and individual observations of a cosmopolitan mestizo-Quechua subject who perceives the world in an Andean way.

The worldview in these three cases is more historical than cosmic. Absent are topics such as Pachacutic, Inkarri, or the black rainbow that are in the works of the first generation of poets like Ninamango, Aguirre, and Huamán. It is necessary to underline the fact that the poets and their poetry studied in this essay have different economic and social backgrounds. Nevertheless, all of them share the following: they all have university degrees and they migrated to urban centers to complete them. Most of them have been teachers or professors. These commonalities lead me to conclude with at least two reflections. First, they are aware of the problems they face. Their occupations —as teachers and professors— made them excellent cultural agents to revalue their culture and reclaim their rights as Quechua citizens. Thanks to internal and transnational migrations, they have been able to climb the social ladder. Second, most of them are trapped in the paradoxes that the neoliberal order has created through multiculturalism, specifically the conceptualization of representation in a democratic society that George Yúdice has noted in his reflection on the testimonio. In our case study, the poets denounce exclusion, marginalization, and the poverty of the Quechua communities in Peru. They also speak out in defense of their communities and become examples to follow. But there is a problem. These Quechua poets share a citizenship status with other hegemonic groups. They are a select group that may, conceivably, allow for the prosperity of all. Yet this only confirms that in neoliberal societies individuals can excel, but not entire communities (Yúdice 213).

Bibliography

Aguirre G., Dida. *Jarawi: obras premiadas*. Lima: Universidad Nacional Federico Villarreal, Editorial Universitaria, 2000.

—. *Arcilla*. Lima: Lluvia Editores, 1988.

Alencastre, Andrés (Warak'a, Kilku). *Taki parwa = 22 poemas*. Trans. Odi Gonzáles. Cuzco: Biblioteca Municipal, 1999.

Anka Ninawaman, Ch'aska Eugenia. "La producción literaria en el idioma quechua como una alternativa en el fortalecimiento de la identidad e interculturalidad" *Identidad lingüística de los pueblos indígenas de la región andina*. Eds., Ariruma Kowii and J A Fernández Silva. Quito: Universidad Andina

Simón Bolívar, Sede Ecuador, Ediciones Abya-Yala / Roma: Instituto Ítalo-Latino Americano, 2005. 153-177.

—. *Poesía en Quechua: Chaskaschay*. Quito: Abya Yala, 2004.

—. "Leyenda" [poema]. *Umbral* 13 (2001).

Arguedas, José María. "Una valiosísima colección de cuentos quechuas." Max Uhle, *El cóndor y el zorro*. Ed. Max Uhle. Edition and prologue by Wilfredo Kapsoli. Lima: Ibero-Amerikanisches Institut de Berlin y Centro de Investigación Universidad Ricardo Palma, 2003.

Coronel Molina, Serafín. "Crossing Borders and Constructing Indigeneity: A Self-Ethnography of Identity." *Indigeneity: Construction and Re/presentation*. Eds. James N. Brown and Patricia M. Sant. New York: Nova Science Publishers Inc., 1999. 59-75

Franco, Jean. "Some Reflections on Contemporary Writing in the Indigenous Languages of America." *Comparative American Studies* 3.4 (2005): 455-469.

García, María Elena. *Making Indigenous Citizens: Identities, Education, and Multicultural Development in Peru*. Stanford: Stanford University Press, 2005.

Gonzáles, Odi. *La escuela de Cusco*. Lima: Santo X Oficio, 2005.

—. *Tunupa*. Lima: Ediciones El Santo Oficio, 2002.

—. *Almas en pena*. Barranco: Ediciones El Santo Oficio, 1998.

—. *Valle sagrado*. Arequipa: Universidad Nacional de San Agustín, 1993.

Hornberger, Nancy H. and Serafín Coronel-Molina. "Quechua Language Shift, Maintenance, and Revitalization in the Andes: The Case for Language Planning." *International Journal of the Sociology of Language* 167 (2004): 9-67.

Huamán Manrique, Isaac. *La voz del trueno y el arco iris: literatura de Huancavelica*. Lima: Pachakuti Editores, 2000.

—. *Voces. Plaquetas de cuento y poesía UNMSM 7*. Lima: Editorial Grano de arena, 1987.

Hurtado de Mendoza S., William. *Poesía quechua diglósica*. Lima: Universidad Nacional Agraria La Molina, 1994.

—. *Pacha Yachachiq*. Lima: Universidad Nacional Agraria La Molina, 1992.

—. *Sunquypa Harawin = Harawi del corazón*. Lima: Universidad Nacional Agraria La Molina, 1992.

Itier, César. "Literatura nisqap qichwasimipi mirayñinmanta." *Amerindia* 24 (1999): 31-45.

—. "Estrategias de traducción de una obra literaria moderna en una lengua amerindia." *Amerindia* 22 (1997): 87-97.

Lienhard, Martín. *La voz y su huella: escritura y conflicto étnico-social en América Latina, 1492-1988*. Hanover, N.H.: Ediciones del Norte, 1991.

Meneses Lazón, Porfirio. "Runasimipi sumaq-qillqay atikuyninmanta." *Amerindia* 25 (2000): 207-214.

—. *Achikyay willaykuna = Cuentos del amanecer*. Lima: Universidad Nacional Federico Villarreal, Editorial Universitaria, 1998.

Montoya, Rodrigo. "La cultura quechua hoy." *Hueso húmero* 49 (2006): 3-18.

Ninamango Mallqui, Eduardo. *Pukutay / Tormenta*. Lima: Tarea, 1982.

Noriega Bernuy, Julio. "La poesía quechua escrita: Una forma de resistencia cultural indígena." *Cuadernos Hispanoamericanos: Revista Mensual de Cultura Hispánica* 523 (1994): 79-87.

—. *Poesía quechua escrita en el Perú: antología*. Lima, Perú: CEP, 1993.

Oregón Morales, José. *Loro ccolluchi. Exterminio de loros y otros cuentos*. Lima: Lluvia editores, 1994.

Roncalla, Fredy. "Fragments for a Story of Forgetting and Remembrance." *Language Crossings. Negotiating the Self in a Multicultural World*. Ed. Karen Ogulnik. New York: Teachers College, Columbia University, 2000. 64-71.

Santos, Jerónimo. *Kacharisqa pakapas = Mutismo suelto*. Villafán Broncano, Macedonio. *Apu kolkijirka*. Lima: Universidad Nacional Federico Villarreal, Editorial Universitaria, 1998.

Sommer, Doris. *Cultural Agency in the Americas*. Durham: Duke University Press, 2006.

Vallejo, César. *Los heraldos negros = Yana Kachapurikuna*. Bilingual edition Quechua-Spanish. Trans. Porfirio Meneses Lazón. Lima: Universidad Nacional Federico Villarreal, Editorial Universitaria, 1997.

Yúdice, George. "Testimonio y concientización." *Revista de Crítica Literaria Latinoamericana* 36 (1992): 211-232.

Zevallos Aguilar, Juan. "Mapping the Andean Cultural Archipelago in the US." *The Other Latinos*. Eds. José A. Mazzotti and Luis Falconí. Cambridge: David Rockefeller Center Series on Latin American Studies, Harvard University, 2008.

—. "Transnacionalismo y racismo en el Perú: Entrevista a Fredy Roncalla." *Wayra* 4 (2006): 41-52.

ORALITURAS Y LITERATURAS INDÍGENAS EN COLOMBIA:
DE LA CONSTITUCIÓN DE 1991 A LA LEY DE LENGUAS DE 2010

Miguel Rocha Vivas
Universidad de Carolina del Norte en Chapel Hill

Colombia 1992

En 1992 en Colombia, y en otros países del continente, se agitaban las banderas al reflexionar sobre las conmemoraciones del V Centenario de la llegada de Cristóbal Colón y los europeos a las tierras que bautizarían como su nuevo mundo. En el país, así como en muchas regiones de las Américas, una de las reacciones más creativas se plasmó en el renovado interés que se despertó entre algunos editores y lectores por los textos literarios que las escritoras y escritores indígenas estaban produciendo, algunos en respuesta, y también como acto de presencia ante esa sobrecogedora memoria del punto cero del genocidio y desaparición de incontables lenguas, culturas y naciones indígenas en todo el continente de Abya Yala.[1]

Colombia está marcada desde su nombre mismo por la colonización. En un país que se creía exclusivamente monolingüe e hispano, parte del proceso de visibilización de las oralituras y literaturas indígenas contemporáneas está ligado al reconocimiento constitucional de la nación como multiétnica y pluricultural. En

---

1   La tierra en plena madurez, Abya Yala, denominación kuna-tule (gunadule) que muchos pueblos originarios prefieren usar para referirse al continente. Abya Yala subvierte la idea colonizante de América como nuevo mundo o como una tierra cruda, inmadura.

1991 se crea una nueva carta constitucional con la participación de algunos representantes indígenas, entre otros tantos líderes políticos y estudiantiles. La nueva constitución o contrato social se traduce por vez primera a siete lenguas indígenas: wayuunaiki, nasa yuwe, guambiano, arhuaco, inga, camëntsá y cubeo. Este hecho pluri-lingüístico genera cierto reconocimiento público de al menos siete de las sesenta y cinco lenguas indígenas actualmente habladas en el país (Landaburu 4). Sin embargo, durante los noventa la producción literaria de los autores indígenas continuaba escribiéndose y publicándose primordialmente en castellano, a excepción de las publicaciones pedagógicas comunitarias, de carácter intracultural, y del trabajo literario y lingüístico de algunos narradores precursores como Alberto Juajibioy en el Putumayo, y Miguel Ángel Jusayú desde Venezuela.[2]

La situación preferencial monolingüe es resultado de varios siglos de colonización y evangelización en castellano o español, la lengua dominante mayoritaria. Con todo, desde la primera década del siglo XXI, autores como Hugo Jamioy, Miguel Ángel López y Fredy Chikangana deciden dar vuelco a esta situación al comenzar a traducir sus obras en sus lenguas, así como a escribirlas directamente en las mismas (camëntsá, wayuunaiki y quechua, respectivamente). En algunos casos los autores indígenas ya habían perdido parcial o completamente sus lenguas de origen debido a la ruptura generacional, a la imposición escolar-misional, y/o al ocultamiento forzado de estas lenguas ante el prestigio formal del castellano como única lengua oficial del país.

En efecto, antes de 1991 son cuantiosos los testimonios nativos que coinciden al afirmar que a muchos miembros de las comunidades les daba vergüenza identificarse como indígenas, y en tal sentido el ámbito de las lenguas originarias no era comúnmente público sino doméstico, así como de uso generalmente comunitario e intracultural. Las lenguas indígenas se hablaban sobre todo en las comunidades, a menos que se tratara de asuntos relacionados con la comunicación personal u organizacional entre los migrantes que habían salido y seguían saliendo hacia los pueblos y grandes ciudades. Además, quienes publicaban estas lenguas fuera de las

---

2   Obras claves independientes de estos dos autores son: *Relatos ancestrales del folclor camëntsá*, libro publicado en 1989 por Juajibioy. Y el cuento *Ni era vaca ni era caballo...*, publicado por Jusayú en 1984 en su versión más difundida: Ediciones Ekaré de Caracas.

comunidades eran con frecuencia investigadores, generalmente lingüistas, misioneros y antropólogos. Los investigadores solían contar con la ayuda de informantes nativos, quienes desde los ochenta venían convirtiéndose en autores y coautores con nombre propio, como Alberto Juajibioy (camëntsá), Floresmiro Dogiramá (embera) e Hipólito Candre (okaina-uitoto). Así pues, en este artículo me propongo ofrecer una visión panorámica del proceso de irrupción y visibilización de las literaturas indígenas en Colombia, durante los años comprendidos entre la reforma constitucional de 1991 y la ley de lenguas nativas de 2010.

Escritoras y escritores con nombre propio

Las literaturas indígenas que se visibilizan en 1992 poseen nombres propios. Desde el nororiente andino de Colombia, Berichá, una joven uwa educada por misioneros católicos, e informante de antropólogos, decide seguir el consejo de un uejea (uerjayá o "guía tradicional religioso"), su propio tío, quien "quería que la gente del gobierno y los curas conocieran cómo había aparecido U´wa y por qué somos distintos a los blancos" (Berichá 86). Así pues, cumpliendo la petición de su tío, quien vivía en la región de Aguablanca, y basándose en algunas historias contadas por su madre, también sabedora tradicional, Berichá escribe entre 1988 y 1992 un libro autoetnográfico y autobiográfico de difícil clasificación: *Tengo los pies en la cabeza*.

En este mismo año, desde el cálido y semisértico nororiente del país, la Universidad de la Guajira y la Gobernación del departamento, mediante su secretaría de asuntos indígenas dirigida entonces por Weildler Guerra, antropólogo wayuu, publica *Woummainpa*. Se trataba de una sencilla cartilla wayuu en uno de cuyos números aparece Vito Apüshana —heterónimo de Miguel Ángel López— con algunos poemas de su célebre y trascendental poemario: *Contrabandeo sueños con alijunas cercanos*. Otro número de *Woummainpa* se dedica a Vicenta María Siosi Pino, escritora wayuu de ascendencia italiana, quien publica uno de los cuentos que tendría más impacto entre los jóvenes wayuu: "Esa horrible costumbre de alejarme de ti". Siosi narra sobre una niña wayuu que es entregada por su madre a una familia alijuna (no wayuu)[3] de la

---

3 La 'l' en wayuunaiki se pronuncia como 'r': 'alijuna' se lee 'arijuna'.

ciudad, para que crezca en unas supuestas "mejores" condiciones. La niña se resiste al cambio, y trata de devolverse a su ranchería, pero finalmente tiene que volver, acostumbrarse a su nueva vida, y obedecer y servir en casa de los alijunas. Al cabo del tiempo, convertida en mujer, ella ya no se halla ni entre los wayuu ni entre los alijuna, y queda convertida en un personaje mestizo entre mundos opuestos que no logra conciliar. Se transforma en "india desnaturalizá y desgraciá". (Siosi 61).

Nacido en el suroccidente del país, en el macizo andino colombiano, el poeta y oralitor Fredy Chikangana escribía a principios de los noventa desde fuera de su comunidad yanakuna (yanacona). En el poema "En verbo ajeno", el cual dice haber escrito en 1992, Chikangana declara en una poética aún monolingüe:

> Hablo de lo propio
>
> con lo que no es mío;
>
> hablo con verbo ajeno.
>
> Sobre mi gente
>
> hablo y no soy yo
>
> escribo y yo no soy.
>
> (Chikangana en Rocha *Pütchi biyá uai*)

En el noroccidente del país, desde Medellín y desde el selvático territorio tule de Antioquia, Manibinigdiginya, más conocido como Abadio Green, escribía por entonces poemas que llega a leer como el primer poeta indígena invitado al Festival de Poesía de Medellín. Manibinigdiginya nace en el lado panameño de los kuna tule (gunadule), aunque se instala en Medellín para desarrollar el Programa de Pedagogía de la Madre Tierra en la Universidad de Antioquia, entre otros proyectos académicos-comunitarios. Dos décadas después, "Anmal gaya burba" ("Significados de vida"), su trabajo doctoral, versará sobre literatura tradicional kuna tule, educación, madre tierra, etc. Manibinigdiginya se convertiría así en pedagogo y teórico de su propia tradición, antes que en un autor de textos poéticos.

Así pues, en 1992 la primera generación visible de escritores indígenas en Colombia irradiaba desde las ciudades desde donde se hacían más visibles como Bogotá, Riohacha y Medellín. Con todo, estas obras apenas comenzaban a descollar, y se estaban publicando de manera fragmentaria, a manera de narraciones y textos poéticos. La obra poética parcialmente inédita y dispersa en diferentes publicaciones, escrita en un castellano que es a la vez medio de comunicación y enajenación, posee su mejor ejemplo en Chikangana, quien en 1993 era estudiante de antropología en la Universidad Nacional, sede Bogotá.

Por otro lado, *Tengo los pies en la cabeza* de Berichá y *Contrabandeo sueños con alijunas cercanos* de Vito Apüshana son dos de las obras de autores indígenas que más impactan en los noventa, a pesar de su marcado monolingüismo inicial, poseedor sin embargo de un marco referencial nutrido con numerosas voces y expresiones en uwa y en wayuunaiki, respectivamente.

Los grados de reconocimiento de las obras de Berichá, Vito Apüshana y Chikangana son diferentes. Berichá rápidamente gana fama nacional y departamental al tiempo que un sector de su comunidad rechaza el libro y a su autora por haber financiado parte de la publicación con fondos de una multinacional petrolera. Vito Apüshana gana reconocimiento local por sus versos, pero su figura se hunde en el misterio, y se convierte en una especie de leyenda guajira: pocos saben quién es y dónde encontrarlo. Los aplausos se multiplican para Berichá. La escritora ha nacido sin pies, y sobrevivido a la primera parte de su exilio; además, ha aprendido a escribir para contar su historia y para narrar en parte el impacto de las instituciones foráneas en su cultura. Su reconocimiento regional y nacional no es gratuito por entonces. En Berichá confluyen varios aspectos que encarar para una sociedad exclusivista. Una obra precursora, polémica al interior de su comunidad, sumada a su condición de mujer indígena "discapacitada". En 1993, un año después de la publicación de *Tengo los pies en la cabeza*, la escritora uwa gana el Premio Cafam a la Mujer del Año, recibe reconocimiento en Honor al Mérito en la Alcaldía de Bogotá, y en Cúcuta la Gobernación de Norte de Santander le otorga la condecoración José Eusebio Caro en grado Extraordinario a la Mujer del Año.

Entre tanto en la Guajira poco se sabe sobre Vito Apüshana, de quien se cuenta que es un pastor dedicado a sus labores tradicionales en algún recóndito lugar del desierto. No obstante, se comienza a tejer el misterio sobre su figura legendaria, y algunos de sus versos aparecen escritos en murales públicos de Riohacha. En 1993, aunque todavía sin publicar un libro completo, Fredy Chikangana, escritor y estudiante yanakuna (yanacona) del Cauca gana el Premio de Poesía Humanidad y Palabra de la Universidad Nacional. Con todo, sus poemas se continuarán publicando separadamente, y serán sus contactos con otros poetas indígenas, en especial con Elicura Chihuailaf, poeta mapuche de Chile, los que le darán una proyección internacional inusitada.

En los noventa, Colombia aún se continuaba debatiendo con las tremendas heridas infringidas en la guerra contra los carteles del narcotráfico y la guerrilla del M-19, entre otros grupos armados. La constitución de 1991 abría las esperanzas de un nuevo contrato social. Las conmemoraciones continentales del quinto centenario de América estaban generando nuevas preguntas sobre la identidad, sobre los orígenes y sobre la diversidad. La atmósfera social mundial irradiaba vientos de cambio tras la caída del muro de Berlín en 1989, el fin de la dictadura en Chile en 1990, y la disolución de la Unión Soviética en 1991, entre otros grandes acontecimientos de finales de los ochenta y principios de los noventa. El corto y sangriento siglo XX, que pareciera haber comenzado en 1914 con la Primera Guerra Mundial, terminaba de cierta forma precoz con las transformaciones sociales de principios de los noventa, y en concordancia simbólica con algunas naciones indígenas de Abya Yala que llamaban a 1992 como el año de un nuevo amanecer, un revolcón espacio-temporal (*pachakuti* en quechua-aymara), que en parte podría ser entendido como el momento de retornar arriba lo que había quedado abajo tras "la larga noche de los quinientos años". Así también resurgían algunas demandas de la revolución mexicana con los indígenas zapatistas de Chiapas que se levantan en 1994, el mismo año en que Naciones Unidas ratifica la primera Década Mundial de los Pueblos.

Los noventa es una década muy significativa para las naciones indígenas a nivel internacional, como ya se podía notar desde 1989 con el Convenio 169 de la OIT sobre los Pueblos Indígenas y Tribales en naciones independientes; el papá Juan Pablo II en 1992 que pedía perdón a los indígenas por los abusos de la Iglesia; el premio Nobel de la Paz para Rigoberta Menchú, maya de Guatemala, en 1992; y los diálogos en marcha sobre la futura Declaración Universal de los Derechos de los Pueblos Indígenas, la cual se ratificará en 2007. De tal modo, los noventa terminan por convertirse en una década de transición no sólo entre siglos, sino entre dos milenios, y todas estas expectativas terminan por convertirse en uno de los mejores escenarios posibles para la apertura y reconsideración de los cánones artísticos y literarios.

En Colombia, el nuevo acuerdo social simbolizado en la constitución de 1991, actualizaba al país sobre su propia condición pluriétnica y multicultural, una realidad obvia pero negada por siglos. Esta actualización no sólo implicaba mirar hacia un futuro mejor, sino hacia las raíces mismas de la nacionalidad, e incluso más allá, hacia lo desconocido: lo pre-colombino. La imagen del llamado "indio" había quedado relegada en un pasado idealizado por el oro y mentido por una supuesta extinción física y cultural cuyos restos eran materia de los antropólogos y de los misioneros. Antes de 1991, lo indígena parecía no ser contemporáneo de la imagen del país que se estaba construyendo o se quería construir. Y esta realidad no ha cambiado significativamente en nuestros días. Con todo, la presencia de los representantes indígenas en el Congreso de la República, y la nueva constitución, generaban al menos nuevas perspectivas, aunque la apreciación general del colombiano promedio sobre lo indígena se tornaba en "el saber que aún existen" unas minorías étnicas que habitan en regiones más remotas del país: "los indios" que a veces llegaban a las ciudades para reclamar al gobierno y para ofrecer sus medicinas tradicionales. Así pues, en esta época la labor de los intelectuales indígenas cobraba más y más sentido, pues era necesario ganar la atención pública mediante nuevos discursos y medios de comunicación. Los diálogos con el gobierno y la representación política no bastaban. Había que sensibilizar a la gente. Hablar con la gente. Contrabandear sueños, como escribía Vito Apüshana. Así fue como la poesía breve y los cuentos de corta extensión se volvieron los medios predilectos de la nueva generación de escritoras y escritores indígenas, quienes querían llegar más cerca de la gente.

Hacia finales de la década de los noventa, el conflicto armado entre las narco-guerrillas y el Estado colombiano (con el apoyo económico de los Estados Unidos mediante el Plan Colombia que entra en vigencia formal en 1999), y el empoderamiento militar y económico de los grupos paramilitares, fueron algunos de los factores bélicos que ensombrecieron las esperanzas y vientos de cambio de principios de los noventa en Colombia. Las naciones indígenas, solo reconocidas como grupos y minorías étnicas, vieron incrementar la crudeza de su posición en mitad de una guerra interna aún más brutal. De hecho, el desplazamiento del campo a las grandes ciudades se incrementa a niveles críticos durante la segunda década del siglo XXI, cuando las cifras oficiales señalan a Colombia como el segundo país con mayor desplazamiento interno en el mundo, después de Sudán.

Los noventa y la visibilización

Los noventa es la década de la visibilización inicial de las literaturas indígenas contemporáneas en Colombia, cuyo primer hito notorio, aunque desapercibido entonces, fue una novela publicada en Maracaibo, Venezuela, en los años cincuenta: *Los dolores de una raza*.[4] Antonio Joaquín López, escritor wayuu también conocido como Briscol, se propuso escribir una "novela histórica de la vida real contemporánea del indio guajiro". Tal fue el subtítulo con que publicó su obra en referencia a los wayuu, conocidos entonces como guajiros.

En Venezuela, y en particular en Caracas, Maracaibo y el estado fronterizo del Zulia, los lectores y editores descubrieron con anticipación la literatura wayuu que se haría visible en Colombia hasta los noventa y primera década del siglo XXI. El descubrimiento literario se produjo en parte desde el público infantil y juvenil[5] que disfrutó desde 1984 del cuento *Ni era vaca ni era caballo...* de Miguel Ángel Jusayú. Esta bellísima edición con ilustraciones fue publicada por la editorial Ekaré de Caracas. Así pues, aunque en 1981 y 1984 Ramón Paz ya había publicado dos de sus cuentos wayuu en una colección de Ekaré para niños más pequeños, el personaje migrante creado por Jusayú se ha vuelto especialmente célebre porque nos sensibiliza sobre el choque contemporáneo entre culturas, al tiempo que nos hace pensar en la necesidad de generar diálogos e interacciones más acordes con nuestra época. Una de las preguntas que surgen es, justamente, ¿hasta qué punto podemos pensar en estas literaturas dentro de los marcos de las literaturas nacionales?

En la literatura wayuu es evidente su dimensión transfronteriza e incluso pre-fronteriza. Al mismo tiempo es de destacar que

---

[4] La primera edición conocida de la novela no tiene fecha de publicación, aunque la primera edición parece haber sido publicada en 1956 en versión tipográfica de *La Columna*, Maracaibo, de acuerdo con Víctor Bravo Mendoza, investigador guajiro.

[5] A partir de 9 años en concepto de los editores de Ekaré. En 1986 *Ni era vaca* entró en la lista de Honor IBBY, y ganó un Diploma de Honor, Premio Cataluña.

tanto *Los dolores de una raza* como *Ni era vaca ni era caballo...*, en tanto hitos de la literatura indígena contemporánea, han sido escritos por autores wayuu nacidos del lado colombiano, pero publicados del lado venezolano.

Durante los noventa los epicentros urbanos de estas surgentes literaturas indígenas eran Riohacha en la Guajira, Leticia en Amazonas, Medellín en Antioquia, y Bogotá, la ciudad capital en el altiplano oriental andino. Estas ciudades alfabetas y analfabetas al mismo tiempo, ven llegar migrantes indígenas alfabetizados o por alfabetizarse, realizan convocatorias, otorgan estímulos económicos y generan publicaciones desde sus editoriales y universidades públicas. La Universidad de la Guajira y diferentes sedes de la Universidad Nacional cumplen roles regionales en el apoyo y/o visibilización de autores indígenas como Vicenta Siosi y Vito Apüshana (en Guajira) Fredy Chikangana (en Bogotá), y más adelante Anastasia Candre (en Leticia).

Los primeros premios literarios son otra de las características del inicio del reconocimiento público de las literaturas indígenas en la Colombia de los noventa. En 1993, el ya mencionado Premio de Poesía Humanidad y Palabra lo gana el poeta Fredy Chikangana. En 1994 Hipólito Candre (Kɨneraɨ), narrador okaina del amazonas, y el antropólogo Juan Álvaro Echeverri, ganan el Premio Nacional al Rescate de la Tradición Oral Indígena, concedido por Colcultura, con su libro: *Tabaco frío-Coca dulce*. Unos años después, en 1998, Yenny Muruy Andoque, escritora amazónica de origen uitoto-andoke, gana un Premio Departamental de Poesía concedido por el Ministerio de Cultura con poemas del libro inédito "Versos de Sal".[6] Estos tres premios, ganados a nivel nacional, departamental y universitario, implican cierto reconocimiento a nivel institucional. Sin embargo, es de notar que durante los noventa la poesía de Chikangana y Muruy sólo se conoce por algunos poemas publicados en libros difíciles de conseguir. "Versos de Sal" aún permanece inédito, mientras que los primeros libros de Chikangana aparecerán hasta la siguiente década.[7]

En 1993 Miguel Ángel Jusayú publicó en Maracaibo, Venezuela, su *Autobiografía*. El tema autobiográfico también era central en un nuevo relato que por entonces publicaba Vicenta Siosi:

---

6   En el equipo que produce este libro también participa Juan Álvaro Echeverri.
7   *El colibrí de la noche desnuda* en 2008, y *Espíritu de pájaro en pozos del ensueño* en 2010.

El honroso vericueto de mi linaje. Jusayú y Siosi dotaban de gran fuerza autorreflexiva y autobiográfica a la narrativa wayuu de finales de los ochenta y principios de los noventa. Al mismo tiempo surgían una generación de poetas wayuu a ambos lados de la frontera. Al *Contrabandeo sueños con alijunas cercanos* de Vito Apüshana en 1992, siguió en 1993 el poemario *Iitakaa, la totuma*, publicado en Venezuela por José Ángel Fernández Silva Wuliana. Al año siguiente se destacaba Juan Pushaina, también conocido como Leoncio Pocaterra, con *La fiesta patronal*. Este poema extenso, con temática bíblica wayuunizada, fue publicado por la Universidad del Zulia en Maracaibo. Del año 1994 también datan los manuscritos parcialmente inéditos de otros dos poetas wayuu, padre e hija: Antonio Uriana con su obra "Tou´main" ("Mi tierra"), y Atala Uriana con su obra "Tanuiki" ("Mi palabra").

De esta suerte, a mediados de la década de los noventa, en Colombia y Venezuela parecía incrementarse la producción literaria wayuu, lo cual no era necesariamente sinónimo de su reconocimiento generalizado. Tal irrupción, lejos de alcanzar cierto reconocimiento inicial de la literatura mapuche en el Chile de la época, era en lo que respecta a Colombia un naciente fenómeno literario regional, del cual se sabía particularmente en Riohacha, pero que aún no lograba un alcance nacional. De allí la importancia de la obra crítica pionera de Gabriel Alberto Ferrer y Yolanda Rodríguez Cadena, quienes publican en 1998: *Etnoliteratura wayuu, estudios críticos y selección de textos*. Con esta obra crítica y antológica, estos magister del Instituto Caro y Cuervo sentaban un precedente académico, difundían la literatura wayuu, y al tiempo se convertían en interlocutores de una serie de textos que habían pasado desapercibidos para la crítica literaria colombiana.

Durante los años 1995 y 1996, algunos cabildos indígenas continuaban auto-publicando sus obras de tradición oral comunitaria, especialmente útiles para sus procesos pedagógicos e históricos. Buen ejemplo son las obras de la Colección Historia y Tradición Guambiana, que en 1995 presenta *Srekøllimisak, Historia del Señor Aguacero*, un trabajo en donde cooperan Abelino Dagua Hurtado y Misael Aranda, intelectuales misak, junto con el antropólogo Luis Guillermo Vasco. Otra obra comunitaria de esta época es la publicada en 1996 por la Asociación de Cabildos Indígenas de Antioquia: *La historia de mis abuelos, textos del pueblo Tule, Panamá-Colombia*.

Medellín, la capital del departamento de Antioquia, se convirtió desde 1991 en el mejor escenario nacional anual para conocer y escuchar a poetas que escriben y cantan en numerosas lenguas del mundo. El carácter abierto, creativo e incluyente del Festival, pronto se convirtió en el espacio ideal para que poetas indígenas de Colombia, América y el mundo, se dieran cita cada año con un público fervoroso así como con sus colegas poetas de incontables culturas y pertenencias lingüísticas. En 1992, Manibinigdiginya (Abadio Green), escritor kuna tule (gunadule) nacido en Panamá y radicado en Colombia, fue el primero de los poetas indígenas en leer en el Festival. En 1996, cuando el Festival recibe el Premio Nobel Alternativo, Humberto Ak'abal (maya k'iche'), uno de los escritores indígenas más célebres a nivel internacional, es uno de los lectores invitados. La poética breve y bilingüe de Ak'abal gana pronto admiración no solo entre el público colombiano, sino entre algunos escritores indígenas en el país. La concisión poética de Ak'abal, tan cercana al haiku japonés y a la vez tan resonante con la tradición oral y el mundo onírico, lo convierte en influencia e inspiración de obras poéticas como las que se estaban escribiendo y estaban por escribirse en Colombia. Por ejemplo, los textos oraliterarios breves de Vito Apüshana, Fredy Chikangana y Hugo Jamioy, quienes se convertirán en los poetas indígenas más reconocidos en el país.

En 1997 Fredy Chikangana publica su artículo "La oralitura" en el diario *El Espectador* de Bogotá. Ese año Chikangana había asistido al Taller Suramérica de Escritores en Lenguas Indígenas en Temuco y Purén, Araucanía chilena, en donde se encuentra con el escritor mapuche Elicura Chihuailaf. El artículo de prensa escrito por Chikangana era un claro anuncio al país, y a los lectores capitalinos, sobre la inminencia del movimiento continental de escritores en lenguas indígenas del cual Chikangana ya formaba parte. El breve artículo abría camino justo en uno de los periódicos en donde más suelen colaborar escritores, poetas y críticos literarios del país. Una de las citas de Chikangana refleja las expectativas del publico chileno durante el reciente encuentro de escritores indígenas en Chile: "están ustedes llamados a conquistar con la palabra, lo que otros conquistaron con las armas". De esta suerte, la labor mensajera y periodística de Chikangana se redondea con el anexo semi-antológico que incluye con su artículo. El poeta yanakuna incluye textos breves de autores multi-surgentes en diferentes partes del continente: los poetas mapuches Graciela Huinao, Elicura Chihuailaf y Leonel Lienlaf; el poeta kichwa (quichua) Ariruma Kowii; y el poeta nahua Natalio Hernández Xocoyotzin. Esa pequeña muestra se convertía simbólica y prácticamente en la primera mini-antología de literatura indígena contemporánea publicada en Colombia.

Géneros, generación

La poesía breve y los cuentos de corta extensión son géneros recurrentes entre los escritores y escritoras indígenas que se hacen más visibles desde los noventa. Esto se debe en parte a que el entorno crecientemente virtual de mediados de los noventa y primeras décadas del siglo XXI trae consigo toneladas de información con la difusión pública del Internet. Además, es un mundo muy rápido e híper-estimulado en donde la televisión, el cine, la radio y las páginas web son los medios de expresión que más llaman la atención. En medio de estos ámbitos, la poesía breve y los cuentos suelen estar más al alcance o vistazo de los lectores contemporáneos en Colombia, precisamente por su brevedad y dinamismo. Estos géneros despiertan más interés entre los lectores promedio en Colombia dado que éstos parecen no tener tiempo ni disposición para abordar obras literarias extensas, a menos de que se trate de autores canónicos como García Márquez, o de obras de carácter testimonial relacionadas con la violencia urbana, la guerrilla y la política, entre otras excepciones. La poesía breve y los cuentos de corta extensión suelen ser géneros flexibles, legibles en menor tiempo, menos difíciles de publicar, y sobre todo más al alcance de un público general en un país cuyos actuales niveles de lectura son bajos (menos de dos libros al año por persona). Su flexibilidad reside en que los poemas breves pueden ser leídos de una sola mirada mientras que los cuentos cortos pueden ser leídos de una sola sentada. Los textos más conmovedores pueden pasar a formar parte de las tradiciones narrativas orales, o ser memorizados a manera de canciones como en el caso de la recepción yanakuna de algunos poemas de Chikangana. De hecho, los poemas se emparentan con las canciones y proverbios, y los cuentos con las narraciones míticas tradicionales. Así pues, los cuentos y la poesía breve, en tanto géneros predilectos de los escritores indígenas en Colombia, representan ciertas continuidades con géneros propios de sus oraliteraturas tradicionales. Berichá cuenta su historia entrelazada con la historia uwa, tradicionalmente cantada en las ceremonias estacionales. Vito Apüshana apela al lenguaje del sueño (lapü), cuyas narraciones son el género primordial de la literatura wayuu de todos los días. Siosi recurre a la historia oral familiar, y en ciertos pasajes de sus cuentos recrea escenas de la cuentística tradicional wayuu. Chikangana comienza cantando como un despojado, aunque desde sus primeros poemas de los ochenta los cantos, o himnos (taki en quechua), son uno de los géneros realmente recurrentes en su poética".

Aunque los autores indígenas mencionados hacen uso de los recursos alfabéticos característicos de la escritura legada, mas no inventada por los españoles, las formas en que usan estos recursos les va confiriendo su propia voz literaria en un continuo proceso de diálogo con sus propias raíces, géneros oraliterarios y sentidos de mundo. El "chumbe de la vida" cantado por Chikangana simboliza el reconocimiento a la escritura tradicional propia, el tejido, cuyas textualidades se complementan con la fuerza del arte verbal oral en la mayoría de las comunidades originarias. De hecho, las propuestas ideográficas en poemas de Chikangana como "Del vacío" (1990) y "Takina" (2010), poseen como fuente el arte textil andino.

Las aproximaciones creativas entre artes verbales orales, escrituras tradicionales y escritura fonética bilingüe, son uno de los grandes aportes de parte de la generación de escritores y escritoras indígenas que continuó creando a comienzos del nuevo milenio en Colombia. A los aportes de Chikangana deben sumarse, entre otros, los de Anastasia Candre, escritora okaina-uitoto, a propósito de sus poemas y canciones, así como de sus pinturas sobre tela de yanchama (corteza vegetal extraída de un árbol amazónico); Aldemar Ruano, escritor y pedagogo pasto colimba, en cuyas obras se aproximan las mingas de la palabra, la escritura colectiva y el arte cerámico y rupestre; Hugo Jamioy, oralitor camëntsá, en cuyos textos poéticos confluyen las palabras bonitas (artes verbales orales), los chumbes o fajas tejidas, las máscaras talladas y la escritura alfabética bilingüe.

Ahora bien, las continuidades visibles en los géneros de poesía breve y cuento con las canciones y narraciones míticas tradicionales, así como la eventual copresencia de formas de escritura propia, también poseen rupturas y discontinuidades, no sólo en tanto los escritores y escritoras indígenas las validan mediante una escritura convencional fonética extranjera, sino porque las obras escritas se ponen al alcance de audiencias diferenciadas culturalmente. Si los "ocupados" lectores contemporáneos de estos textos parecieran ser privilegiados en cuanto a la frecuente brevedad literaria de las obras indígenas en Colombia, también debe tenerse en cuenta que una de las discontinuidades más evidentes implica que mediante el texto escrito o virtual, el creador se distancia simultáneamente de su receptor, o cocreador, y esto implica todo lo contrario a un privilegio desde el punto de vista comunitario y colectivo en que se transmiten generacionalmente muchas de estas oraliteraturas en Colombia y el mundo. Los contextos familiares, comunitarios y coparticipativos en que se canta y se cuenta son reemplazados por la relación solitaria entre el lector y el texto producido frecuentemente a solas por el escritor. El tipo de escritura literaria fonética suplanta la palabra oral, más íntima y en muchos momentos más colectiva, y de tal suerte algunos escritores indígenas sufren un extrañamiento que finalmente los mueve a asumir un nuevo rol en su comunidad y/o fuera de ella. A propósito del extrañamiento Chikangana escribe en 1992: "Sobre mi gente / hablo y no soy yo / escribo y yo no soy" (Rocha, *Pütchi biyá uai* 59).

Miguel Ángel López, a través de su heterónimo Vito Apüshana, hace en el poema "Culturas" una declaración poética sobre el nuevo rol que representa para su comunidad:

Tarash, el *jayechimajachi* de Wanulumana, ha llegado

para cantar a los que lo conocen...

su lengua nos festeja nuestra propia historia,

su lengua sostiene nuestra manera de ver la vida.

Yo, en cambio, escribo nuestras voces

para aquellos que no nos conocen,

para visitantes que buscan nuestro respeto

Contrabandeo sueños con *alijunas* cercanos. (Vito Apüshana, *Contrabandeo sueños*; Rocha, *Pütchi biyá uai* 130)

El poeta, el escritor wayuu contemporáneo, se compara y se diferencia del jayeechimajachi, o cantor-narrador tradicional wayuu. El jayeechimachi tiene nombre propio (Tarash), sabemos de dónde es (Wanulumana), y a quién representa (la voz colectiva de los wayuu). El jayeechimachi canta en wayuunaiki la historia de un nosotros exclusivo. El escritor, en cambio, escribe desde un nosotros inclusivo, aunque no se define a sí mismo como poeta sino como contrabandista de sueños. El contrabando, como forma de resistencia tradicional wayuu, hizo posible la adaptación cultural de las armas de fuego, las herramientas de hierro e incluso el pastoreo de chivos. Todos elementos y prácticas provenientes de los alijunas. Mediante la figura del contrabandista Vito Apüshana se incluye en la tradición de resistencia wayuu, pues adopta la escritura para sí y para los suyos, a la vez que reconoce que él escribe las voces wayuu para los visitantes, para quienes no los conocen, en suma, para los alijunas. Con todo, el escritor sugiere en esta suerte de poética que su ejercicio de contrabandeo literario se realiza en el plano de los sueños, del imaginario, y que se da solo con quienes buscan su respeto, con los alijunas cercanos, es decir, con quienes se establecen lazos de cercanía e intercambio. En tal sentido, el enajenamiento que Chikangana conjura a través de una paulatina inmersión en sus raíces andinas, y en la recuperación de la lengua quechua, Miguel Ángel López lo resuelve en parte a través de una personalidad poética, Vito Apüshana, con quien emprende en sí mismo un retorno simbólico al cementerio wayuu, a sus orígenes y sueños. En suma, Miguel Ángel López asume con su rol escritural una posición diferenciada al tiempo que arraigada en su antigua tradición de contrabandeo de la palabra.

Escenarios notables en los noventa

A finales de los noventa, y a las puertas de la primera década del nuevo milenio, puede sugerirse que las literaturas indígenas poseen, entre otros tantos centros, escenarios notables en ciudades como México, D.F., Medellín y Temuco. En México, D.F. se creó desde 1993 Escritores en Lenguas Indígenas (ELIAC), una asociación que cuenta con la participación de diversos escritores y escritoras indígenas de México, y con miembros honorarios como Miguel León Portilla y el fallecido Carlos Montemayor.

Temuco es sede de la Universidad de la Frontera, y casa de varias revistas y encuentros literarios que alientan la literatura mapuche e indígena continental. Allí confluyen Elicura Chihuailaf con su proyecto de la oralitura, y otros tantos poetas mapuches como Jaime Huenún, quien en la primera década del 2000 traslada parte de la atención del movimiento continental a Santiago de Chile, en donde organiza desde 2007 "Los Cantos Ocultos", un encuentro poético internacional en donde convoca a los que denomina "escritores indígenas latinoamericanos".

Medellín, Bogotá son espacios y puentes intermedios entre el sur representado por Chile y el norte representado por México. Con todo, el aporte particular de Medellín, con su Festival anual de Poesía, es la apertura e internacionalización de un movimiento en donde los llamados poetas indígenas confluyen con poetas nativos de Canadá y los Estados Unidos, así como con poetas aborígenes de otras latitudes del mundo. El Festival los reconoce como Poetas de las Naciones Indígenas, y en sus lecturas públicas son programados para leer y cantar con poetas de todo el planeta, lo cual genera un intercambio que sobrepasa las diferenciaciones étnicas.

Fredy Chikangana coincide en 1998 con Elicura Chihuailaf en las lecturas que ambos dan en el Festival de Poesía de Medellín. Y al parecer sus proyectos como oralitores coinciden maravillosamente, pues Chikangana comenzará a realizar talleres de oralitura. Con todo, en el caso de Chikangana y Chihuailaf la alianza va más allá del movimiento continental de escritores en lenguas indígenas, tal y como tiende a centralizarse en la siguiente década en México, desde donde se convoca el Premio Continental Canto de América desde 1998, y el Premio de Literatura Indígena Iberoamericana anunciado en la Feria Internacional del Libro de Guadalajara 2012.

Colombia a fines del siglo XX

A finales del siglo XX aparecen en Colombia nuevos libros claves de colaboración intercultural, en donde se destacan con mayor notoriedad los autores indígenas en colaboración con algunos antropólogos. Es el caso de *Historia de los upichia*, libro publicado en 1997 por Carlos Matapí y Uldarico Matapí, con apoyo de María Clara van der Hammen y Carlos Alberto Rodríguez. Así como *Guambianos: hijos del aroiris y del agua* (1998), resultado de años de trabajo y cooperación entre los historiadores misak Abelino Dagua Hurtado y Misael Aranda con el antropólogo Luis Guillermo Vasco.

En cuanto a las escritoras y escritores indígenas que resonaban a finales de esta misma década en el país, debe mencionarse a la escritora wayuu Vicenta Siosi, quien con su cuento "El dulce corazón de los piel cobriza" gana una mención de honor en el concurso Enka, Premio Andino y Panamá de Literatura Infantil, 1998. Ese año Yenny Muruy Andoque, quien gana con *Versos de sal* el Premio Departamental de Poesía, departamento del Amazonas, otorgado por el Ministerio de Cultura. Y Benjamín Jacanamijoy Tisoy, investigador inga, presenta su informe final de la beca de creación que le concedió el Ministerio de Cultura con "El chumbe inga, una forma artística de percepción del mundo". En esta investigación Jacanamijoy se refería al *chumbe* (faja tejida con diseños picto-ideográficos) como una forma de escritura y de creación artística, con lo cual se daba por superado su carácter folclórico y artesanal. El chumbe como una forma de escritura complementaria al texto poético será un tema que desarrollará en su obra el oralitor camëntsá Hugo Jamioy, quien recién publica su primer libro en 1999: *Mi fuego y mi humo, mi tierra y mi sol*.

Un nuevo milenio se manifiesta

La primera década del siglo XXI, y del nuevo milenio, se inauguró significativamente para la literatura indígena en Colombia y América. El 15 de enero del año 2000 Malohe gana el Premio Casa de las Américas de Cuba con su libro de poesía *Encuentros en los senderos de Abya Yala*. Malohe es el nombre abreviado de Miguel Ángel López Hernández, poeta de origen wayuu, quien como se dijo arriba, también venía publicando desde 1992 bajo el heterónimo y seudónimo de Vito Apüshana. Este galardón se convertía en el premio literario más trascendental obtenido hasta entonces por un escritor indígena nacido en Colombia, y ganaba aún más terreno simbólico en el reconocimiento y descubrimiento de las literaturas indígenas. El libro está construido de encuentros poéticos en "los universos indígenas latinoamericanos", y en sus versos sobresalen los wayuu, los kogui, Acomiztli Nezahualcóyotl, escritores indígenas contemporáneos como Leonel Lienlaf, y Ariruma Kowii. La Colombia del año 2000 se transformaba rápidamente. Uno de los cambios más significativos se daba en el plano de la educación indígena concedida casi por cuatro décadas a los misioneros lingüistas del Instituto Lingüístico de Verano (Sil International). El 31 de mayo del año 2000 finalizaba el convenio, aunque el término final del proyecto aconteció realmente en 2002. Con el cierre de este convenio también se clausuraba la visión lingüística misional que desde los setenta bautizó como folclor indígena a las artes verbales que para entonces ya adquirían estatus de literaturas y oralituras en el país.

En el año 2000 ya no se vacilaba en llamar poesía a los textos de numerosos autores y autoras contemporáneas indígenas en el país, como Francelina Muchavisoy (inga); Fredy Chikangana (yanacona/yanakuna); y Miguel Ángel López Hernández / Vito Apüshana (wayuu), quienes en ese año serían publicados en compañía de escritores rom (gitanos) e indígenas en una antología provocadora: *Woumain, poesía indígena y gitana contemporánea de Colombia*. Esta antología publicada en Bogotá, agrupaba a escritores desconocidos de las llamadas minorías étnicas, igualmente desconocidas. Con todo, los wayuu continuaban pisando fuerte en el proceso de difusión y reconocimiento de su producción literaria; así es como tras el premio internacional concedido a Malohe, Vicenta Siosi gana con su cuento "La señora iguana" el primer premio del Concurso Nacional de Cuento Infantil, convocado por Comfamiliar del Atlántico en el año 2000.

Así pues, en menos de una década la nueva generación que irrumpía más visiblemente en 1992, había ganado reconocimiento nacional e internacional. Berichá, nombrada como mujer del año, y condecorada en instituciones gubernamentales; aunque exiliada de su comunidad uwa por acusaciones internas. Siosi, ganadora de un premio nacional de literatura infantil. Chikangana, ganador de un premio universitario y antologado en Chile. Miguel Ángel López (Malohe/Vito Apüshana) ganador de un premio latinoamericano de poesía.

Si bien es cierto que el Festival de Poesía de Medellín era desde principios de los noventa un escenario anual privilegiado para el encuentro, difusión e interacción de los poetas indígenas, hasta entonces no se había realizado en Colombia un encuentro que permitiera reflexionar y dar a conocer la poesía indígena en su conjunto, tal y como se estaba escribiendo, cantando y leyendo a principios del siglo XXI desde México hasta Chile.[8] Ese vacío se llena en el año 2001 con la realización del Primer Encuentro de Poesía Étnica organizado en la Universidad Nacional de Colombia, sede Bogotá, con la coordinación de los hermanos Mariela y Rafael del Castillo. El encuentro reúne por vez primera en Colombia a los tres poetas indígenas más influyentes del país: Humberto Ak'abal (maya k'iche', Guatemala), Jorge Miguel Cocom Pech (maya yucateco, Mé-

---

8 Con excepción de Brasil, puesto que las barreras lingüísticas son uno de los factores que impiden la interacción entre los escritores indígenas que escriben en castellano y en portugués.

xico) y Elicura Chihuailaf (mapuche, Chile). Ak'abal sorprende con su poesía breve, onomatopéyica, cercana al canto y muy próxima a la oralidad y al mundo onírico. Cocom se destaca con su propuesta de indagar en los recursos estilísticos propios de las lenguas indígenas así como en la necesidad de la preparación literaria del escritor y traductor indígena. Chihuailaf convoca con su proyecto de oralitura, escritura tejida en proximidad del arte verbal oral, y no en el llamado "artificio de la palabra". En el encuentro también participan otros escritores y escritoras. Natalio Hernández Xocoyotzin (nahua, México), uno de los principales promotores de la literatura en lenguas indígenas de México; Briceida Cuevas Cob (maya yucateca, México), una de las mejores y más premiadas poetas mayas contemporáneas; y José Ángel Fernández, escritor wayuu venezolano, quien además de su obra poética, ha sido uno de los principales traductores al wayuunaiki de otros escritores wayuu como Estercilia Simanca y Miguel Ángel López. Este último también participa en el encuentro junto con otros escritores y escritoras indígenas nacidos en Colombia como Francelina Muchavisoy (inga), Hugo Jamioy (camëntsá), Gonzalo Gómez Cabiativa (de origen muisca) y Fredy Chikangana (yanakuna / yanacona). El Primer Encuentro de Poesía Étnica se suma por entonces al fortalecimiento y visibilización de una generación notable de poetas indígenas en América Latina, cuyos encuentros anteriores en México, Chile y Venezuela son indicio de su carácter polifacético y transnacional. Hugo Jamioy, Miguel Ángel López y Fredy Chikangana se seguirán agrupando desde entonces como los tres poetas indígenas gradualmente más visibles en el país.

Con todo, al año siguiente Miguel Ángel López Hernández se marcha temporalmente a México con una Beca Latinoamericana de Residencia Artística que le conceden el Ministerio de Cultura de Colombia y Conaculta de México. Se propone escribir el texto *Traigo el agua del lago de Tezcoco*. Es entonces cuando se dan a conocer dos nuevos poetas wayuu desde Barranquilla, ciudad de la costa Caribe que desde finales de los noventa se convierte en uno de los epicentros editoriales de la literatura wayuu en Colombia. El primero es Rafael Segundo Mercado Epieyú, quien publica *Flamenco y mar, poemas del alma* en 2002, y *Poemas nativo* en 2003. La segunda es Estercilia Simanca Pushaina, quien con su poemario inédito "Caminemos juntos por las sombras de la sabana" obtiene el segundo puesto en el tercer concurso nacional de poesía, CUC, convocado desde Barranquilla en 2002. Sin embargo, ni Simanca ni Mercado ganan con su poesía el reconocimiento literario obtenido por algunos de sus predecesores wayuu, como Vicenta Siosi, quien ese mismo año imprime en Barranquilla, con apoyo de recursos propios, un libro en donde reúne sus principales cuentos, *El dulce corazón de los piel cobriza*. A pesar de lo arriesgado de la publicación, se trataba en todo caso de una proeza literaria, si se toma en cuenta que para ese entonces otros de los cuentistas wayuu que había comenzado a publicar en los sesenta recién recibía homenaje póstumo en 2003 con el libro *Vida y obra de Glicerio Tomás Pana*.

Estercilia Simanca, dejando a un lado los versos, se lanza una segunda vez con su cuento "El encierro de una pequeña doncella", con el cual llega a ser finalista en el Concurso Nacional de Cuento Infantil, Comfamiliar del Atlántico. Así pues, aunque no repite el logro de Siosi, quien había ganado este premio en el 2000, adquiere ya un primer reconocimiento como narradora. El año siguiente, en abril de 2004, ella reaparece con un cuento que le dará fama y problemas al mismo tiempo, "Manifiesta no saber firmar, nacidos el 31 de Diciembre". Con "Manifiesta", Estercilia gana la única mención de honor en el Concurso Nacional de Cuento Metropolitano organizado por la Universidad Metropolitana de Barranquilla. Con todo, este reconocimiento no le da fama al cuento ni a la autora. "Manifiesta" se hace célebre en la versión ilustrada con imágenes de cédulas que la autora publica en una edición sencilla lanzada en abril de 2005 en la Feria Internacional del Libro de Bogotá. Con ironía, humor y notable arte narrativo, Simanca logra captar la sensibilidad del lector mediante un personaje femenino que, al igual que los personajes wayuu de Briscol en los años cincuenta, se debate entre la atracción y el rechazo a los alijuna, los llamados civilizados, y en su caso los políticos que cedulan y nombran de cualquier forma a los wayuu para ganar votos en la Guajira. Quizás sin saberlo, Estercilia Simanca y sus personajes habían destapado "tamaño problema": el de la colonización por los nombres que inicio con Colón mismo, y justamente en el Caribe.

Bínnÿbe oboyejuayëng, *danzantes del viento*

El año 2005 vio surgir dos obras claves en las letras indígenas en Colombia. *La fuerza de la gente*, autobiografía de Lorenzo Muelas Hurtado, un importante líder misak-guambiano, y un libro de oralitura poética camëntsá de Hugo Jamioy Juagibioy: *Bínÿbe oboyejuayëng* (*Danzantes del viento*). Muelas había sido senador de la república como representante indígena clave en el cambio constitucional de 1991. Jamioy era más conocido por lecturas en recitales que por una obra en sí misma. Con *Bínÿbe oboyejuayëng*, Jamioy comenzó a ganar notoriedad, aunque la obra era prácticamente inconseguible para el público general.[9]

Aunque *Bínÿbe oboyejuayëng* se difundió y conoció más ampliamente con su reedición ampliada de 2010, la pequeña edición de autor de 2005 se convirtió en uno de los libros más importantes y originales entre los publicados por los escritores indígenas hasta entonces. El libro se anunciaba abiertamente como un libro de oralitura, dando un paso contundente en la afirmación de este concepto independiente en la escritura indígena contemporánea. Sus textos estaban escritos desde las voces de los taitas, las voces de su gente (como anunciaba una década antes Elicura Chihuailaf), al tiempo que expresaban la voz indígena migrante, y a veces se convertían en explicaciones míticas del mundo, o en aclaraciones poéticas para quienes no son camëntsá. Algunos comentarios personales de críticos de poesía descalificaban el valor poético de esta obra. Pero, ¿quién dijo acaso que este era un libro de versos? Jamioy no se presentaba a sí mismo como poeta, aunque fue integrado por necesidad en ese escenario público; por supuesto, claro que hacía poesía, pero también era autor de botamán biyá.[10] En tal sentido su obra se concibe simultáneamente en relámpagos narrativos breves, visiones de yajé (bebida visionaria medicinal) y sabiduría proverbial, entre otros géneros tradicionales que reposan en su trasfondo creativo. Al mismo tiempo, en esta obra de Jamioy se conjugan las principales influencias de la poesía indígena del momento. El poema breve con gran contenido oral de Humberto Ak'abal. Las preguntas de un niño a su padre, como en el texto *Los ojos*, el cual posee resonancias del libro *Secretos del abuelo* (1997) de Jorge Cocom Pech. Y abiertamente el proyecto de oralitura del

---

9 En la primera década del 2000, para conseguir los libros de Jamioy o Chikangana, había que tener la fortuna de encontrarse con sus autores para conseguir un ejemplar.

10 Botamán biyá, la llamada palabra bonita, es una forma de referirse al arte verbal camëntsá. Es la palabra de los mayores, la palabra de sabiduría, la palabra que se expresa en un lenguaje formal y bello, usualmente para solicitar compradazgo. Alberto Juajibioy recopiló lo que llamaba lenguaje ceremonial, expresión formal de la palabra bonita mencionada por Jamioy.

poeta mapuche Elicura Chihuailaf, con su oralidad junto al fogón, la remembranza vital, los colores de la memoria. Otro de los aspectos que hace única la edición de 2005 de *Bínÿbe oboyejuayëng*, y que la destaca entre las obras indígenas publicadas hasta entonces, es la bellísima forma artística en que se complementan la tradición oral, la escritura alfabética y las formas de escritura ideo-simbólica tradicional. Los textos bilingües que dialogan en pares ocupan la parte superior de la página, mientras que los ideogramas propios de los chumbes (fajas tejidas) varían en la parte inferior de las páginas, encabezando las principales secciones del libro junto con las máscaras de expresiones prominentes que han pasado como una memoria gestual tallada de generación en generación. La combinación de escrituras y lenguas, y su disposición gráfica en las páginas, sugieren que el libro está diseñado como un chumbe; que el libro quisiera desenrollarse a la manera de una faja tejida; que el libro conserva la complementariedad andina de parejas, arriba-abajo, y sobre todo las dimensiones en equilibrio de lo pictórico y lo abstracto, tan típica en los tejidos andinos y en otro tipo de tallas de madera clásicas. Por ejemplo, los k´eros incas, vasos de madera pintados que plasman las grafías del arriba y del abajo alternándolas mediante diferentes formas de escritura convencional. Por último, puede destacarse el carácter familiar del libro, como rasgo único, y particularmente indígena. Juan Andrés Jamioy, hermano del escritor, pinta el cuadro de la portada. Taita Camilo Jamioy, un hermano mayor, traduce los textos del español al camëntsá. Jamioy dedica algunos de los textos a sus hijos, quienes a su vez indagan poéticamente al padre sabedor. La esposa parece vislumbrarse en los textos de amor más crípticos. El abuelo, y el padre, taita Ramón, aconsejan con su palabra bonita, o el oralitor se dirige a ellos desde el fogón y el corazón. La madre, mamá Pastora, inspira con sus chumbes la escritura de la memoria. *Bínÿbe oboyejuayëng* es un libro dedicado a los padres, a las mujeres mayores y a los danzantes del viento que participan en la fiesta anual del reencuentro. La obra está concebida como una ofrenda a la nación camëntsá, y aquí, como en el libro anterior de 1999, el motivo central del libro vuelve a ser el Bëtscanaté, Día Grande del reencuentro, también conocido como carnaval del perdón. De hecho, las fotografías del autor, de sus familiares y de la gente camëntsá, están tomadas durante la celebración del Bëtscanaté, exceptuando una fotografía del libro en donde Ati, la esposa arhuaca del autor, sostiene a uno de sus pequeños hijos recién nacidos.

Aunque la edición de 2010 de *Bínÿbe oboyejuayëng* fue ampliada con más textos, y ganó difusión nacional, y aunque en 2013 se prepara una reedición que llegará a numerosas escuelas del país, la pequeña edición de 2005 se convirtió en el libro indígena más completo, integral e innovador publicado hasta entonces, y desde entonces, en el amplio panorama de la literatura indígena contemporánea en Colombia. *Bínÿbe oboyejuayëng* es una celebración del retorno físico y simbólico a la comunidad, a la madre tierra, a la palabra bonita de los mayores y la gente, su gente, los camëntsá.

Oralituras y mingas de la palabra

En 2005 Hugo Jamioy comparte el escenario del festival de poesía de Medellín con Allison Hedge Coke, escritora estadounidense de origen cherokee, hurón, creek, métis, etc. Jamioy emprende un breve viaje a los Estados Unidos, y algunos de sus poemas son publicados por Hedge Coke en *Ahani: Indigenous American Poetry* (*Ahani, poesía indígena americana*), así como en *Sing, Poetry from the Indigenous Americas* (*Canta, poesía desde las Américas Indígenas*). Esta antología de 2011, publicada por Hedge Coke con la Universidad de Arizona en Tucson, forma parte de la serie indígena Sun Tracks, y también incluye versiones en español y en inglés de otros poetas indígenas de Colombia como Fredy Chikangana (yanakuna) e Hilario Chacín (wayuu). Chikangana es luego invitado por Hedge Coke a Nebraska, en donde tuvo la oportunidad de escribir nuevos textos poéticos que expresan su encuentro con la naturaleza y el universo indígena norteamericano. De esta suerte Hedge Coke se convertía en una de las principales difusoras, en Estados Unidos, de los poetas indígenas de las Américas. El Festival de Poesía de Medellín había promovido estos primeros encuentros, y en el año 2005 también aparecían en su escenario otras voces poéticas de la Sierra Nevada de Santa Marta, como José Gabriel Alimako (kogui) y Bienvenido Arroyo (iku/arhuaco). Ese año también contó con la presencia del escritor nicaragüense Ernesto Cardenal, quien como poeta y como editor fue uno de los principales gestores y difusores de la literatura indígena de Colombia, las Américas y el mundo, precisamente allí, en Medellín, en donde publicó en 1966, con Jorge Montoya Toro de la Universidad de Antioquia, la antología *Literatura indígena americana*.

Del 23 al 26 de mayo de 2006, la atención sobre la literatura indígena se vuelca hacia Pasto en el extremo surandino de Colombia. Oswaldo Granda, escritor e investigador colombiano, y Luz María Lepe, una de las más importantes investigadoras de las literaturas indígenas en México, su país de origen, organizan el Simposio Internacional de Literaturas Indígenas y Globalización. A diferencia de los encuentros de Poesía Étnica de la Universidad Nacional de Bogotá en 2001, y del Festival de Poesía de Medellín que desde su versión de 1992 cuenta con presencia de la poesía indígena, el Simposio auspiciado por la Maestría de Etnoliteratura de la Universidad de Nariño se abría también a otros campos y géneros como la crítica literaria, las coplas, la narrativa, e incluso la novela indígena, representada por Gaspar Pedro González (maya q'anjob'al de Guatemala) y Javier Castellanos (zapoteco de México). Gloria Chacón (maya chortí), en ese entonces candidata a doctora en Literatura de la Universidad de California, proponía durante el encuentro lecturas de escritoras indígenas desde su posición de crítica literaria. En las reflexiones se sumaba otro escritor maya, Jorge Cocom Pech, quien alentaba a la formación literaria de los escritores en lenguas indígenas. Juan Gregorio Regino, poeta mazateco, sorprendía con una publicación en disco compacto de mujeres poetas y cantoras indígenas en México, así como con su propia poesía célebre por su libro *No es eterna la muerte*. Con todo, la gran sorpresa del Simposio la daban los estudiantes y etnoeducadores pastos y awá de la Universidad de Nariño, quienes mediante coplas y narraciones dieron a conocer sus proyectos pedagógicos, plenamente vinculados con sus comunidades, y en donde lo que llamamos literatura se convertía más bien en una y muchas mingas de la palabra, espacios comunitarios para compartir la palabra y promover el encuentro intergeneracional. Confluían entonces voces de escritores jóvenes como Aldemar Ruano (pasto colimba) y Jaime Miguel Silva (awá), con las lecturas y experiencias de los escritores mesoamericanos. En ese sentido se trataba de un encuentro literario entre los Andes y Mesoamérica, en donde el Caribe peninsular hacía presencia por medio de la omnipresente literatura wayuu. Miguel Ángel López compartía sus textos poéticos, en donde su figura de Vito Apüshana tomaba la palabra, al tiempo que presentaba sus reflexiones abyayalenses en un tono más personal, político, continental, y de cierta forma más indigenista. Otra de las revelaciones del Simposio fue la narradora wayuu Estercilia Simanca Pushaina, quien lee públicamente una parte del cuento "Manifiesta no saber firmar". Al año siguiente, en 2006, Simanca gana un primer reconocimiento internacional, cuando su cuento "El encierro de una pequeña doncella" es nominado por Fundalectura, e incluido en la Lista de Honor IBBY (*International Board on Books for Young People*).

Para mediados de la primera década del nuevo milenio, los escritores wayuu continuaban siendo los de mayor movimiento y productividad en Colombia y Venezuela. José Ángel Fernández Silva Wuliana, escritor y traductor wayuu, publica en Caracas, Venezuela, *Jayeechiirua jee ojutuuirua sümüinjatü tü eiikaa mma* (*Cantos y pagamentos a la madre tierra*). Esta obra se hermana formalmente con *Encuentros en los Senderos de Abya Yala* de Miguel Ángel López. En Maracaibo se publica entonces una nueva novela wayuu, *Los a´laülaa y compadres wayuu*, escrita por Nemesio Montiel Fernández Ja´yaliyuu.

En el movido año 2006, Hugo Jamioy gana la beca nacional de investigación en literatura del Ministerio de Cultura, con su proyecto: *Oralitura indígena de Colombia*. Para adelantar su investigación emprende una serie de viajes que lo llevarán a visitar a Mamá Bárbara Muelas en el Cauca, así como a escritores y escritoras, narradoras y narradores en comunidades del Tolima, la Sierra Nevada de Santa Marta, el Putumayo, la Guajira, etc. Aunque el informe final de esta beca parece haberse perdido, y no llegó a publicarse, las conversaciones, encuentros y experiencias vividas, así como su relación directa con los talleres Renata de Mincultura, estimulan en Jamioy la necesidad de proponer una convocatoria desde el Programa Nacional de Estímulos. La primera convocatoria de las becas de creación en oralitura del Ministerio de Cultura se realiza en 2007, y aunque la definición de oralitura no queda muy clara en las bases del concurso, este llamado nacional genera un impacto en la forma en que las comunidades afro e indígenas ven desde entonces sus procesos de escritura, ligados frecuentemente con la tradición oral. Jamioy había llevado más lejos que Chihuailaf y Chikangana el proyecto de autodefinición desde la oralitura, alcanzando un reconocimiento nacional institucional para el mismo, lo cual generaba una política diferencial de estímulos para las literaturas afro-indígenas en el país.

Con todo, el sello del pacto público, al menos en Colombia, entre Jamioy, Chikangana y Chihuailaf, se produjo al año siguiente, en 2007, cuando el poeta mapuche es invitado a leer en la Feria

Internacional del Libro de Bogotá. Allí, públicamente, el autor de *Sueños azules y contrasueños* se declara en compañía de sus "hermanos oralitores de Colombia": Fredy Chikangana y Hugo Jamioy. Ese año las becas nacionales de Creación en Oralitura Indígena del Ministerio de Cultura son concedidas a Aniceto Negedeka Kajutne, por *La ciencia de vida escrita en las aves (JoomÃ⁻ fíivo gaaji kaatÃ⁻i aame)*; a Agustín José Rodríguez Díaz, por *Patajaliwaisi pakoyeneta tsamanimonae nakuaexana patajatomaya yajaba (La historia de la forma en que nuestros seres superiores crearon el mundo y nuestro pueblo)*; y a Anastasia Candre Yamakuri, escritora, investigadora y poetisa okaina-uitoto, por su proyecto *Yuaki Muina-Murui: Cantos del ritual de frutas de los uitoto*. Con el premio-beca, Candre se revela como una de las investigadoras y creadoras más interesantes de la amazonia colombiana.

En 2007 Anastasia Candre es invitada a Colombus, Ohio, en Estados Unidos, en donde participa en el XVII simposio internacional LAILA (*Latin American Indigenous Languages Association*). Candre combina sus lecturas poéticas con cantos, y sus cantos con danzas tradicionales de las culturas okaina y uitoto. Su obra literaria, como otras de escritores y escritoras indígenas, adquiere una mayor fuerza y resonancia en la ejecución ritual, en la combinación de danza, canto y narrativa, géneros y formas que su tradición no separa, al estilo occidental. Anastasia Candre también se destaca como traductora, y así como en 2007 revisa los textos en lengua uitoto del libro *Saberes uitotos: narraciones de animales y plantas*. Un libro publicado en Bogotá por Terra Nova.

Proyección internacional

Es de notar que entre 2007 y 2009 los escritores indígenas nacidos en Colombia ganaron reconocimiento y protagonismo a nivel internacional. En 2007 el reconocimiento de los escritores indígenas es ya un hecho a nivel nacional e institucional, aunque los lectores de sus libros no parecen ser todavía muchos. En realidad la crítica literaria les dedica poca atención, y sus libros aparecen rara vez en las librerías del país. Un paso internacional dado desde el reconocimiento nacional institucional, ocurre cuando Colombia, como país invitado en la Feria Internacional del Libro de Guadalajara 2007, la más grande en Latinoamérica, envía en su delegación a cuatro escritores indígenas: Abadio Green (educador e intelectual kuna tule), Weildler Guerra (antropólogo wayuu), Hugo Jamioy (oralitor camëntsá) y Miguel Ángel López / Vito Apüshana (poeta wayuu). El poeta wayuu declara en una entrevista: "Dentro de la comunidad somos una especie de puentes con la sociedad mayoritaria. Somos un poquito de palabrero, un poquito de cantor, un poquito de interpretador de sueños frente a la sociedad colombiana y venezolana. Somos intérpretes y mediadores sociales". Ese mismo año la otra escritora wayuu, Estercilia Simanca, participaba en el VI Encuentro Nacional de Mujeres Creadoras de Sueños y Realidades, Las Mujeres Indígenas en el Arte, en Hermosillo, México. Y también viajaba a Montreal, Canadá, para participar en el Congreso LASA 2007, con la ponencia: "Los wayuu en la literatura". A pocos años de su lanzamiento como escritora, y con pocos cuentos publicados y un blog en internet, Simanca llega a ser la escritora indígena de Colombia con más reconocimiento a nivel nacional e internacional. Un reconocimiento que obtuvo pocos años antes de morir Miguel Ángel Jusayú, escritor wayuu, al ganar en 2006 el Premio Nacional de Literatura en Venezuela. Y claro, un reconocimiento parcial que tardó en llegar para otro de los precursores de la literatura indígena contemporánea en Colombia, Alberto Juajibioy Chindoy, cuya obra es celebrada de manera póstuma al ser publicado en 2008 por el Fondo de Cultura Económica con su *Lenguaje ceremonial y narraciones tradicionales de la cultura kamëntsá*; también al ganar en 2009 el premio póstumo Michael Jiménez otorgado por LASA (Asociación de Estudios Latinoamericanos).

En 2008 la participación internacional de los poetas indígenas se incrementa. Miguel Ángel López participa en Los Cantos Ocultos, Encuentro de Poetas y Escritores Indígenas Latinoamericanos, organizado en Santiago de Chile por Jaime Luis Huenún, poeta de origen mapuche huilliche. Miguel Ángel Ramírez Ipuana, investigador y jayeechimajachi wayuu, viaja ese mismo año a Temuco para presentar una ponencia sobre "El jayeechi, canto ancestral wayuu", en la Universidad de la Frontera, y en Santiago intercambia ideas con poetas mapuches urbanos. Hugo Jamioy, escritor camëntsá, representa a Colombia en la Feria del Libro de Santiago de Chile, y comparte una mesa de diálogo con Elicura Chihuailaf.

Para entonces, en 2008, Fredy Chikangana, quien parecía haber desaparecido momentáneamente del mapa oraliterario, reaparece en el escenario internacional durante el Congreso de Escritores Indígenas de las Américas organizado por la Universidad de California en Davis. Tras incursiones en el mundo andino quechua de Perú y Bolivia, Chikangana sorprendía ahora leyendo y escribiendo en quechua. En este año Chikanga publica con sus propios fondos *Kentipay llattantutamanta* (*El colibrí de la noche desnuda*). En este libro de poesía bilingüe Chikangana firmaba por vez primera con un nombre quechua que hacía valer su nueva identidad: Wiñay Mallki, nombre que él traduce como: "raíz que permanece en el tiempo". Este año central en la obra de Wiñay Mallki, también lo lleva a escribir bajo el asombro de las grullas en Nebraska, Estados Unidos, a donde es invitado por la ya mencionada Allison Hedge Coke. El año no podía terminar con un pachakuti o revolcón mayor para Chikangana, su comunidad, y las literaturas indígenas en Colombia y el mundo andino, pues el ahora Wiñay Mallki gana en Roma, Italia, uno de los tres premios Nosside de Poesía Global. Se constituye así en el primer premio mundial ganado por un escritor indígena nacido en Colombia. Sin embargo, el premio no genera impacto en su país natal. Solo hasta al año siguiente la Universidad Javeriana de Bogotá publica una entrevista con el oralitor, y el Departamento de Literatura le otorga un reconocimiento académico a quien ha despertado al desmemoriado.

Conclusiones a propósito de la Ley de Lenguas Nativas y la Biblioteca Indígena

En tal orden de ideas, publicaciones, silencios y sucesos, a fines de la primera década del nuevo siglo, el país necesitaba dar un nuevo paso constitucional tras las reformas de 1991 que lo habían modernizado al reconocer el presente de su identidad pluriétnica multicultural. Este nuevo paso se debía a que había quedado pendiente una declaración y política oficial sobre su multilingüismo, así como hasta hoy está en veremos un reconocimiento de su plurinacionalidad.

En el año 2009 la Ley de Lenguas Nativas se terminaba de diseñar con el liderazgo de Jon Landaburu, lingüista de origen vasco-francés, así como de un equipo multicultural de investigadores afro e indígenas del Ministerio de Cultura. En enero de 2010 la Ley 1381 sobre lenguas nativas (rom-gitana, afro e indígenas) es aprobada por el congreso de Colombia.

La creación de una colección de autores y textos indígenas fue el siguiente paso. En agosto de 2010 se presenta la Biblioteca Básica de los Pueblos Indígenas de Colombia, la cual se publica simultáneamente con la Biblioteca de Literatura Afrocolombiana del Ministerio de Cultura de Colombia. La Biblioteca Indígena, enfocada particularmente en las oralituras y literaturas indígenas en Colombia, se distribuyó por escrito y por Internet, sin ningún costo, y parte de las colecciones se entregaron en las comunidades indígenas y en la Organización Nacional Indígena de Colombia. Se ejercía así más que un derecho constitucional; se realizaba un derecho histórico de devolver al público general, y sobre todo a las comunidades indígenas, lo que fue recolectado por tantos investigadores, así como de reconocer lo que fue negado a las artes verbales y a la memoria por siglos de homogenización lingüística-cultural en favor de los proyectos de administración colonial y estatal. En la Biblioteca Indígena se publican los libros de los tres poetas y oralitores indígenas más reconocidos entonces: *Samay pisccok pponccopi mushcoypa / Espíritu de pájaro en pozos del ensueño* (Wiñay Mallki / Fredy Chikangana), *Shiinalu'uirua shiirua ataa / En las hondonadas maternas de la piel* (Vito Apüshana), y una nueva versión de *Bínÿbe oboyejuayëng / Danzantes del viento* (Hugo Jamioy). A estas obras se suman *Las palabras del origen, breve compendio de la mitología de los uitoto* (Fernando Urbina), *Documentos para la historia del movimiento indígena contemporáneo* (Enrique Sánchez Gutiérrez y Hernán Molina Echeverri), y las antologías *Antes el amanecer* y *El sol babea jugo de piña* (Miguel Rocha Vivas).[11]

Los años anteriores a la aprobación de la Ley de Lenguas Nativas y a la creación de la Biblioteca Indígena, en particular el 2009, fueron años de sensibilizar a las diversas comunidades de hablantes, a las instancias educativas y a los medios de comunicación, mediante diagnósticos socio-lingüísticos, encuentros comunitarios, la creación de la Semana de Lenguas Nativas en Bogotá, etc. En la capital, así como en diferentes ciudades y regiones del país, las escritoras y escritores indígenas, aunque no eran necesariamente parte de los proyectos institucionales, interpelaban y sensibilizaban al público usualmente monolingüe. En 2010, tras casi dos décadas de

---

11 Para descargar gratuitamente los ocho tomos de la Biblioteca Básica de los Pueblos indígenas de Colombia: http://www.banrepcultural.org/blaavirtual/biblioteca-indigena-colombia. Otras dos antologías de las literaturas indígenas en Colombia en línea son: *Pütchi biyá uai*, I: http://es.scribd.com/doc/94706694/Putchi-Biya-Uai-Volumen-1-Miguel-Rocha-Vivas, y. *Pütchi biyá uai*, II: http://es.scribd.com/doc/94706606/Putchi-Biya-Uai-Volumen-2-Miguel-Rocha-Vivas

las reformas de 1991, el aporte oraliterario de las lenguas nativas es de conocimiento público, y se encuentra respaldado y oficialmente estimulado en Colombia. Aunque las leyes no hacen a los creadores, ni transmiten las artes verbales de los diversos hablantes, las reformas de 1991 y 2010 enmarcan una época de transformaciones en las relaciones interculturales, inaugurando dos nuevas etapas en la incesante lucha por un reconocimiento más amplio y efectivo de las lenguas nativas, y de las naciones indígenas, en los sistemas jurídicos, políticos, artísticos, médicos y pedagógicos del país.

Bibliografía

Apüshana, Vito. *Contrabandeo sueños con aríjunas cercanos*. Riohacha: Universidad de La Guajira, 1992.

—. *Shiinalu'uirua shiirua ataa / En las hondonadas maternas de la piel*. Bogotá: Ministerio de Cultura, 2010.

Berichá. *Tengo los pies en la cabeza*. Bogotá: Los Cuatro Elementos, 1992.

Chikangana, Fredy (Wiñay Mallki). *Kentipay llattantutamanta / El colibrí de la noche desnuda*, Bogotá: Ediciones Catapulta, 2008.

—. "La oralitura". Diario *El Espectador*. *El Espectador*, 1997, s.n.

—. *Samay pisccok pponccopi mushcoypa / Espíritu de pájaro en pozos del ensueño*. Bogotá: Ministerio de Cultura, 2010.

Fernández Silva Wuliana, José Ángel. *Jayeechiirua jee ojutuuirua sümüinjatü tü eiikaa mma / Cantos y pagamentos a la madre tierra*. Caracas: Fundación Editorial el Perro y la Rana, 2007.

Ferrer, Gabriel Alberto y Yolanda Rodríguez Cadena. *Etnoliteratura wayuu, estudios críticos y selección de textos*. Bogotá: Fondo de Publicaciones de la Universidad del Atlántico, 1998.

Hedge Coke, Allison, ed. *Sing, Poetry from the Indigenous Americas*. Tucson: University of Arizona, 2012.

Huenún Villa, Jaime Luis, comp. *Antología de la poesía indígena latinoamericana*. Santiago: Ediciones LOM, 2008.

Jacanamijoy, Benjamín. *Chumbe: arte inga*. Bogotá: Ministerio de Gobierno, 1993.

—. *El chumbe inga, una forma artística de percepción del mundo. Informe final de Beca de Creación del Área de Artes Aplicadas*. Bogotá: Colcultura, 1998.

Jamioy Juagibioy, Hugo. *Bínÿbe oboyejuayëng / Danzantes del viento*. Manizales: Universidad de Caldas, 2005.

—. *Bínÿbe oboyejuayëng / Danzantes del viento*. Bogotá: Ministerio de Cultura, 2010.

—. *Mi fuego y mi humo, mi tierra y mi sol*. Bogotá: Infección Editores, 1999.

Juajibioy Chindoy, Alberto, y Álvaro Wheeler. *Bosquejo etnolingüístico del grupo Kamsá del Sibundoy*. Putumayo. Bogotá: Imprenta Nacional, 1974.

—. *Lenguaje ceremonial y narraciones tradicionales de la cultura kamëntsá*. Bogotá: Fondo de Cultura Económica, 2008

—. *Relatos ancestrales del folclor camëntsá*. Pasto: Fundación Interamericana, 1989.

Jusayú, Miguel Ángel, comp. *Achi´kí, relatos guajiros*. Caracas: Universidad Católica Andrés Bello, 1986.

—. *Ni era vaca ni era caballo...* Caracas: Ediciones Ekare, 2004.

Landaburu, Jon. "La diversidad de las lenguas nativas de Colombia y su situación actual". *Fiesta de las lenguas nativas, documento de divulgación*. Bogotá: Ministerio de Cultura, 2009.

López, Antonio Joaquín. *Los dolores de una raza, novela histórica de la vida real contemporánea del indio guajiro*. Maracaibo: La Columna, s.f.

López, Miguel Ángel. *Encuentros en los senderos de Abya Yala*. Bogotá: Travesías, 2009.

Niño, Hugo. *El etnotexto: las voces del asombro*. La Habana: Casa de las Américas, 2008.

Paz Ipuana, Ramón. *Mitos, leyendas y cuentos guajiros*. Caracas: Instituto Agrario Nacional, 1972.

Rocha Vivas, Miguel, comp. *Antes el amanecer, antología de las literaturas indígenas de los Andes y de la Sierra Nevada de Santa Marta*. Bogotá: Ministerio de Cultura, 2010.

—, comp. *El sol babea jugo de piña: antología de las literaturas indígenas del Atlántico, el Pacífico y la Serranía del Perijá*. Bogotá: Ministerio de Cultura, 2010.

—. *Palabras mayores, palabras vivas, tradiciones mítico-literarias y escritores indígenas en Colombia*. Bogotá: Taurus, 2012.

—. comp. *Pütchi biyá uai, antología multilingüe de la literatura indígena contemporánea en Colombia*. Vol. 1 & 2. Bogotá: Fundación Gilberto Alzate Avendaño, 2010.

Simanca Pushaina, Estercilia. *El encierro de una pequeña doncella*. Barranquilla: Lama Producciones, 2006.

—. *Manifiesta no saber firmar, nacido: 31 de diciembre*. Guajira: edición de autora, 2006.

Siosi Pino, Vicenta María. *El dulce corazón de los piel cobriza*. Barranquilla: Fondo Mixto para la Promoción de la Cultura y las Artes de la Guajira, 2002.

Urbina, Fernando. Diïjoma. *El hombre serpiente-águila*. Bogotá: CAB, 2004.

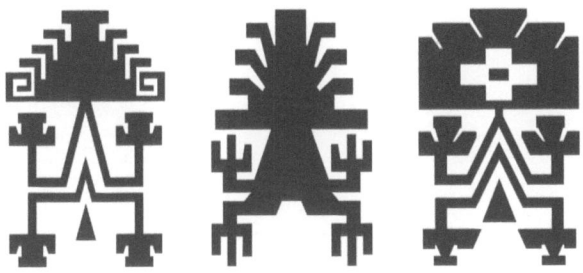

Parte II

INDIGENOUS WOMEN AT WAR:
DISCOURSES ON REVOLUTIONARY COMBAT[1]

Arturo Arias
University of Texas at Austin

Official analyses of the Guatemalan civil war (1960-1996) shift between those that proclaim massive and/or enthusiastic indigenous participation on guerrilla organizations and those claiming that there was a manipulation of innocent, or ignorant, "indigenous masses" as conservative voices have argued.[2] This never-ending production of labels to designate cultural dominants about the war is not an innocuous fact. It is intertwined with the act of interpreting who won and who is to blame for the process. In other words, it is a struggle for cultural memory. Still, in the Guatemalan case, global and local actors submerged in opposing academic power fields continue to drown themselves in generalities. In the midst of their mudslinging, neither side has, for the most part, spoken of gender when making their claims, nor have they allowed the voices of ex-combatants to be heard. Their experiences have been more stereotyped than explored. As a result, perfunctory phrases such as "indigenous masses," "indigenous combatants," or "indigenous ex-URNG members" continue to circulate in most

[1] A short version of this article titled "Letter from Guatemala: Indigenous Women on Civil War" was published in *PMLA* in 2009. Another version will appear in *Meanings of Violence in Contemporary Latin America* under the title "*Txitzi'n* for the *Poxnai*: Indigenous Women's Discourses on Revolutionary Combat."
[2] See Stoll's *Rigoberta Menchú and the Story of all Poor Guatemalans*; Carlos Sabino's *Guatemala, la historia silenciada*; as well as recent interviews by Ana Monroy with Mario Roberto Morales, "Verdad y veracidad de un testimonio," for conservative viewpoints on the Guatemalan war.

papers written about the subject without any serious problematization of the meaning of these vague notions.[3] Indeed, very few people have actually interviewed indigenous ex-combatants, or else articulated their explanations for choosing to engage in revolutionary war, perhaps one of the most dramatic limit-experiences, and demonstrations of agency, that an individual can engage in.

Part of this obscurity is attributable to the fact that the Maya uprising in Guatemala happened before cyberspace became a means to disseminate alternative information to official (and officially censored) news. Yet this cannot be the only possible explanation. The latter appears to be more in line with what Peruvian sociologist Aníbal Quijano has named "the coloniality of power," a theory which emphasizes how the grid of colonialism continues to frame social, political, economic and cultural relations in Latin America. Quijano is especially attentive to the efficacy of colonial racial categories and relations, given how they reproduce unequal political and economic power. They have thus constituted a framework whereby inequality reproduces itself. Gustavo Lins Ribeiro argues that it is also necessary to explore a parallel category that he labels "nationality of power" in interim fashion.[4] This would account for the structuring effects of national elites when articulating social relations reflecting the coloniality of power within a given nation-state, where they most often find their natural ground and stability, their space of emplacement. Finally, it would coincide with what Boaventura de Sousa Santos labels "abyssal thinking," one where subalternized peoples become non-existent in the eyes of Westerners exercising hegemony.[5]

Even for Marxist revolutionary cadres, the coded elements imposed by the coloniality of power, and displayed by abyssal thinking, implied that indigenous discursivity was a space where their world was violently displaced. Even if Marxism represented for many the maximum of possible consciousness at a given time and place, it remained anchored in European Enlightenment and

---

3   URNG stands for Guatemalan National Revolutionary Unity in its Spanish acronym. It grouped all three guerrilla organizations, the Guerrilla Army of the Poor (EGP), the Revolutionary Organization of People in Arms (ORPA) and the Rebel Armed Forces (FAR), and included a symbolic presence of the Guatemalan Workers Party (Communist).
4   See Ribeiro.
5   See De Sousa Santos, "Beyond Abyssal Thinking."

was logically articulated with all forms of Western modern thinking. Indigenous discursivity problematized Marxist certainty, transforming it into merely a Eurocentric point of view that privileged class struggle. It thus unstabled and decentered this singular form of Modern certainty. It showed Ladino revolutionary leaders that they did not live in a homogeneous and coherent space; rather, in a thoroughly phantasmatic one. It is my contention that Ladino revolutionaries and analysts have, as a result, refused systematically to account for the compatibility of Ladino and Maya cultural forms, i.e., of accepting the reality of other conceptual systems within the nation-state (Mestizos are historically known in Guatemala as "*Ladinos*"; however, contemporary Mayas are making the distinction between both terms: for them, a *Ladino* is a racist subject, whereas a Mestizo is a non-racist subject of mixed Indigenous/European descent) (Cofiño and Chirix 37). In my understanding, this accounts for the lack of sources documenting indigenous accounts on the war. *Memorias rebeldes contra el olvido: Paasantzila Txumb'al Ti' Sortzeb'al K'u'l* (forthwith *Memorias*) itself states that no other text gathers the lived experiences of gendered and ethnicized subjects within a clandestine military structure (18). In this paper, I intend to bring to light indigenous discursivity about the war, focusing on women ex-combatant testimonials to shed light on its meaning and implications.

Very little has been published on women indigenous combatants and the effects of war on them. In 1998 Norma Stoltz-Chinchilla published in Spanish *Nuestras utopías: Mujeres guatemaltecas del siglo XX*, a series of interviews of women involved in the Guatemalan revolutionary war. Stoltz-Chinchilla's book has the merit of being the first one to rescue women's participation in Guatemalan political and historical events. Whereas not all interviews were about indigenous combatants or even about combatants as a whole, a few were. In 2006, Susan A. Berger published *Guatemaltecas: The Women's Movement 1986-2003*, where she detected a counter-discourse to globalization slowly emerging within the Guatemalan women's movement. Again, this book is not primarily about combatants and less so about indigenous women, but it necessarily touches marginally on some of these experiences. Finally, in 2008, Ligia Peláez edited *Memorias rebeldes contra el olvido: Paasantzila Txumb'al Ti' Sortzeb'al K'u'l*. Whereas Peláez directed the project, she co-wrote it with Rosalinda Hernández Alarcón,

Andrea Carrillo Samayoa, Jacqueline Torres Urízar and Ana López Molina. I will use Peláez's book as a primary source to analyze this topic.

¿Qué pensamos las ex-combatientes?

Memorias rebeldes opens with the telling question ¿Qué pensamos las ex-combatientes? (What do we, ex-combatants think?) It is a preamble signed by the ADIQ-Kumool Women Ex-Combatants Collective. ADIQ is the Spanish acronym for Association for the Integral Development of Quiché, the Guatemalan province with predominantly Maya descent located at the center of the country's civil war. While most of its indigenous population speaks K'iche', other Mayan languages include Ixil, dominant in the northern Ixil Triangle of the villages of Nebaj, Chajul and Cotzal, as well as Uspantek in the town of Uspantán area, and Sakapultek in Sacapulas. In this introduction they state that they are all Maya women, primarily Ixils, though a few are K'iche'. During the war they were all militants of the Guerrilla Army of the Poor (EGP, for its acronym in Spanish) in the "Ho Chi Minh" Front that covered the entire Quiché area, but none of them were included in the official list of de-mobilized combatants that the URNG presented to the U.N. and the Guatemalan government in 1996. When the Peace Treaty was signed on December 28th of that year, they were all scattered in the jungle, distrustful, wary, and afraid. They were thus left out of the official peace process.[6] It should be noted that they were *de facto* abandoned by the EGP, the organization in which they militated, and for which they had sacrificed everything. When they returned to their hometown, about 600 of them agreed to meet in Nueva Esperanza, Nebaj, and they founded the Kumool Association in 1999. "*Kumool*" means *compañera-compañero* in Ixil. A *compañero* is a fellow team member, a comrade, were it not for the overtly Communist connotation of the latter word. Comrade is actually translated as *camarada* in Spanish, and has a decisive Communist inflection.

Trying to make ends meet and help their families survive, the

---

6 A peace-signing ceremony took place at Guatemala City's National Palace of Culture on December 28, 1996. International dignataries accompanied Guatemala's president and URNG *comandantes* in the formal signing. Personalities such as Nobel prize winner Rigoberta Menchú also participated.

Kumool women attended a meeting of the *Red de Mujeres* (Women's Network) in Uspantán in May 2006. The "Women's Network" includes Kaqchiquel, K'iché, Ixil and Mestizo women working within the Agrarian Platform. There they came in contact with Peláez, who was then working for the Association for the Advancement of the Social Sciences (AVANCSO, for its Spanish acronym).[7] The ex-combatants complained at this meeting about their situation. Peláez perceived intuitively the epistemological decolonizing attitude rooted in the catharsis of their anger.[8] From a purely alternative ethical stance devoid of any possible theorization, these seemingly plain indigenous women understood that there were two realms at work: "this side of the line," where the upper echelon of the URNG stood in cahoots with the Guatemalan government and the Army's High Command, all of them Ladino men perceived to be living in the wealthiest neighborhoods of Guatemala City, and the realm of "the other side of the line" where they had been dumped. Alternative ethics is used here in contrast to mores and its cognates morality and moralism, and in association with a tactics of boundary-crossing, political "incorrectness," transgression against entrenched intellectual parameters and assumptions. However, it is also an alternative code of ethics articulated within the boundaries of Maya *cosmovisión* ("worldview"). In this division, their side vanished as reality in the eyes of the Ladino Westernized world. To make the personal benefits of the Peace Accord work for a tiny Ladino elite located on both sides of the war, and both sides of the traditional modern ideological scheme, right and left, there was a need to transform this "other side" as non-existent. As Arif Dirlik claims, "nationalism of the ethnoculturalist kind has always presented a predicament of easy slippage to racism" (1368), one where Mayas always end up essentialized as pre-Modern, inferior beings lacking reasoning. We cannot lose sight of the power dynamics of this labeling, nor of the coherence it does lend to racial thinking across Guatemala. To the Guatemalan state, Mayas had always been fragmented non-organic

---

7   AVANCSO was founded in 1986 as a private think tank to relaunch the Guatemalan social sciences after the army massacres had decimated social scientists in the country. Led since its inception by Clara Arenas, it suffered in 1990 the assassination of its top researcher, Myrna Mack, killed by members of the Presidential Guard for her research among Mayas living in the "communities of peoples in resistance." Peláez moved in August 2008 to the Maya University in Quintana Roo, Mexico.

8   Personal communication. Nov. 24, 2007, 12:56pm.

bodies coexisting and intermingling with modernity, non-subjects excluded from conventional discourse, deliria of the secret threads of coloniality, of what Boaventura De Sousa Santos has called a "sociology of absences,"[9] meaning by this an attitude whereby under the gist of rationality, ruling elites condemn those subjects that they label as "the ignorant, the residual, the inferior, the local, and the nonproductive" to social forms of nonexistence:

> They are social forms of nonexistence because the realities to which they give shape are present only as obstacles vis-à-vis the realities deemed relevant, be they scientific, advanced, superior, global, or productive realities. ("The World Social Forum" 17)

Within this context, the Kumool women struggled to reclaim the dignity of their culture and their struggle, and did not want to be sacrificed at the end of a set of operations defined by Ladino men living in the city to which they had no access. They wanted the right to envision their own future. The attitude Peláez perceived led her to bring together journalists and activists to work with them recording their experience.

In June 2006, Peláez, Rosalinda Hernández and Andrea Carrillo, journalists from *La Cuerda*, a feminist weekly, Ana López, another colleague from AVANCSO, and Jacqueline Torres from the communications team of the Agrarian Platform, got together with 33 Kumool women in Nebaj between 35 and 45 years of age. Agrarian Platform is a political network concerned with building a social movement that struggles for structural change in the countryside and for rural development, linking local struggles with national agendas. It was created in 2000, and presently groups 19 peasant organizations. Among its founders were AVANCSO, the Indigenous National Peasant Coordinating Committee and the Inter-Diocesis Pastoral for Land, a Catholic organization. The municipality of Nebaj is located in northwestern El Quiché department and, with the municipalities of Chajul and Cotzal, forms the Ixil region. It has a surface area of 607 square kilometers. The Population Census of 1994 placed the total population of Nebaj at 33,795 inhabitants (INE: 1995), of which 87.7 per cent were indigenous, nearly all of them of the Ixil socio-linguistic group.

In "Sebastián Guzmán, principal de principales," written anonymously in the name of the EGP by Spanish priest Javier Gur-

---

9   See "The World Social Forum: A User's Manual."

riarán for *Polémica* magazine, he stated that the Ixil region was virtually unknown to the rest of the country up until the end of the nineteenth century. This longstanding isolation was broken at the beginning of the twentieth with the arrival of a group of Spaniards, expelled after Cuban independence, who settled mostly in the Nebaj area. Some years later, as a result of the Mexican revolution, a group of Mexicans also settled in the region. From the outset, both groups monopolized political power and accumulated wealth through their business ventures, and from the production and sale of coffee. It was this very region that was brutally "pacified" by General Otto Pérez Molina, at a great human cost to Ixil Mayas. In early 2011, Pérez Molina is running for Guatemalan President, under a democratic banner, making no allusion whatsoever to his past as an intelligence officer and strategist of massacres in northern Quiché. Ironically, it is an Ixil protestant pastor, Tomás Guzaro, whom, in 2010, narrates these episodes from a conservative point of view, defending the campaign of his friend "Tito" and celebrating his genocidal achievements, in a new testimonio titled *Escaping the Fire*. Anti-Menchú anthropologist David Stoll writes an afterword to this book as well, celebrating the denunciation of Ixil guerrilla combatants.

By the second meeting, in July of the same year, the Kumool women, offered by their visitors the opportunity of recording their story in a series of journalistic articles, a series of pamphlets, or a book, chose to have a book written about their trajectory, one that would finally recognize their struggle in the mountains and preserve their experiences for posterity. The book was financed by the Lutheran Federation. It was one of the last mini-financing projects destined to this part of the country. They themselves stated that they wanted to do it so "the youth of the country can know it, and they can form themselves an idea of how things happened" (9).[10] In other words, these women wanted to exist in a relevant and comprehensible way of being. They were implicitly demanding a theory that was more or less enabling of constructive action on behalf of subalternized peoples, empowering their knowledge to contest the dominant discourse of the post-war elite, and making a decolonial turn in the process.

The women in this meeting spoke of *txitzi'n*, an Ixil word

---

10   All translations to English are mine.

that means "deep pain." However, the idea articulates not only physical suffering, but also "a wounded soul," conceptualizing an image in which a part of the subject is dead. It is a topic at the epistemic borders of modernity, a different paradigm to convey the un-namable condition of surviving genocide (14)[11] that anchors a discourse articulating a new relation between violence, survival, ethics and politics. Feeling *txitzi'n* did not preclude agency. On the contrary, it was a prerequisite for meaningful agency, one that contextualized their struggle and constituted them as comprehensible subjects. The need to talk about profound pain, never previously articulated discursively by any of them, or by most Maya women under Western eyes, was followed by the joy of being together again, the memories of their deeds and achievements, of their courage and of their capacity for decision-making and executing. They had to name the past as a way of talking about the future. It made them fully conscious of their identities as ex-combatants, and as women who continue their political struggle as fully-conscious indigenous subjects and as organized women who refused to self-racialize. As they themselves stated, they lost their fear in the mountains. Whenever they were in a social gathering in a village they recognized females who were ex-combatants. They were always the ones who did not stand quietly and meekly behind their husbands, but who spoke out with assurance and without fear:

> What the heart says we speak out; there is no fear, there is no trembling, we feel our heart is alive; it's strong because it's not fearful. I lost my fear because I rose with the rebels in the mountains, where everyone talked, where we were not mute, and here it's the same; I talk with everyone." (16)

Txitzi'n is analogous to trauma, but with a difference. Whereas trauma implies suffering fear or helplessness as a result of an event involving actual or threatened death, the Maya women's response has not included those effects. This is because for them, *txitzi'n* is also a mystical or inner experience. Though described in simple, plain words, it is for them another space for the production of knowledge —an "other way of thinking" in the words of Arturo Escobar, pointing to the very possibility of talking about "worlds and knowledges otherwise."[12] Mayas believe that there are words

---

11 Unless indicated otherwise, all citations are from Pelaez, *Ed.*
12 See Escobar "'Worlds and Knowledges Otherwise'."

too deeply embedded to come up to the surface and make conceptual understanding possible, words that anthropologist Dennis Tedlock conceives of as "words that are 'in the belly' of a person" (268). That is, words that a person is unable to bring to his/her consciousness and articulate. Nevertheless, the sensorial perceptions of these words operate as a defense mechanism against violence and oppression. T*xitzi'n* encompasses both aspects: trauma and healing. Ancestral principles and historic struggles of indigenous peoples have begun to disrupt, transgress and traverse Western thinking, and this disruption, transgression and traversing, advancing new notions of interculturality and decoloniality becomes evident when we contrast trauma and t*xitzi'n*.

Building Identities

Peláez argues that memory is a site of struggle where indigenous women ex-combatants are demanding a right to express themselves (24). At the same time, they have to contend with a certain essentialized perception in Latin America of nostalgia for a life in the mountains as a guerrilla combatant. It is an image pregnant with romantic images of heroism and integrity, such as those compiled in *Guatemala, escuela revolucionaria de nuevos hombres* ("*Guatemala, Revolutionary School of New Men*"). This vision has had a profound impact on guerrilla representation, and ex-guerrillas themselves have provided idealized images of lived experiences that fetichized combatants. Thus, it was necessary to expose the gap between the experience of lived reality and the perceived ideal to witness the contradictions that shaped the representations of women combatants and define the process of their subject-formation. After all, these ex-combatants represented new forms of witnessing. They were simultaneously participants, and survivors, struggling to record their suffering and to create a record of their destroyed communities.

Peláez's book has in the middle of it full color photographs of the women combatants in their present state, without highlighting the aestheticizing tendencies present in most visual representation. All women appear middle-aged and dressed in traditional indigenous clothes, often with husbands or family members. Only one picture shows a woman combatant in military fatigues when she was young, Lorenza Cedillo Chávez, out of a total of 28 women photographed. In this logic, the book exists in a contact zone of translation between the genres of testimonio, reportage, community photograph album, and national history, producing a more permeable and multiple text that may recast the problematics of testimonio.[13] We have here a similar representation but a different intent (who is speaking and why?), and appropriateness (content and form). Thus the debate shifts from the nature of form (testimonio) to the nature of memory —or to one of forms of representation and forms of memory. I would argue that discourse on representation must be accompanied by discussions of the civil war memory: not just how is the war itself represented (i.e. Stoll, Morales, Sabino) but also, how it is it remembered. In this latter sense, we can always ask what the role of discursivity is in preserving the civil war memory, and nuancing remarks about testimonio made in the 1990s, we should move on to how testimonialists themselves might problematize their community and gender, adding depth and heterogeneous complexity to the category of testimonio itself, as does, for that matter, Guzaro's as well. This would go more in the direction of a form of memory representation, and as a way of illustrating the complex demands of portraying the memories of the Guatemalan civil war. We could conceivably ask ourselves, along the lines of Vinebaum, what forms should retrospective witnessing and remembrance take, and how events can transfer from history to memory.[14] Ultimately, this points the way in the direction of the overall nature of indigenous discursivity as a whole, and issue I plan to address prior to my conclusion for this article.

Peláez's book traces both the women subject's constitution in the family and in the nation as well as in their combatant experience, while also making the reading of photographs central to its project. Nonetheless, it is the women themselves who affirm the need to remember as a vital responsibility of the subject, and concede that written knowledge has a role to play (albeit a challenging one) in preserving the memory of genocide. They thus introduce agency, while not distancing themselves from their lived reality nor leaving space for others to doubt their remembrance. Most likely,

---

13   Perhaps, to recall the debate on testimonio, the best texts to illuminate the issue would be Georg Gugelberger 's edited volume *The Real Thing: Testimonial Discourse and Latin America* (1996) and my edited one *The Rigoberta Menchú Controversy* (2001).
14   See Lisa Vinebaum.

this is the result of their situation as one of temporal and spatial exile from the site of their experiences, one that needs simultaneously to build and to mourn.

As indigenous women, most of them had no childhood proper. They have no memories of playing or of enjoying leisure time. Their childhood memories are mostly about working at home, in the cornfields, and on the coffee plantations of the Pacific coast, thus evoking many aspects of Menchú's narrative. Often they had to get up at 3 in the morning to haul water, make firewood, clean the hut, cook the food that all members of the family would take with them to the workplace, and then head out themselves to work on the fields, or, else, to sell the family products at the local market, a job that implied carrying huge loads on their backs while walking for miles on mountain paths towards town. If this was the case, they would head out at 2 in the morning and walk for about three or four hours to be in the town by daybreak.

Many also claim that they were not allowed to go to school because they were girls (54-56). Their brothers did go, however, and they had to wash their clothes and prepare their food for when they returned from school. Most of them were beaten by their fathers. Another common factor is that they were still children when the war started. Some remember their parents stating that war had come to Guatemala because there were too many poor people. Others recall their parents crying because their few animals had been shot by the soldiers, or their fields burnt. Whenever they heard rumors that the soldiers were coming, they would head out and hide in the fields. One recalled her parents being arrested and told afterwards that they had been killed. One woman who did go to school recalled that the soldiers came while she was in class, kicked the students out and shot the teacher. When she returned home, her family had disappeared. She found two brothers, and the three drifted in the mountains seven or eight months before being captured by the army. Luckily for her, the guerrillas attacked the army patrol, liberated her and her sisters, and invited them to join their ranks (58).

Peláez states that the narrative of their lives was not easy for them to verbalize. Many cried when they recalled their first menstruation or how they lived it during the war, or else when they talked about being pregnant while waging war in the mountains. Again, *txitzi'n* was invoked. They were able to deal with it because their minds were flexible and they quickly learned the inner grid of their new environment. In this logic they lived their war-time period more as a learning process of the inner self. It was one of self-constitution and an unconventional acquisition of knowledge, rather than in the more conventional sense of death and destruction on the battlefield. For them, it transformed the sites of the atrocities into sites for the memory of the construction of their subjectivities. In this sense, their narratives portray a world that was lost, and convey the magnitude of what was lost.

In his essay, Escobar asks himself that if the processes of Eurocentered modernity subalternized local histories and their corresponding designs, could there be a possibility that radical alternatives to modernity were not foreclosed? (5). For Escobar, this is merely a hypothesis. But in the experience of Maya women at war, this becomes a concrete possibility indeed. We witness an interstitial transitional space where their subalternized local history is challenged by the emerging visibility of a radical alternative as a result of the procedures of social emancipation. In this sense, this logic fits more with the present-day analysis of Javier Sanjinés in *Rescoldos del pasado: Conflictos culturales en sociedades post-coloniales* (2009) which takes as a point of departure the problem of modernity and the crisis of Western models of development in the present. According to Sanjinés, Aymara and Quechua cultures display a different mode of dealing with time. For these ethnic groups, history is not ruled by the homogeneous time of modernity, but by the intermingling of diverse ancestral histories with singular times that, while informing their identity and subjectivities, clash with the time of modernity. As a result, present-day subaltern movements insist on raising issues that apparently have nothing to do with Western logic, generating what Jewish philosopher Ernst Bloch labeled as the "non-contemporaneous contemporaneity" of subaltern aspirations. These issues, which include ancestral claims and religious practices among others, nonetheless give rise to a new politics of culture, as subalternized indigenous peoples in Latin America attempt to decolonize their respective Nation-States and re-found them in alternative fashion to Western-centered nationalism.

Fear Triggers Combat Experience

The phantasm of rape was a significant force in pushing Kumool women to the mountains. Many claimed that they joined the guerrillas out of fear of being raped by the soldiers (50). Margarita said that her village was attacked by the army and her brother was killed.[15] She then decided to "*alzarse*" (the common term they all employed, akin to "rise up" or "revolt"):

> My thought was that the armies (sic) had to pay because they killed my brother. I was like 15 years old.... My thought was also that I had to defend my life, though I knew that the same thing that happened to my brother could happen to me, but if I died, it wouldn't be like him, my brother did not know how to use arms.... But if I was to die I wanted it to be for something, for defending my life, or that of other children and young people. (76)

Eva, who spoke only Ixil, also declared that she joined when the army came to her village. She saw them burning houses and killing people in Chajul, one of the three towns of the Ixil triangle. The Ixil Triangle is a name given to three towns in the northern part of the department of Quiché in the western highlands of Guatemala. The towns are Nebaj, Cotzal, and Chajul. The population is mostly Ixil. The origin of the name comes from the fact that, when viewed on a map, the three Ixil towns appear to form a triangle. Both her parents were killed. She then decided to fight for her life. Both her first and second husbands were also killed in combat, as was one of her sons. Maricela adds:

> We headed for the mountain to save our lives. I was three years as a combatant, in that time we only ate weeds, I think I was 13 years old. I went to the guerrillas with my father and a brother, but they died in the war, they were combatants, only I was saved. (77)

Rita added that her parents approved when she joined at age 12 or 13 with her three brothers, because fellow villagers had been killed. Lucía said she feared being raped in a model village. Antolina claimed that it was a dignified war, which they fought for dignity. Estela joined when her village was massacred and the church was

---

15 When speaking of the war, the women used only their pseudonyms. When speaking of the present and future, they used their legal names.

burnt (78). Irma also joined when the army entered her village and she feared being raped (80).

Kumool women stated that for most of them, it was a new experience not only to shed their traditional clothing, but to have to wear pants. Others explained this heavily charged symbolic transformation as a result of their gradual politicization or even as a result of family discussions where their parents already showed sympathy for the guerrillas' cause. But for all, it was a momentous decision, symbolized by their shedding of their traditional clothes and the embracing of a military uniform. For all it was the first time they wore pants. As one explained: "At first I felt bad in pants, because I had never dressed like that; I only used a *corte* (indigenous skirt). I felt kind of ugly in pants. But little by little I got used to it. I came to like it" (51).[16] It was also the first time their duties were the same as those of the men, since they were treated exactly the same during training exercises. They were surprised to discover that some men were more afraid than women, or that some women were better shots than men. One of them added that at first, they could not run as fast as men nor carry as much weight on their backs, and that she wished she was a man. But with training, she realized that a woman's strength is the same as that of a man (53). This transfiguration removed something of the horror of the violence they witnessed and ameliorated the circumstances of extreme traumatic dislocation they underwent, it alleviated the *txitzi'n*. It also justified for them their need to see themselves represented in writing.

Brave Pachita *Warriors*

While in the mountains, the Ixil women took special pride in being *pachitas* (74), very short, but extremely brave.[17] They were not shy about describing their ability to handle weapons, to organize resistance activities or teamwork, or to display the aptitudes that made many of them *jefas de escuadra*, squadron leaders, which meant they had seven combatants under their charge, though

16 *Corte* is a wrap-around woven skirt, typical of Maya women, made on treadle looms. As used, the two ends of long panels 35-50 inches wide are seamed together to form a tube. The woman steps inside this tube and folds the material in a complicated manner to form the skirt. This results in a fairly thick and heavy garment.
17 Due to chronic malnutrition, most indigenous women seldom reach five feet in height.

none became platoon leaders, which would have meant having four squadrons under their charge. They also participated in medical services, political formation or in recruiting future combatants.

One of the issues on which all women take pride is that during the war, there was parity between man and woman combatants. Interestingly, their one demand when they joined was that they be able to participate on equal terms with men, evidencing already a high degree of consciousness on their part. Even though some were assigned to less frontal activities such as medical services, radio communication, or political formation, this did not mean that they did not fight as well. They also shared evenly chores traditionally associated with women such as cooking, cutting firewood, washing clothes, or sentry duty (74-75). Concerning actual combat, the only criteria to which they were submitted was physical ability, because it was the hardest to do. Some women were not chosen for combat but many others were, and they were proud to have been chosen over men considered not strong enough for combat duty.

In this logic, Isabel stated that she was proud of having been a good shot. Olivia remarked that she was able to join a platoon because she was one of the *chispudos*. sharp ones (81). Lucía was a squadron leader in Ixcán. She was a good shot and knew how to lead. She went from using a Mauser, to an M-16 (U.S. infantry rifle), a Galil (Israeli infantry rifle with munitions manufactured in Guatemala), to an AK-47, Russian rifles considered the best because they could be used even under water (82). Telma also learned Spanish, besides learning to read and write. Rita was in charge of raising the villagers' consciousness and also taught young children to write. But she also trained other combatants on how to prepare weapons for combat, and explained to civilians how to defend themselves from the army. Irma, whose father is K'iche' and her mother Ixil, learned both K'iche' and Spanish, as well as to write a bit in this language. She also used M-16s, Fals (Belgian rifles), carbines and revolvers, though her main job was transporting grenade boxes and machine guns, which she carried with another woman. She also specialized in fixing weapons that got stuck and in infiltrated army bases to pass messages along:

> If there is combat I go and see if all have returned, if no one was wounded; if someone is, I run to notify and help carry the wounded person ... As a liaison, when we reached our campground, the commander would write a letter and I would carry it ... I would go

> alone, with the risk of finding the army on the road, I went with a bit of *pinol* (toasted corn) if not with weeds or cooked sweet potatoes. Sometimes there was nothing, only pepper, and that's how we'd go into combat. (83)

Lina mentioned that she never felt alone because she had her gun with her and this calmed her down. She felt free in the mountains. She was also a combatant and learned Spanish. Flora also learned Spanish with the guerrillas, carried a weapon and was trained to work using the book *Where There Is No Doctor*. She became a health instructor, and later coordinated 17 "communities of peoples in resistance" (CPR) living in the jungle (84-85).[18] Feliciana was bombed by helicopters and learned to avoid getting hit by running around big trees in the opposite direction of the helicopter's flight path. Roselia mentioned that she was not afraid of weapons, and how when she engaged in combat she had a big surge of adrenalin, and was always happy to be in a battle and to discover the thrill of coming out alive. She claimed the best thing she ever did was to fight (87). Telma, on the contrary, preferred being a nurse and giving public speeches in community rallies. She remembered vividly the smell of blood the first time she had to dress the wounds of an injured combatant. She added:

> I spent 20 years in the mountains. What we learned there was not for nothing, we didn't win, but we learned a thing or two. For us, the struggle left us something, I think it would no longer be easy for them to push us around; we're ready to fight and participate all over again. (88)

Despite her preference, she was a good shot and even got to carry and handle an RPG-7, a portable, shoulder-launched, anti-tank rocket propelled grenade weapon (93). She claimed the male *compañeros* would say of the women combatants, "*ustedes son buzas*" (you gals are sharp). Despite her love of nursing, she loved to shoot: "We practiced military harassing, search-and-destroy mis-

---

18   When the Army conducted its massive offensive against the Maya villages, hundreds of thousands of peasants fled to all corners of Guatemala and to the neighboring countries. A relatively small percentage of totally dispossessed people escaped into the Guatemalan jungle. In these inhospitable areas that 23,000 people went into hiding and endured a decade of hardship to survive. Gradually, they organized themselves into groups of communities, calling themselves "communities of peoples in resistance" (CPR).

sions and arms recuperation. I know how to do all of that" (93). Her father was captured by the army and killed.

Lidia liked military instruction because she learned not only how to handle weapons but what was happening to the Guatemalan people and what was happening elsewhere in the world. She also gave talks about how to handle wounded combatants in Ixil, K'iche' and Spanish. She loved it so much she never forgot the languages she spoke. Lucía, an Ixil speaker, besides learning to speak Mam, Kaqchiquel and K'iche', also learned how to read and write in Spanish. She explained that during combat, fear and loneliness vanished. She focused exclusively on confronting the army. Her mouth dried up, and she shivered because of nerves, but when she began shooting she felt a gush of heat invading her body. It was almost like a mystic experience, an ecstasy in the midst of terror. Her best friend was killed on International Women's Day, so Lucía now commemorates both every year. She was always chosen for the front lines of her platoon because of her bravery, together with 4 other women (88-89).

Like Lina, Antolina also felt free in the mountains where she lived 12 years, despite the fact that the army burnt everything, that there was an inordinate amount of deaths and that two of her brothers were killed (89). When Amalia was captured in 1989, she was told by military officers, "We want to see you as a woman and not as man. Take your pants off" (90). She was forced to go back to wearing a *corte*. Though she was not raped, she claimed she felt as if she had because they took her pants and boots. Only Angelina emphasized the sadness of having been on the mountains, perhaps because she joined when she was only 10 years old, after her entire family had been wiped out (91). For her, the catastrophe of war's destruction of life weighed much more than the excitement of self-empowerment. Margarita did enjoy her inner experience, though, expressing what she lived as if it were a sovereign moment of all desiring subjects. She claimed that when they had a brief moment to rest, they got very sad because they remembered all the dead, but they were so busy and hungry most of the time, eating only a couple of spoonfuls of *pinol* a day and exhausted from walking in the muddy jungle and carrying heavy weight in the backpack on top of the weapon and munitions while sleeping in the muck and going often without drinking water, that they had no time to think about themselves (91). In this logic, *txitzi'n* was an unproductive expenditure. She added that she fought hard from 1981 to 1986. Then, her strength diminished, but she still went to the jungle by Ixcán, near the Mexican border, and on to the Cuchumatán Mountains as squadron leader. In her mind, the hardest combats were those fought at night (92).

Amanda fought for 18 years. She was first a courier, when aged 13. She was intercepted in a bus once, in San Marcos, but the soldiers did not realized she was the person carrying the *embutido* (secret document), and was let go, though they searched all people on the bus. By aged 14 she was in the medical services and trained to assist in operations. She became a combatant at age 15. She said that "there was a tailor who sawed the clothes that were needed, olive green suit, pants, shirt, hat, backpack, everything" (93). Once she was in a patrol that rescued eight men and five children being tortured by the army. They took them back and cured them. The soldiers were also captured. They claimed they had been forced to do those vile deeds and joined the guerrillas as well. Amanda concludes: "For myself, when we turned in our rifles I feel (sic) that one no longer has any strength. I don't feel very good without a weapon..." (93).

As Peláez herself points out, it is revolutionary for women in Guatemala, and especially for Maya women, to speak from the positionality of their gender without having as referent exclusively the culturally-defined activities women are supposed to perform. The added strength that it means for all of them to consciously know that being women was no impediment for the realization of tasks allegedly reserved for men, cannot be underestimated in this context.

Sex and the Mountains

Once in the mountains, indigenous women combatants often found male companions. However, to avoid promiscuity and anarchy, the guerrillas forbade sexual relations except among married couples. After all, they all had to sleep together, men and women next to each other, though wearing their clothes and combat boots. Women also stated that they wore no panties and no bra, simply because they were out of their reach (51). There were some who did not know what menstruation was until another comrade-in-arms explained it to them, because the tradition in their community was never to name it until it happened, and then, they were simply told that they were ready to be married and have children without further explanation. Most learned about sexual hygiene in the guerrillas, where they had workshops explaining the human body and the nature of female sexuality to them. They were, for the most part, thankful for all they learned regarding sexual matters in the mountains, a taboo subject in Maya village life.[19] Women were friendly and complicit with each other in discouraging younger indigenous recruits from encouraging male companions to have sex with them, and to tell their commander right away if any man made an inappropriate advance. Most acknowledged that their male companions were supportive when they had their menstruation. None deny that at least a few did try to take advantage of women's bodies, though; even some commanders. They qualified them as "*dirigentes abusivos*" (52), abusive leaders. But they also pointed out that the women in question never accepted it, got tough, and avoided getting raped and/or acquiescing to the male's advances. Most learned the meaning of sexuality in the mountains:

> Some showed knowing smiles when they admitted that they know what sexual pleasure is; others made it explicit that sexual relations are also to be enjoyed, and are not only to have children or to give in to their husband's desire. (53)

In the end, most of them got married, though aware of their body's worth and having learned to label it a "personal territory," a few chose to remain single, a significant breech with indigenous tradition which traditionally pressured women to marry. Those who married also transgressed tradition, though, given that they chose their partners, instead of having them chosen by their fathers as in the past. Many of those who got married also tried to avoid pregnancy to extend their combat duty, and learned birth control methods. Nevertheless, they had no access to pills or any other form of contraceptives in the mountains. Indeed, they often had no access to hygienic control of their menstruations either, having at times to march in the jungle while bleeding, wearing the same pair of pants day in and day out. Still, they all claimed they learned their rights regarding sexual and domestic violence, equality between genders,

---

19   Other Maya women have taken to teaching sexuality and documenting it among Mayas. The best known is Emma Chirix's book *Alas y Raíces: Afectividad de las mujeres mayas. Rik'in ruxik' y ruxe'il Ronojel kajowab'al ri mayab' taq ixoqi'*.

and their right to choose the number of children they wanted to have. The dichotomy of appropriation/violence generated by the subalternization process of the community as a whole became one of regulation/emancipation within the framework of the guerrilla organization, as alternatives became visible in the eyes of the citizen.

Society Has a Debt with Us

When these women turned in their arms, they all did it individually, and at different moments and times. It was not an organizational or a structured decision. Some had lost contact with the guerrillas, or chose to abandon their structure after it was decimated. Others could no longer stand the fatigue of decades of war and malnutrition. Often they ended up in opposite corners of the country to where most combatants were concentrated. Others joined the Communities of Peoples in Resistance (CPR), where they spent as little as 3 years and as many as 13. All had great difficulty readapting to civilian life, besides being in miserable economic conditions and fearing reprisals from the army. Some stated that the community mocked them, harassed them or even threatened them.

Neither the government nor the URNG came to their aid, as should have been the duty of both institutions per the Peace Treaty agreement. Lucía argued that real combatants like them who spent over a decade in the mountains and jungle as combatants, were often wounded, had their feet destroyed by the long marches, the broken boots and the constant humidity, and they no longer had the strength for combat, requested their release just short of the end of the war. Younger combatants took their place, and they were lucky enough to be serving when peace was signed. They then received a bonus and scholarships for studies as the "official" combatants listed by their respective organizations. About 3,000 combatants in Lucía's condition demanded that the URNG recognize them as official ex-combatants, but nothing was done by the high-command. As a result, they were abandoned and left destitute, as well as full of rancor, resenting the ex-commanders' villas in gated communities (96). One of them stated:

> We had nothing, no clothes nor *corte*, we were barefoot. When I returned to the village, some friends gave me clothes, some *güipi-*

les and ribbon for the hair. We had no blankets nor a grindstone for *nixtamal*. (95)[20]

They built houses by cutting down trees and scraping to buy aluminum sheets for the roof. They had no medical or psychological support of any sort, despite the war trauma, and the trauma of returning to civilian life after years underground. As one of them stated, "When I came out, I am no longer anybody, I have nothing" (96). Lucía adds:

> ...When Kumool was founded, people from other countries came to ask our word, to take our time, but what was the use, who knows... It makes me feel sorry because we have not all been recognized as ex combatants. It hurts a lot ... When I remember what happened I get sad and disappointed, I'm crying and that sucks. (96-97)

Margarita was captured by the army. They took everything from her, tied her hands behind her back, and tortured her. She was not raped, but they threatened her with it. After eight days, she escaped, and in the wilderness fund traces of the guerrillas. Though, in her words, she skinned her hands, feet and legs trying to catch up with them, when she finally found the guerrillas they did not believe her story. She was sent to the CPR without a weapon, "though I wanted to be armed to defend myself" (97). She felt rejected by the URNG. Nonetheless, she said she enjoys talking with other women ex-combatants about their feats.

Feliciana recognized that war is costly and painful, but she also thought it was useful, because they learned Spanish, and people learned to raise their heads. Nonetheless, she resented that some villagers call people like her *poxnai*, the name of a weed that grows in the mountains. The army used that name to insultingly name all those villagers who had joined the guerrillas. To defend themselves,

---

20   A *güipil*, or huipil consists of 2 back-strap woven panels with geometric and zoomorphic designs in vibrant colors. A decorative randa joins the two pieces. Maya women wear them instead of Western blouses. *Nixtamal* is the treated corn that is used to make masa and hominy for tortillas, the basic food-staple for Mayas. Nixtamal is dried field corn soaked in, and then heated in a solution of slaked lime and water. Slaked lime, calcium hydroxide, is generally available in the form of "builder's lime" —not to be confused with unslaked lime, calcium oxide. Unslaked lime cannot be used for making nixtamal. It is the lime that contributes to the unique taste and texture of corn tortillas.

they now joke about being *poxnai*, turning the word's meaning inside out as has been done with other insulting epithets elsewhere.

Feeling ignored by al sides, the ex-combatants founded the Kumool association to press their rights. Amalia plainly stated that they were ignored during demobilization and that they felt the URNG used them "as a ladder," that is, their commanders stepped on them to get to the highest positions of power in the country.[21] Feliciana stated this about Kumool:

> We are like in a family and we make petitions for everyone, although not much comes, we only receive a little. Here we get happy (sic) because we see each other again, we all fought against the armies (sic), we call each other *compañeros*, the same as in the guerrilla, because we are equal. (98)

Kumool has expanded its base to include not only men, but also ex-civil patrolmen and even ex-soldiers recruited by force into the army ranks.[22] All the members interviewed by Peláez's team spoke of wanting to be recognized as "*alzadas*" amidst feelings of frustration when they remembered that late-comers to the guerrillas were given a credential and compensation as part of the official demobilization process. In their understanding, they sacrificed the prime of their lives for the betterment of Guatemalan society, and they all felt that they are owed a minimal recognition for their efforts as an act of justice. One of them even drew a radical conclusion:

> The war isn't over yet, it just calmed down, because the poor people are still there, and so is the army; it's true that our situation

---

21 Indeed, since 1996, numerous ex-commanders have been government ministers, congressmen, or run for president, though the two most important ones, Ricardo Ramírez of the EGP and Rodrigo Asturias of ORPA, both died of various health complications. Most surviving commanders do live in the most exclusive areas of Guatemala City.

22 According to Victoria Sanford, the Civil Patrols themselves constituted an integral part of the army's counterinsurgency campaign. Forced participation in the civil patrols often took the form of torturing, assassinating and massacring innocent people under army order. Those civil patrollers who refused to comply were always tortured and often killed. See "Civil Patrol Massacres and the 'Gray Zone' of Justice." Regarding indigenous soldiers, there was no official draft in Guatemala prior to the peace accords. Soldiers were forcefully recruited in Guatemalan villages in the aftermath of local *ferias* (yearly festivities dedicated to honor the town's emblematic saint), often when they were passed out drunk.

changed a little, because before they were persecuting us, and now they are not. (101)

Assessing the present situation, Tomasa Jorge Ajanel stated emphatically that "without women there is no revolution" (103). María Itzep Acabal added that in the guerrillas they developed their thirst for knowledge. They did not have time to study because of all the military activities, but they came to appreciate it, and are transmitting that to their children. She claimed that *"la guerrilla nos despertó"* (the guerrilla woke us up; 104), and added that if women have the freedom to fight, they then have the rights to participate in all activities, anywhere. To her it means freedom for women, and time to do constructive tasks beyond the traditional chores assigned to women. Santa Anastasia Tzoc Velásquez claimed they now do some of the work men used to do, but men never do women's work. Catarina Matom Velasco added that for her the war was worth it, because discrimination was worse before, especially against indigenous children that spoke no Spanish. She also claimed that now women have the right to belong to organizations, and that all children, boys and girls, go to school, whereas in the past only boys went (106). Juana Santiago Chel said that now, they have to see things with their own eyes, prior to giving their consent. Elena Cobo Gómez stated that women have to be autonomous, and that she explains to her daughters their rights and their freedom to be whomever they want.

As Kumool, they demand access to jobs, to health resources, scholarships for children, housing, fertilizers and land, so as to be able to emerge as communities from their present economic state and fully develop their capacities. For women specifically they demand a literacy campaign, weaving materials, workshops to learn miscellaneous crafts, scholarships for activists to professionalize their leadership qualities, training in community health and in remunerative activities to be able to generate their own income. The Kumool project asserts a logic of difference and possibility against the hegemonizing forces that Ladinos, right and left, have exercised during the decade after peace was signed, in complicity with neo-liberal ideology. In Arturo Escobar's words, they are trying "to make visible a landscape of cultural, ecological and economic differences" (18), that, by its very seemingly uncanny nature, comes together with alternative projects of feminism around the politics of place, themselves anchored in ethnic identity. This phenomenon alone points to the necessity of reading ethnicity in different registers to accommodate its very heterogeneity.

As I have argued elsewhere, demands such as those presented by the Kumool women make it evident that alternative knowledge producers were transforming themselves and becoming the providers of a self-generated cognition, one originating in sites that were neither traditional nor conventional.[23] Their symbolic imaginaries have successfully problematized the colonial nature of Latin American nation-states and evidenced the existence of conflictive historical processes that could not be solved within a diversity of homogeneous ethnic cultures, but instead ensured aporetic conflicts and alterities.

Discourse Itself

A short reflection should be made in the end on the nature of the Ixil women's discursivity. Whereas all the quotes cited on Peláez's book are in Spanish, and are also the direct transcription of these women's words, it should not be forgotten that they are Ixil women, for whom Spanish is their second language, if not their third or fourth. Their own Spanish is the product of an intercultural dialogue, and of the intersubjectivity of Mayas and Ladinos; that is, their relationality in questions of inter-ethnic dialogue, one that is mediated by the phantasm of race. In the eyes of many Ladinos, the grammatical mistakes made by Mayas when speaking Spanish chart the effects of racialized difference in the production of their own imaginary. In their eyes, Maya Spanish is quaint, when not "cute" or mocked, but it is also always wrong.[24] Its reading, therefore, should be complemented with an analysis of the subject formation of Ladinos themselves. Maya discursivity in Spanish is one in which racialized subjects and Ladino-ness are conjointly produced. When reading the Maya use of Spanish, it unfolds an interaffectivity and intercorporeality of Indigenous and non-Indigenous subjects, one already embedded within the cultural and historical specificity of Latin American indigenismo. This repudiation both of the continu-

---

23   See Arias, "The Ghosts of the Past, Human Dignity, and the Collective Need for Reparation."
24   Diane Nelson has an entire chapter on jokes about Menchú's Spanish in her book *A Finger in the Wound*.

ity and the persistence of "bad Spanish" is also a product of unresolved Ladino anxiety. But these traces of oral performativity also remind us of the transactional and transitive nature of "telling testimonio" —the fact that it constitutes a social exchange of telling and listening. The original performativity of the text foreshadows its re-animation in the act of reading which convokes Indigenous and non-Indigenous peoples alike. Thus some of its alleged charm, and my justification for translating it with its grammatical mistakes, a "border" which, as Taussig suggests, emits rather than contains turbulent social, historical and psychic forces.

Maya Indigenous Discursivity

Needless to say, *Memorias* originality has to do with the topicality of women guerrilla fighters. Still, as indicated earlier in this essay, we have to place this text within a broader register of Maya indigenous discursivity. As I indicated in a previous book, *Taking Their Word*, one of the most important responses to the post-war period changes in Central America, to the exhaustion of Ladino/Mestizo discursivity as well as by the hybrid contradictions of representation of the subaltern subject by Mestizo *letrados*, was given by Maya literature. The latter introduced into the literary/symbolic process new linguistic and representational challenges, managing to provincialize Spanish as an organic vehicle in the constitution of symbolic imaginaries, and especially succeed in problematizing the nature of the Nation-State itself. While exposing the nature of Latin American nation-states as artifices constructed from prefabricated symbolic codes, these scriptural processes could also be read as an expression of "the burden of representation" (Hall) and a belated embrace of the "lettered city" on the part of emerging Maya *letrados*, who also have to be concerned with not repeating the failures of their Ladino counterparts. Still, it would be a cultural artifact in the making, in a contact zone with "worldliness" (Said) that promises a bridging of the subaltern's otherness.

Regardless of the various genres —there is poetry, fiction, testimonio and theater written in various Maya languages, translated into Spanish most of the time by the authors themselves— Maya literature reflects the changing role played by "literature" in subaltern societies. While their cultural practices include many other expressions, from traditional weaving to painting, theater and representational ceremonial forms such as the celebration of the Maya New Year in non-traditional sites like the Central Park of Guatemala City, literature has gained in importance as literate practices and education have increased in Maya society.

Maya novelists such as Luis de Lión, Gaspar Pedro González or Víctor Montejo, have gained international critical recognition and readership since the publication of their work. Poet Humberto Ak'abal is now known in many parts of the world. Many women poets such as Calixta Gabriel Xiquín, Maya Cú, or Rosa Chávez, have read their works in various countries of Latin America and Europe. We are indeed witnessing the birth of a process that testifies to the knowledge, skill, value, experience and authority of previously invisibilized subjects employing fascinating rhetorical devices to engage coloniality and rearticulate their subjectivities within a decolonial framework. The overall Maya textual archive in process of constitution is already a rhetorical monument to this effort, a counter-discursive strategy of the first order for the re-articulation of an alternative social imaginary within their scope, and a promise of peoples' abilities to rearticulate their knowledges within the limits of the Eurocentric world, to then deploy across borders, disciplines, ethnicities, epistemes or temporalities, creative frameworks to engage and confront centuries of subalternization and colonialized oppression.[25]

Conclusions

Peláez's text clearly functions as a space for memory and for dialogue, offering a necessary space for personal remembrance. Ultimately, with the example of the Kumool women we are presented with a new framework within the geopolitics of knowledge, one demanding respect for pluralizations of subaltern difference anchored in gender and ethnic difference. This framework produces a place-based epistemology that offers a new theoretical and political logic. It confirms that heightening social conflict, new citizens' protagonism, and abandonment of traditional political party practices can lead to ontological-political de-centering of modern politics, in

---

25   The idea of thinking "across" is articulated by Moraña, Dussel, and Jáuregui, in "Colonialism and its Replicants," the introduction to their edited book *Coloniality at Large*, page 17.

the words of Marisol de la Cadena, conjoining what Arturo Escobar calls an alternative modernization, with a decolonial project, where what is at stake is the end of coloniality.

Maya women, connecting with Ladino women through organic organizations such as Agrarian Platform or Red de Mujeres, but also analogically through webs of signification of which Peláez's edited book is a part, are quietly breaking down with the coloniality of politics that censored the presence of subalternized indigenous subjects as validated citizens and granted the exclusionary monopoly of creating national imaginaries to lettered, preferentially upper-class, Ladino men. The exclusionary character of this monopoly is at the core of the modern epistemological disputes between Ladino and Maya regimes of truth and knowledge. The traditional Guatemalan left fell on the side of Ladinos in their understanding of modernity, while also enlisting and embracing Mayas for their cause. Mayas, however, were no innocent victims caught between two fires. They clearly understood the historical opportunity offered them to undermine the pillars that sustained the system that oppressed them, and opened up a new epistemic perspective by showing that allegedly pre-Modern subjects were perfectly capable of grasping all the tools that modernity could offer them and asserting their difference to transform themselves and reimagine their communities within the framework of a legitimate political conflict. Their behavior evidences a simultaneous co-existence of modern and non-modern conceptions of the world, implying, as Sanjinés argues, that modern thought is not an indispensable condition for oppressed social sectors to enter the public sphere. These groups can also access modern traits through alternative projects that juxtapose secular and Maya-centered traits. In turn, these hybridized elements become transformative of those Western traits originally employed by Westernized urban elites to constitute the Nation-State in the first place. Again, as Sanjinés argues, the subalternized knowledge that enters into this configuration cannot be explained by Western space-time coordinates. Yet it impacts the present, giving it a "thickness" that sets it apart from the horizon of expectations of modernity. This has become an epochal marker for the country and for indigenous peoples in the Americas, initiating a systematic reconversion of the very nature and viability of Latin American nation-states. In the aftermath of 37 years of civil war and 14 years of alleged peace which offered them no benefits whatsoever, Kumool women gave flesh and blood to the colonial difference and global coloniality by coming up with a new post-war imaginary that, however tentative and economically precarious it may seem in its present conditions, enables effective and practical resistance to the seemingly overpowering logic of neoliberal globalization. They are evidence that subaltern subjects were not subsumed within the Washington neoliberal consensus, but sought alternative possibilities. Their blueprint is an alternative vision for the construction of potential post-capitalist, post-liberal, and post-statist societies. Finally, it shows us that testimonial traits have not entirely disappeared from the horizon of literary expectations, but, rather, have taken new unexpected turns that distance them from their initial theorization in the mid-1990s.

Bibliography

Andersen, Nicolas. *Guatemala, escuela revolucionaria de nuevos hombres*. México D.F.: Nuestro Tiempo, 1982.

Arias, Arturo, ed. *The Rigoberta Menchú Controversy*. Minneapolis: University of Minnesota Press, 2001.

—. *Taking Their Word: Literature and the Signs of Central America*. Minneapolis: University of Minnesota Press, 2007.

—. "The Ghosts of the Past, Human Dignity, and the Collective Need for Reparation." *Latin American Caribbean Ethnic Studies* 5.2 (July 2010): 207-218.

—. "Letter From Guatemala: Indigenous Women on Civil War." *PMLA* 124.5 (October 2009): 1874-1877.

Berger, Susan A. *Guatemaltecas: The Women's Movement 1986-2003*. Austin: University of Texas Press, 2006.

Burgos-Debray, Elisabeth. *I, Rigoberta Menchu: An Indian Woman in Guatemala*. London: Verso, 1984.

Cadena, Marisol de la. "El Movimiento Indígena-Popular en los Andes y la Pluralización de la Política: Una Hipótesis de Trabajo." *LASA Forum* 38.4 (Fall 2007): 36-38.

Chirix, Emma. *Alas y Raíces: Afectividad de las mujeres mayas. Rik'in ruxik' y ruxe'il Ronojel kajowab'al ri mayab' taq ixoqi'*. Guatemala: Grupo de Mujeres Mayas Kaqla, 2003.

Cofiño, Ana y Emma Chirix. *Emma Chirix conversa con Ana Cofiño*. Coord. Silvia Trujillo y Gemma Gil. Colección Pensamiento. Vol. 2. No. 3. Guatemala: Librovisor, 2008.

De Sousa Santos, Boaventura. "Beyond Abyssal Thinking: From Global Lines to Ecologies of Knowledges." N.d. Web. N.d. <http://www.law.uvic.ca/demcon/victoria_colloquium/documents/desousasantos.pdf>.

—. "The World Social Forum: A User's Manual." Dec. 2004. Web. 9 Sept. 2009. <http://www.ces.uc.pt/bss/documentos/fsm_eng.pdf>.

Dirlik, Arif. "Race Talk, Race and Contemporary Racism." *PMLA* 123.5 (October 2008): 1363-1379.

Ejército Guerrillero de los Pobres (EGP). "Sebastián Guzmán, principal de principales." *Polémica* 10-11, (Julio-octubre 1983): n.p.

Escobar, Arturo. "'Mundos y conocimientos de otro modo': El programa de investigación de modernidad/colonialidad latinoamericano." *Tabula Rasa 1* (enero-diciembre 2003): 51-86.

—. "'Worlds and Knowledges Otherwise'. The Latin American Modernity/Coloniality Research Program." *Globalization and the De-Colonial Option* 21.2-3 (2007): 179-210.

Gugelberger, Georg M., ed. *The Real Thing: Testimonial Discourse and Latin America*. Durham and London: Duke University Press, 1996.

Guzaro, Tomás, and Terri Jacob McComb. *Escaping the Fire: How an Ixil Mayan Pastor Led His People out of a Holocaust During the Guatemalan Civil War*. Austin: University of Texas Press, 2010.

Hall, Stuart. *Critical Dialogues in Cultural Studies*. Eds. David Morley and Kuan-Hsing Chen. New York and London: Routledge, 1996.

Monroy, Ana. "Verdad y veracidad de un testimonio: Entrevista a Mario Roberto Morales." *Cambio* 3. Web. N.d. <http://www.cambio3.com/>.

Moraña, Mabel, Enrique Dussel, and Carlos A. Jáuregui, eds. *Coloniality at Large: Latin America and the Postcolonial Debate*. Durham, N.C.: Duke University Press, 2008.

Nelson, Diane M. *A Finger in the Wound: Body Politics in Quincentennial Guatemala*. Berkeley: University of California Press, 1999.

Peláez, Ligia, ed. *Memorias rebeldes contra el olvido: Paasantzila Txumb'al Ti' Sortzeb'al K'u'l*. Guatemala: AVANCSO, 2008.

Ribeiro, Gustavo Lins. "World Anthropologies: Cosmopolitics for a New Global Scenario in Anthropology". *Critique of Anthropology* 26.4 (December 2006): 363–386.

Sabino, Carlos. *Guatemala, la historia silenciada (1944-1989)*. 2 Vols. Guatemala: Fondo de Cultura Económica, 2007.

Said, Edward. *Culture and Imperialism*. New York: Knopf, 1993.

Sanjinés, Javier. *Rescoldos del pasado: conflictos culturales en sociedades postcoloniales*. La Paz, Bolivia: Programa de Investigación Estratégica en Bolivia, 2009.

Stoll, David. *Rigoberta Menchú and the Story of all Poor Guatemalans*. Boulder: Westview, 1998.

Stoltz-Chinchilla, Norma. *Nuestras utopías: Mujeres guatemaltecas del siglo XX*. Guatemala: Agrupación de Mujeres Tierra Viva, 1998.

Taussig, Michael. *Mimesis and Alterity*. London: Routledge, 1993.

Tedlock, Dennis, trans. *Popol Vuh: The Definitive Edition of The Mayan Book of The Dawn of Life and The Glories of Gods and Kings*. New York: Touchstone, 1996.

Vinebaum, Lisa. "Holocaust Representation from History to Post-Memory." Web. N.d. <http://anaxagoras.concordia.ca/vinebaum.pdf>.

COUNTER-FOUNDATIONAL HISTORIES FROM NATIVE BRAZIL:
ON VIOLENCE AND THE AESTHETICS OF MEMORY

Tracy Devine Guzmán
University of Miami

"*Declare Our Collective Death and... Bury Us All Right Here*"

In October 2012, an indigenous community[1] of some 170 people, having just been ordered to vacate their ancestral lands in the border state of Mato Grosso do Sul, long besieged by agro-busi-

---

1   Brazil's 2010 census, drawing for the first time on self-identification, counted some 896,000 people nationwide as indigenous, among them, nearly 80,000 who also considered themselves to be of another color or "race" (and mostly *pardo*, or brown). These individuals identified with 305 different ethnicities and 274 languages —hugely increased and controversial numbers relative to previous surveys based on criteria other than self-identification. Approximately two dozen indigenous languages have more than 5,000 speakers, among them: Guajajara, Sateré-Mawé, Xavante, Yanomami, Terena, Macushi, Kaingang, Ticuna, and Guarani. Hundreds more have fewer than 400 speakers and thus are at constant risk of extinction. Although the national Constitution identifies Portuguese as Brazil's only official language, Article 231 guarantees indigenous peoples the right to maintain their Native languages, social organizations, beliefs, traditions, and lands. However, these Constitutional promises have never been met adequately by the Brazilian state. See: IBGE, "2010 Census" (http://saladeimprensa.ibge.gov.br/en/noticias?view=noticia&id=1&idnoticia=2194) and IBGE, "Os indígenas no Censo Demográfico 2010, primeiras considerações." (http://www.ibge.gov.br/indigenas/indigena_censo2010.pdf). For an assessment of recent issues related to indigenous languages and a brief history of languages policies in Brazil, see Instituto Socioambiental: http://pib.socioambiental.org/pt/c/no-brasil-atual/linguas/introducao.

ness and cattle farmers, sent an open letter to the Brazilian Ministry of Justice. I cite from their missive:

> We the Guarani Kaiowá... from Pyelito Kue..., write to inform you of our historic and definitive decision, made upon learning of the order of our expulsion by the Federal Justice [Ministry].... We understand clearly that this decision...is part of the historic action of genocide of the indigenous people of ...Brasil. ...We want to make evident...that we have finally lost hope of living with dignity and without violence on our ancient territory. ...We know very well that in the center of this, our ancient territory, our grandparents and great grandparents are buried. ...Conscious of this historic fact, ...we ask the Administration and the Federal Justice Ministry not to declare the order of [our] removal and expulsion, but to declare our collective death, and to bury us all right here. We ask... that you declare our extinction...and that...you send several tractors here to dig a big hole in which to entomb our bodies. ... We have no other option. This is our final, unanimous decision before the Federal Justice of Navirai, Mato Grosso do Sul.[2]

This letter was published on the Internet, and in a matter of days, went viral across the country and around the world, forcing a reaction from the Brazilian Ministry of Justice and the National Indian Foundation (FUNAI)—the state's official indigenist body, which has never been led by an indigenous person and for nearly five decades has mostly bowed down to egregious violations of indigenous rights in the name of "progress" and "development."[3] During the last decade of Worker's Party rule, the organization has been complicit in an ongoing series of anti-Native legislation initiatives and modernization projects, key among them, the construction of the third-largest hydroelectric dam in the world —otherwise known as Belo Monte, now underway in the Amazonian state of Pará.

Accompanying the surge of public indignation over this letter and the collective discovery, for many, of a human tragedy that has been taking place in Mato Grosso do Sul (and elsewhere) since long before anyone had an Internet connection, was the rapid proliferation of a trend involving thousands of people across the

---

2 This translation and all others are my own.
3 The Fundação Nacional do Índio (FUNAI) dates to 1967, when it replaced the floundering Serviço de Proteção aos Índios (SPI), that had been founded in 1911 by Cândido Mariano da Silva Rondon, a military officer and engineer of Bororo and Terena descent.

country and around the world: the addition of the words "Guarani Kaiowá" to personal profiles online —not unlike those used on social media like Orkut and Facebook. In other words, as a collective reaction to the horror of the open letter, people from various places and walks of life —some of whom had been intimately involved in indigenous life and politics for decades, and others who had never paid them any attention whatsoever, added the "Guarani Kaiowá" to their own names in a gesture of professed solidarity.

There are, of course, many ways to try to make sense of the letter and the public reaction to it, and I confess to having deeply mixed feelings about the events of October 2012 and how the politics surrounding them have continued to play out since. Nevertheless, to a longtime student of *indigenist*[4] politics and *indigenous* history and cultural production, two particular lines of interpretation stand out: On the one hand, we might look at this series of events as just one more example of the Brazilian state's historic complicity in the exclusion of "its" Native peoples from the national community and the national polity, and the appropriation of Native subalternity by members of the dominant majority for political ends that are mostly unrelated to Native lives or livelihoods. This position would hold a logical view —one certainly corroborated by the past— but also, perhaps, an unduly cynical one. On the other hand, we might instead choose to see the unprecedented public outcry over the injustices so long endured by indigenous communities of Mato Grosso do Sul,

---

4   I use the term "indigenism" to refer to the widest possible range of discourse about indigenous peoples and to "indigenists" as sources or practitioners of that discourse. Although indigenism in Brazil is a discourse mostly about, but not by indigenous peoples, some indigenous people do call themselves indigenists. Indigenism should not be confused with Indianism, however, which in my work refers to two distinct phenomena: first and foremost, a romantic literary and cultural movement of the mid-to-late nineteenth century in Brazil (and elsewhere in Latin America); and second, the indigenous-led political movements now afoot in the Andes (especially Bolivia and Ecuador). For my purposes, both forms of Indianism are strains of the broader, inherently contradictory phenomenon of indigenist discourse. Although the term indigenism is now recognized in Brazil, it was not widely used until after the foundation of the Instituto Indigenista Interamericano (Interamerican Indigenist Institute) in Mexico in the 1940s. During the early years of Brazil's Indian Protection Service, the common term to describe professionals dedicated to the "indigenous" cause was *sertanista* (one who works in the *sertão* or "hinterlands"). Classic studies of Brazil's indigenist discourse include Antonio Carlos de Souza Lima, *Um grande cerco de paz*; Shelton Davis, *Victims of the Miracle*; and Alcida Ramos, *Indigenism: Ethnic Politics in Brazil*.

and the widespread, if relatively newfound public interest in working, in ways small and large, in support (or at the very least, not to the detriment) of their collective well-being, as evidence of a new era of national and transnational political consciousness —perhaps even social solidarity. There are many reasons why, considering the plausibility of both views in the larger historical and political context at hand, I opt for the second one. Not least is the not-so-simple fact that the task of chronicling a slow and inevitable defeat necessarily posits the actions of those working to avoid it as, if not without meaning, ultimately hopeless, and thus always already a failure to and for itself. In such an endeavor, I wish —perhaps unsurprisingly— to take no part.

So, then, what to make of this second possibility —the possibility that despite tremendous odds and great obstacles, a postindigenist politics is finally on the horizon in Latin America's largest country, with a national indigenous community comprising less than one half of one percent of the overall Brazilian population of some 200 million people? Let me back up and widen the scope of the story to lay out how we have arrived at this moment, what is now at stake, and my sense —a halting and tentative one— of what it might mean to people who find themselves many thousands of miles away from Mato Grosso do Sul. My cautious answer is that it has to do with sovereignty, with the inherent violence of its dominant forms, and with the need to consider it anew in light of our shared humanity, if indeed —as we might be tempted to believe on dark days like those of last October 2012— there is little else that we can share. Indigenous peoples in Brazil —and the Guarani-Kaiowá, in particular— remind us once again that the violent manifestations of dominant sovereignty threaten not only their lives and livelihoods, but also the integrity of Brazil's still fragile democracy. Native engagements with that violence, now and in the past, force us to question those dominant forms, as well as the ways of remembering and recording history —particularly, history imagined as national, to paraphrase Anderson— through which they continue to be privileged. The aesthetics of memory in contemporary Native discourses of sovereignty is then, I submit, an essentially political one that cannot be understood independently from how it inheres in the present.

Undoing Indianist Hegemony

Although it came about in the wake, over several years, of hundreds of deaths by suicide among young indigenous people in Mato Grosso do Sul, the violent declaration of the Guarani-Kaiowá open letter —the promise of mass suicide— reversed, at least rhetorically, the uneven power relations that have contributed to the devastation of Native communities in Brazil since the sixteenth century. By placing charge of their lives —and deaths— into their own hands, the letter's authors drew quick attention to a situation of long standing crisis while, at the same time, placing into question the whitewashed lore of benevolent colonialism and pacific miscegenation that continues to inform and shape the ways dominant Brazilian society prefers to imagine and portray itself. Indeed, faced with the enduring centrality of romanticized "Indians" in dominant histories and cultural production, Native peoples have for decades worked to counter official and unofficial erasures of the foundational violence that has manipulated their bodies, ideas, and images since well before the declaration of national independence in 1822. From state-sponsored de-Indianization programs to the ongoing "development" of the Amazon, the fiction of Brazil's "racial democracy" has long manifested that violence, which rests on a multi-tiered notion of citizenship that situates Native peoples forever on the threshold of national belonging, as prospective citizen-subjects who are included in the polity only by dint of their perpetual exclusion (Agamben, *Homo Sacer* 18; *State of Exception* 2-31). Until the approval of the 1988 (post-dictatorship) Constitution, it was, in fact, impossible for Native peoples to be both Brazilian and indigenous, for the process of achieving citizenship meant "emancipation" from the condition of one's "Indianness" and the rights pertaining thereto —perhaps most importantly, the right to live on protected lands (Ramos, *Indigenism* 80-81).

Although touted by generations of hyper-nationalist, *ufanista* governments and representatives of their official, indigenist apparatus as a painstakingly pacific enterprise,[5] real and symbolic violence has always inhered in the state's proffering of Brazilian-

---

5   This claim was measured against the infamously genocidal "Indian policies" of other American countries, from the distant United States to neighboring Argentina. The motto of Brazil's Indian Protection Service, was "die if necessary, but never kill" [*morrer se preciso for, matar nunca*], meaning that, in theory, SPI workers

ness, stripping individuals and groups targeted by such endeavors, if not of their lives (from disease or conflicts that are only now being documented), then of their very place in space and in time. That is, the modernizing discourses and policies that have dislodged Native peoples like the Guarani-Kaiowá from their territories since the outset of Brazil's republican project have also functioned consistently to dislocate them from the present —either by condemning them to "archaic utopias" of pre-colonial nostalgia (Vargas Llosa), or by projecting them into fanciful futures of de-Indianized, *mestiça* oneness that are still oftentimes invoked as the "Brazilian race." Whether relegated to the past and its chains of "authenticity" or placed on the fast track to national belonging and "neo-Brazilianness," then, self-identifying indigenous peoples have found the presumably simple venture of being oneself and inhabiting the present to be an exasperatingly elusive goal.

In contrast to this displacement, both temporal and physical, Brazil's most recent national census revealed a remarkable and controversial trajectory in the growth of the official indigenous population: over the course of nearly two decades, from 1991 to 2010, the number of indigenous peoples across the country climbed from some 306,000 individuals to 896,617 —an increase of over 293%.[6] While the explanations for this increase vary widely and are laden with conflicting political motives, it is impossible to attribute such tremendous growth to reproduction alone. Changing perceptions of indigeneity, state legislation with regard to racial and ethnic classification, affirmative action policies, and, perhaps most significantly, new possibilities for self-identification among census participants, have also had a tremendous impact. The consequences of these changes for particular communities and the national Native population as a whole have been mixed. On the one hand, drastically increasing population numbers and the recent boom in social media have coalesced to heighten awareness of indigenous peoples and some of their major, collective concerns —from education and health care to intellectual property rights, land tenure, and envi-

would willingly sacrifice their lives for the "Indian cause." See Souza Lima, *Um grande cerco*; and Devine Guzmán, *Native and National*.

6 This number does not include the "uncontacted" indigenous peoples living in relative isolation from members of the dominant society (including representatives of the National Indian Foundation). See: IBGE, "Os indígenas no Censo Demográfico 2010, primeiras considerações."

ronmental protection— among civil society and the national and international media. On the other hand, the state's relentless developmental assault,[7] along with a heightened competition for public resources, mean that non-traditional Native peoples, and particularly those residing in urban areas, are increasingly subject to scrutiny by self-appointed guardians of "authenticity."

Thus faced with a formidable network of colonialist power — both institutionalized and informal— Native intellectuals and activists have had to act simultaneously on personal and political fronts to square two central arguments that might appear irreconcilable at face value: First, that within present-day articulations of indigeneity there is an instrumental identification and continuity with the past. And second, that present-day indigeneity is neither fixed in nor oriented *toward* the past, but rather, forward-looking and well practiced at navigating the exigencies of "progress." For writer and educator Juvenal Payayá (among others), these two claims are inextricable, for as he puts it: "[Recognizing] our cultural legacies is the first step [we] indigenous peoples need to take in order to keep on existing" (39). Countering the old indigenist desire to rupture Native links to a collective history and curtail traditional forms of life and thought, Payayá makes it clear that there is no way forward for Native peoples *as such* in the absence of those links and those forms. After all, dominant conceptions of time, and occidental binaries of *self* and *Other* function poorly as life's chief organizing principles for those whose foremost ways of being and knowing are, to the contrary, and according to Daniel Munduruku, "holistic, circular, [and] integral" ("A corrupção do conhecimiento ancestral" 23).

Comprising a fraction of the Brazilian population, virtually absent from local, state, and national governing bodies, lacking meaningful access to public institutions and modes of education, and legally subject to the tutelary power of an indigenist apparatus that even in the 21st century is headed by non-Natives,[8] Brazil's in-

---

7 This longstanding initiative manifested over the past decade in the Programa pela Aceleração do Crescimento (PAC)—initiated by the Lula da Silva administration and continued into the present by the government of Dilma Rousseff. The lynchpin of the plan is the Belo Monte hydroelectric dam.

8 In early 2012, embattled FUNAI director Márcio Meira was replaced by Martha Azevedo. Although many welcomed Meira's departure, his replacement with another non-indigenous anthropologist was disappointing to those who had campaigned for indigenous leadership of FUNAI for many years. Azevedo stepped down for health reasons in June 2013 amid great controversy over indigenous land

digenous peoples have had few channels of, and scarce resources for, self-representation in the public sphere. These considerable obstacles hinder communication not only with the non-indigenous majority, whose exposure to Native peoples and issues still comes in large part from a combination of nineteenth-century fiction and Globo TV, but also *among* hundreds of indigenous peoples who speak hundreds of different languages[9] and are spread out over a massive and diverse national territory that spans from the second-largest city in the Americas (São Paulo) to the outermost reaches of the Amazonian rainforest (IBGE, *Censo demográfico 2010*).

In light of such challenges, the use of Portuguese as an indigenous language[10] and the production and dissemination of diverse forms of Native cultural production —production that ranges from film, music, new media, and journalism to creative writing, artisanship, and the tourist industry—[11] have become indispensable to

---

rights in Mato Grosso do Sul and elsewhere. Her leadership was followed by that of Maria Augusta Assirati (June 2013-October 2014) and Flávio Chiarelli (since October 2014).

9   Compared to many other countries in the region, the debate over Bilingual Intercultural Education (EBI) in Brazil remains limited and takes place largely outside the realm of state-backed language policy through the work of scholars linked to national and international universities. Until the early 1990s, foreign missionaries —and particularly those affiliated with the Summer Institute of Linguistics— were responsible for most work analyzing and preserving indigenous languages —many of which remain understudied. Following the implementation of the 1988 Constitution, Presidential Decree 26/91 established Brazil's first national indigenous education policy, specified as "communal, specific, differentiated, intercultural, and multilingual" (Scholze et al., *Estatísticas* 15). A decade later, Law n. 10.172 established a one-year limit to create the official category of "indigenous school" in order to guarantee the implementation of EBI (Scholze et al., *Estatísticas* 17). Although some progress has been made on this front, including the spread of EBI in indigenous communities and increased training for and proliferation of indigenous teachers tasked with instruction in their native languages, these changes take place in the context of widespread educational crisis, on the one hand, and the dismantling of state-backed indigenist services and "protections," on the other, making the usefulness and efficacy of EBI questionable, at best. "Differentiated" education can serve for little, of course, when there is no guaranteed land on which to study or reside. On the history of indigenous education policy in Brazil, see Scholze et al., *Estatísticas sobre Educação Escolar Indígena no Brasil*.
10   On the use of Portuguese as an indigenous language, see Devine Guzmán, "Writing Indigenous Activism."
11   See, for example, the critical and creative work of activists, artists, scholars, and writers Gersan Baniwa, Jaider Esbell, Lúcio Paiva Flores, Graça Graúna, Sônia Guajajara, Olívio Jekupé, Luiz Karai, Renê Kithãulu, Daniel Munduruku, Juvenal Payayá, Eliane Potiguara, Florêncio Almeida Vaz, Yaguarê Yamã; the indigenous

the nation-wide Brazilian indigenous movement and to the project of self-representation more generally. Uniting much of this diverse body of work is a politicized aesthetics of memory —sometimes individual, oftentimes collective— that grounds the production of counter-foundational national histories by interjecting indigenous philosophies, cultural practices, and remembrances into renderings of the past that are still heavily burdened by Indianist romanticism and its erasures and denial of the foundational violence of dominant sovereignty.

Including through Exclusion

Like the Guarani-Kaiowá, longtime indigenous activist M. Marcos Terena hails from the border state of Mato Grosso do Sul, where in 1954 he was born into a community (*aldeia*) called Taunay.[12] He entered the public sphere in the late seventies as a founding member of the Union of Indigenous Nations (União das Nações Indígenas) —an organization that worked against great odds to guarantee for the first time in national history the Constitutional right to be simultaneously indigenous and Brazilian.[13] Over a varied professional trajectory, Terena worked in various capacities to chip away at the colonialist relationship that the Brazilian state initiated with indigenous peoples in the post-independence period and institutionalized one century later through its Indian Protection Service.[14] Alongside indigenous

organizations INBRAPI, Núcleo de Escritores e Artistas Indígenas, and Rede GRUMIN; and the collaborative Vídeo nas Aldeias project, which has been producing indigenous video in Brazil for over two decades. Recent secondary references include Graúna, "Literatura indígena no Brasil contemporâneo"; Devine Guzmán, *Native and National*; and a collection of indigenous writers edited by Leda Rita Cintra: *Escritos indígenas: uma antologia* (São Paulo, Editora Caminhos, 2013). Along with the digital volume *Sol do Pensamento* (2005), edited by Eliane Potiguara and prefaced by Daniel Munduruku, *Escritos indígenas* marks an early step toward the formation of an indigenous "canon" in Brazil.
12   The community is named for Alfredo Maria Adriano d'Escragnolle Taunay (the Viscount of Taunay).
13   Alcida Ramos divides the country's indigenist and indigenous history into B.C. and A.C. —before and after the 1988 (post-dictatorship) Constitution ("Brasil no Século XXI," BRASA Conference. Brasília, 22 Jul. 2010).
14   On Rondonian indigenism, see also: Souza Lima, *Um grande cerco*; Seth Garfield, *Indigenous Struggle*; John Hemming, *Die if You Must*; and Mércio Gomes, *The Indians and Brazil*; and *O índio na história*.

leaders from across the country,[15] he has sought to expand the spaces of autonomy from which Native Brazilians can represent themselves in every sense of the word, and particularly through national politics and diverse forms of cultural production. Where Indianist intellectuals and indigenist bureaucrats once spoke uncontested on behalf of their Native compatriots on everything from the arts to state policy, indigenous Brazilians increasingly challenge such efforts, struggling to surmount tremendous political, social, cultural, geographic, and linguistic obstacles to debate and disseminate their own images and political platforms —even if these often go unnoted by the dominant majority.

Traditional forms of indigenous knowledge, once passed orally from generation to generation, and now shared through a variety of old and new media, derive customarily from lived experience (as opposed to the abstract accounts transmitted in a classroom environment), and tend to be grounded in the notion that the natural world is sacred.[16] In this light, Terena's dedication to the cause of Native representation within the context of national democratic rule is closely tied to his experience with misrepresentation —or with the lack of representation altogether— by and in Brazilian society (Provedello). As a pilot for the National Indian Foundation during the final years of the military dictatorship, from 1964 to 1985, Terena made a living flying airplanes to allegedly hostile and dangerous Native territories that other pilots were unwilling to visit (Terena and Feijó; Terena). Paradoxically, in order to receive training from the Brazilian Air Force and to fulfill this role, he was

---

15   In addition to the efforts of the individuals and groups mentioned above, I have been inspired particularly by the work of Ailton Krenak, Arão de Providência Guajajara, Lúcio Xavante, Mário Xavante, Megaron Txucarramãe, Raoni Metuktire, Valdelice Veron, and Ysani Kalapalo.

16   For different perspectives on this notion from Brazil, the Americas, and the Pacific, see R. Barnhardt and A. O. Kawagley, "Indigenous Knowledge Systems"; Vine Deloria Jr., "Philosophy and the Tribal Peoples"; Daniel Munduruku, *Coisas de índio*; Eliane Potiguara, *Metade Cara, Metade Máscara*; Linda Tuhiwai Smith, *Decolonizing Methodologies*; and Dale Turner, "Oral Traditions and the Politics of (Mis)Recognition." Several scholars and activists in Latin and Latino/a America (indigenous and not), have aimed to theorize the epistemological and political positions of those for whom traditional forms of knowledge and dominant (Western) knowledge overlap. See for example Gloria Anzaldúa, *Borderlands*; José María Arguedas, *El zorro de arriba y el zorro de abajo, Los ríos profundos*, and "Yo no soy un aculturado"; Rodolfo Kusch, *Indigenous and Popular Thinking in América*; Walter Mignolo, *Local Histories, Global Designs*; and Darcy Ribeiro, *Maíra*.

compelled to deny his indigeneity for over a decade. To circumvent the restrictions of the 1973 Indian Statute, which categorizes all indigenous peoples as relatively incompetent before the law, he acquiesced to misidentification as "Japanese" (Terena).

Terena's experience is at once extraordinary and exceedingly common. On the one hand, he is one of the few Native Brazilians to hold a position of relative power in the state's indigenist bureaucracy or at any level of government. On the other hand, his confrontation with the widely held conviction that being indigenous is incompatible with professional training and work, and thus unsuitable for the demands of "civilized" life epitomizes the conundrum of lived indigeneity in Brazil at the outset of the new millennium. Indeed, his experience speaks to that of millions worldwide who still face the perception that "Indianness" is something one must abandon or overcome to deserve the full rights of national belonging or fulfill a useful role in modern society.

The ambiguities of "differentiated" indigenous citizenship laid out in Brazil's 1973 Indian Statute and subsequent indigenist legislation recall what philosopher Giorgio Agamben, drawing on the work of Carl Schmitt, theorized as the *state of exception* —the condition, marked by perpetual violence, through which an "accursed" man is included in the state's juridical order precisely through his permanent condition of exclusion from that order. Considering this notion in light of the case at hand, we might say that *the* Indian's inclusion in Brazil as both an "imagined" nation and a legal-political order has always been contingent, imperfect, and incomplete —a status reiterated euphemistically in a century's worth of state-backed indigenist discourse with terms like "neo-citizenship" and "neo-Brazilianness."[17] Institutionalized, anti-indigenous discrimination was weakened by the 1988 constitutional proviso that Native peoples would no longer have to cease being "Indians" in order also to be Brazilian in the eyes of the state.[18] But the formal existence of ostensibly more "progressive" policies has had negligible impact on the colonialist mindset and violence that still frame

---

17 This terminology has been used frequently since the height of racist populism under Getúlio Vargas in the early 1950s, including by generations of "pro-indigenous" and indigenist thinkers. See for example the work of the prolific anthropologist and educator Darcy Ribeiro.
18 Chapter VIII of the Constitution ("Dos índios") is dedicated to indigenous rights and related matters.

and undergird the state's indigenist practice in the twenty-first century.

The 1988 Constitution, for instance, called for the demarcation of national indigenous territories within five years. Now, more than a quarter-century later, the promise has not been met, and across the country Native peoples like the Guarani-Kaiowá find themselves increasingly under siege.[19] Despite Brazil's widely noted success in achieving economic growth and poverty reduction during recent years of Worker's Party governance, the collective situation of indigenous peoples remains dismal or dire. The embrace of agrobusiness and the revival of dictatorship-era development projects present major threats to indigenous lives and livelihoods because they present, among other things, a major threat to indigenous lands —including lands that are already supposed to be protected.[20]

The lynchpin of Brazil's twenty-first century colonialism is the Belo Monte hydroelectric dam, first proposed for construction in the state of Pará during the 1970s by the military government, who called their project "Kararaô" —a name appropriated from the Kayapó people who, with haunting echoes of the Guarani-Kaiowá, pledged their lives to stop it.[21] During the decade that followed, massive outpourings of indigenous, national, and international protest forced the regime to shelve its plans to divert the flow of the Xingu River and flood Native and riverbed communities—actions that critics argued would cripple the local fishing industry, destroy rare plant and animal species, pollute the environment with methane gas, and bring to the region thousands of migrant families

---

19 The November 2011 murder of Guarani-Kaiowá leader Nísio Gomes over a land dispute in Mato Grosso do Sul is another example.
20 James Anaya, "Report by Special Rapporteur on the Situation of Human Rights and Fundamental Freedoms of Indigenous Peoples," U.N. Human Rights Council, 15 session, agenda item 3, 15 Sep. 2010, 31-36. Recent prejudicial measures include Ministerial Directive 303 (Portaria 303), which would permit military and government incursion into indigenous territories without prior consultation with their indigenous occupants and lays the groundwork for the revision of already demarcated lands; and proposed constitutional amendment 215, which would transfer the exclusive authority to demarcate indigenous lands from the executive (via FUNAI) to Congress.
21 The name, stolen from the Kayapó people who have opposed the project for decades, was changed after the 1989 Encontro dos Povos Indígenas do Xingu, which led to the cancellation of international financing and forced the regime to table their initiative. See L.A.O. Santos, et al., *Hydroelectric Dams and Brazil's Xingu River*; and Devine Guzmán, "Whence Amazonian Studies."

who would subsequently have no place to live or work.[22] Arguments against the new, allegedly less prejudicial Belo Monte —now four years in the works— raise the same objections and involve, once again, a variety of indigenous, national, and international organizations—a coalition complicated by the fact that the dam project is no longer the brain child of a military dictatorship but the pet project of what was, until 2013, a popular and nominally "progressive" government.

Clearly such "progress" benefits some at the expense of others. Indigenous activists who began strengthening their opposition to Belo Monte during the 2010 centenary of state-backed indigenism have characterized it as not only prejudicial to their communities, but also as a symbol of all gone wrong with national indigenist policy, the development goals of the Workers' Party, and the state's embrace of global capital in some of its most culture-razing forms.[23] Native activist Kretã Kaingang hence reminds us that the political left in Brazil has been —alongside the political right —a relentless exploiter of Native peoples:[24] "What kind of progress does this syndicalist administration want for us?," he asks. "We believed ... in this administration. ... Many of us...put those people in power, and now they have come out against us" (Cergueira). The struggles on the horizon are, however, not just over Belo Monte or the hundreds of other modernization projects in the works or on the books. They also raise the urgent goals of how to keep Native ways of being, knowing, and remembering alive in the face of a state-sponsored development agenda that has been around in various forms for nearly two centuries, and has only relatively recently morphed into

---

22 On the environmental and social effects of the project and other hydroelectric dam projects in the region see Kozloff, *No Rain in the Amazon*.
23 Initiatives like "Pontos de Cultura," a Ministry of Culture program to support local cultural production, might have been considered a counterpoint to the state's role in the destruction of indigenous peoples, cultures, and languages. However, considering the state's historic failure to protect indigenous lands and the ongoing dismantlement and privatization of the indigenist bureaucracy, such support has been palliative, at best.
24 The Miskito-Sandinista conflict in Nicaragua during the 1980s is one well-known case, but other examples abound. On Bolivia, see Mignolo, "The Communal and the Decolonial." For a recent instance in Peru, consider the record of Alan Garcia's APRA government with Native Amazonian communities (Hearn, "The Bagua Movement"). On the "Indian policies" of his first government, see Devine Guzmán "Rimanakuy '86."

the Accelerated Growth Program (Programa de Aceleração do Crescimento, or PAC).[25]

Indigenous political leaders and activists who share with Marcos Terena and Kretã Kaingang the desire for meaningful representation and participation in state politics do so from within a double bind, knowing that any intervention they make in that system —already against great odds and at great cost— reinscribes to some degree the erasures, exclusions, and de-legitimizations that have characterized the indigenous-state relationship since its inception.[26] Their efforts to participate in national governance and international political bodies despite these circumstances might be framed as the least-worst option available to individuals and communities whose ways of being, knowing, and remembering are at risk of disappearing. Or, they might be the groundwork for realist, postindigenist politics. Anishinaabe political theorist Dale Turner reminds us that "the relationship between [...indigenous peoples] and the ... government is ... 'political, not metaphysical' (he paraphrases John Rawls). "[Natives] must use a foreign language to explain the content of their rights," he goes on, "have...little to say about shaping its philosophical worth, and engage...institutions that enforce the decisions created by these discourses. Why?" –he wonders, and then answers his own question– "to survive" (Turner 231-232; Rawls).

But what does this survival mean, we must ask —thinking particularly of the Guarani-Kaiowá— for those implicated directly in such debates? What is the *desirable* horizon of state-indigenous relations? What can we conclude, reflecting on a century of state-backed indigenism, about the relationship between indigeneity, representation, and belonging? Unlike many of their counterparts elsewhere in the Americas, indigenous academics, activists, writers, and artists in Brazil continue to work for survival in predominantly *national* terms, recognizing the opportunities for self-representation that are afforded by their double bind even as they work to loosen themselves from it. At the same time, they participate in an intensifying dialogue about indigenous rights that extends beyond national borders and turns the premise of a traditional indigenist

---

25   See the government's web portal at http://www.brasil.gov.br/pac.
26   On the double bind, see the conclusion to Shaw, *Indigeneity and Political Theory*; Turner, "Oral Traditions"; and V. Deloria, "Philosophy and the Tribal Peoples."

politics —representation through state tutelage, or in Agamben's formulation, "inclusion by exclusion"— on its head. The alternative sovereignty claims expressed through their assertion of multiple, co-existing, overlapping, ways of being, belonging, and remembering destabilize dominant practices of administering states and chronicling the past, and indeed bring new meaning to the concept of Brazilianness itself.

The Violent Erasures of Sovereignty

Sovereignty in the post-Westphalian tradition has a complex and, of course, still unfolding history that begins for our purposes with the 1493 *Inter caetera* —the papal bull signed by Alexander VI to claim American territories for the Spanish monarchy— and leads us into the twenty-first century, with hosts of unsettled Native land claims from Maine to Oaxaca to the Patagonia, and annual petitions to the pope by indigenous groups worldwide to repudiate the Church's complicity in their historical subjugation. Where the prevailing concept of nation-state rests on "European models of political and social organization whose dominant defining characteristics are exclusivity of territorial domain and hierarchical, centralized authority," legal scholar James Anaya points out, "indigenous peoples...have organized primarily through kinship ties and decentralized political structures with shared or overlapping spheres of control" (15). Dominant (Western) notions of sovereignty thus run counter to the traditions, needs, and interests of many self-identifying Native peoples and have been employed historically by state actors to their detriment —most often through violent means and, as we are now reminded constantly by the Guarani-Kaiowá, with fatal consequences. In Weber's classic formulation, the sovereign state defends the use of the violence deemed "necessary" for its preservation, and that preservation, in turn, undergirds the state's ability and "right" to use such violence with legitimacy, whether against other states or against its own subjects (78-81). The necessary violence of dominant sovereignty hence reproduces the conditions of its own necessity, and those who fail to recognize the legitimacy of such violence, or to accept the corollary claim that "it is *not* true that good can follow only from good, and evil only from evil" are reduced, in Weber's view, to political "infancy" (123).

Philosophers Gilles Deleuze and Félix Guattari proposed during the mid-twentieth century that the state manifests the violence of sovereignty as an "apparatus of capture" that serves to organize and police human life. In Brazil, this "capture" could refer to the state's "right" to seize and control indigenous territories by "capturing," as the philosophers put it, "while simultaneously constituting a right to capture" (448).[27] The so-called "primitive" exists only in the always incomplete process of becoming something else ("civilized"), or in relation to his or her degree of interaction with the non-primitive ("*the* civilized") (Deleuze and Guattari 430). History thus "translates" different forms of being, knowing, and remembering into dominant paradigms of succession and evolution that give rise to the tautological argument —still wildly popular in Brazil— that "real" Indians belong to the past, and "modern" Indians are not "real."

The state imperative to expand and fix the frontiers of order, progress, and civilization fashions the violence of sovereignty as legitimate, if not inevitable, while attributing the primary responsibility for the violence to its victims.[28] The state is continually erected through violent inclusions and exclusions to generate the collective subjectivity of a community that imagines itself in national terms while simultaneously articulating its *Other*: the "primitive" whose backwardness must be contained, forced outside the limits of the sovereign state, or erased altogether. As anthropologist Antonio Carlos de Souza Lima puts it, the state's historical initiative for Indian "protection" can then be characterized as a massive "siege of peace" wherein the question of territorial occupation is forever at stake (119-158).

What might be the consequences for national and international politics, though, if the state were not to serve as the primary vehicle for the "capitalist axiomatic"[29] and the inevitable homogenization of human experience, but rather, as a critical purveyor of heterogeneity and difference? What if, rather than occupying the "un-

---

27 See also Shaw, *Indigeneity*, 167-168.
28 On "productions" of sovereignty see Shaw, 168-169.
29 I refer to Deleuze and Guattari's explanation in *Thousand Plateaus*: "It is the flow of naked labor that makes the people, just as it is the flow of Capital that makes the land and its industrial base. In short, the nation is the very operation of a collective subjectification, to which the modern State corresponds as a process of subjection. It is in the form of the nation-state, with all its possible variations, that the State becomes the model of realization for the capitalist axiomatic" (504).

civilized" fringes of the national community, either to be ignored as irrelevant or seized into recycled "modernization" initiatives, Native ways of being, knowing, and remembering could hold a place at the center of a "new social and political reality?" (Alfred 33). What if indigenous representations of the past could be, as Maori scholar Linda Tuhiwai Smith proposes, means of "healing and transformation" (146) for Native peoples in the present, rather than fodder for their continued folklorization, mythification, and erasure vis-à-vis the dominant majority and its prevailing historical narratives?

Native Critiques of Sovereignty

Native intellectuals in Brazil (and elsewhere) have proposed numerous philosophical and political alternatives to the violent workings of the sovereignty that rests at the heart of dominant politics. While these proposals are specific to particular times and places, common ground continues to expand thorough indigenous/nonindigenous legal and political collaborations at national and international levels. Although the 2007 United Nations Declaration on the Rights of Indigenous Peoples makes no statement with regard to sovereignty other than to reaffirm that of the signatory states,[30] nine of the Declaration's forty-six articles (8, 10, 25-30, 31) uphold Native rights with reference to traditional "lands, territories, and resources," pointing to the centrality of land rights to indigenous political initiatives worldwide.

Unlike dominant renderings of sovereignty, which are derived from a colonialist impulse, grounded in histories of violence, and sustained by the overt or implicit threat of additional violence, contemporary indigenous notions of sovereignty stem from a basic principle of mutual respect, non-coercive forms of authority, and the conviction that human society and the natural world can coexist in a partnership where value is expressed in terms of longevity and equilibrium rather than extraction, surplus, or profit. As Mohawk theorist Taiaiake Alfred puts it, the "primary goals of a [tradi-

---

30 Article 46 reads: "Nothing in this Declaration may be interpreted as implying for any State, people, group or person any right to engage in any activity or to perform any act contrary to the Charter of the United Nations or construed as authorizing or encouraging any action which would dismember or impair, totally or in part, the territorial integrity or political unity of sovereign and independent States."

tional] indigenous economy are the sustainability of the earth and the health and well-being of the people" (46). One alternative to sovereignty as a necessarily "violent production"[31] —a social construction representing the inevitable "triumph of some ideas over others"— is, he explains, a "nonintrusive," "regime of respect" that "builds frameworks of coexistence by acknowledging the *integrity and autonomy* of the...constituent elements of the relationship" (Alfred 46, my emphasis). These principles resonate with those expressed by Native activists and scholars in Brazil who are now engaged in a two-tiered struggle for the demarcation of indigenous territories and legal representation vis-à-vis the state.

That the "Indian problem" is a "problem of the land," as José Carlos Mariátegui wrote famously in his *Siete ensayos* (1928) in the early twentieth century, is indeed still the case, although not only for the reasons he imagined when contemplating the urgency of agrarian and political reform in the Andes. Yet contemporary indigenous theorists in Brazil share with the father of Peruvian socialism a critique of capitalist modes of production, land title, and material labor. As Native organizers put it to me during their 2010 protests of FUNAI leadership and national indigenist policy, "the Indian *is* land, and from it cannot be separated" (AIR, "Quem Somos."). The gamble inherent in this assertion is twofold: On the one hand, it could validate the dangerously common perception that urban and other "post-traditional" Native peoples are somehow less indigenous than their counterparts who live in rural, more "traditional" areas.[32] On the other hand, it risks disappearing Native peoples into the rainforests and subsuming their needs and interests into competing discourses of environmental protection and development.

It has long been the case, of course, that for any number of reasons, some people choose to disassociate themselves from indigenous ways of life and leave their communities indefinitely. But those who do self-identify with indigeneity in political terms, regardless of where and how they live and work, do tend to prioritize the land and its protection —some in terms of the sacred; some in terms of the environment; some who argue both positions and see them as indivisible. In Brazil, this association provides key linkages to growing inter-American and global indigenous movements, and serves as one common ground for the indigenous/nonindigenous

---

31 See Shaw 168-169.
32 On post-traditional Indians, see Warren, *Racial Revolutions*.

alliances that will continue to be necessary if those movements are to project indigeneity into the future as a form of self-identification, a politics, or an ethics of which non-Natives might also partake.

In an effort to offset romanticized perceptions of his community and introduce non-Native audiences to basic tenets of Terena spirituality, religious scholar Lúcio Paiva Flores underscores the diversity among the indigenous peoples living inside Brazilian borders and emphasizes the varying degrees to which they have embraced dominant religious forms (and particularly, Christianity) and melded them with Native beliefs and practices. He emphasizes the importance of working toward a harmonious relationship with the natural environment, and observes that, "this practice is increasingly discovered and lived by...[non-Native] peoples" (Flores 15, 2003). Certainly, one does not have to live in or near Amazonia in order to respect the earth, but "it is in the forests, in rivers, and alongside the animals," Flores suggests, that indigenous peoples replenish their dreams and construct their utopias to bring about "harmony between humans and nature so that they can develop into one sole being" (15-16). Such harmony, in his view, requires and produces social sustainability and equilibrium:

> Complete order is not ideal; [but] neither is disorder. It is [a] dual principle of complementarity, unlike [in] occidental philosophy, which sees...[humans] as antagonists in a constant battle that someone has to win.... From that kind of [dualistic] thinking derives the scheme of salvation that is absent from indigenous thought. Without the never-ending struggle between heaven and hell, who is there to save? And from what? (30)

Flores goes on to explain how the balance at work in the natural world also exists, ideally, in the human world, thus transforming human qualities and experiences into an undivided continuum rather than a series of opposing forces and interests that can only be folded into life as a zero-sum game and realized at one another's expense:

> The eternal struggle for the side of good is a human tendency that, in turn, condemns that which is evil. The difficulty, perhaps, rests on the boundary where one ends and the other begins.... In indigenous thought, evil is not so evil, and...life without it would not need to be tipped in the other direction on the scale [because] there would be no such scale. 'Balance' would not be necessary,

because everything would already be on just one of the two plates, with no counterweight (40).

Like other indigenous activists and intellectuals in Brazil, then, Flores suggests that the inevitable connectedness of human experience makes social enmity nonsensical, for to harm others is to harm oneself. Reciprocal consideration, on the other hand, is a social, cultural, and political duty without which community as an abstract concept is meaningless, and community as a lived project will always be destined to failure. As Alfred writes: "indigenous conceptions and the politics that flow from them maintain in a tangible way the distinction between various political communities and contain an imperative of respect that precludes the need for homogenization" (48). Without the "assimilative impulse" of Western sovereignty, coexistence can be achieved without violence and without the whole host of political, legal, social, and cultural structures through which violence is either realized or held in abeyance as a hegemonic impulse toward compulsory cohesion. Flores's proposal resonates with a belief broadly held and articulated strategically by Native Brazilians that *self* and *Other* are inextricably bound, and that in order to rethink dominant sovereignty to achieve peace among human communities, and between humankind and the natural world, indigenous knowledge must be acknowledged as much more than a "cultural artifact" (Alfred 49).

A Political Aesthetics of Memory

Writer and activist Eliane Potiguara, who founded the Grupo de Mulheres Indígenas in 1979 and participated in the discussions that culminated in the U.N. Declaration on the Rights of Indigenous Peoples, has been at the forefront of this initiative. Her efforts exemplify how creative cultural production has become a vital mechanism through which Native Brazilians are working to reshape mainstream political debates, rethink the past, and remake the national imaginary on more democratic terms. I shall give her the last word.

In her 2005 book, *Metade cara, metade máscara*, Potiguara intersperses historical narrative, political commentary, and policy suggestions with short stories and poetry. A mythical Native couple, Cunhataí and Jurupiranga, appears at several junctures in the text as a reminder of the rootedness of indigenous politics in Native cosmologies and renderings of the past. In the penultimate chapter, Jurupiranga sets off in search of his partner, who has been enslaved by colonizers. I cite briefly from a very long passage:

> He crossed rivers, mountains, valleys, and saw hundreds of peoples brought down by ... war: entire villages destroyed; ... crestfallen communities working for the Jesuits; Natives ... farming cotton, coffee, corn, rice, ... and millions of cadavers. ... He saw Natives working in the mines of Potosí; colonization due to tin, gold, silver, coal, marcasite, sugar cane, wood, and ... latex. He saw hundreds of peoples fall to the bayonets of the neo-Americans, English, Dutch, French, Spanish, Portuguese, even the Brazilians. ... He travelled through the present, past, and future. He ... fell ill with the worst diseases of the invaders: tuberculosis, typhoid, malaria, scarlet fever, lunacy. ... Across the centuries, Jurupiranga, armed with his lance, fought the enemies. ... He had but one objective: to find his community and rebuild it to last ... in peace and love (127-128).

Thus Potiguara renders the post-Conquest indigenous experience in a few pages. Born of this mournful rendering of Brazil's "Indian" past, however, is also the protagonist's dream:

> He... heard... warriors speak and be ... respected. ... He saw tables covered with maps of self-defined indigenous territories and negotiations ... to achieve ... peace. White men ... honored the decisions of the Natives because there were statutes, laws, international mechanisms, treaties, and articles in the Constitution that had been labored over, by Natives, for centuries ... He saw the indigenous university full of young people ... —writers of their own history. ... Indigenous women were respected. ... The elderly were venerated; ... He dreamt of all the legends, songs, hymns; all the techniques of artisanship, cooking, agriculture; all the rules and ethics, life origins, spiritual principles; all the forgotten dreams of the shamans of all times, and the indigenous intellectual property encompassing the most noble biodiversity of nature. [Then] ... Jurupiranga ... awoke. ... [R]eborn, ... he managed to find the road from which he had departed five hundred years earlier. Like a divine wind...he continued steadily into his village—*his indigenous nation*—remade ... with ... the *consciousness of the people* (128-130, original emphasis).

And so, in Jurupiranga's dream —and for now, only there— Potiguara can realize the alternative sovereignty claims through which Brazil's Native peoples are empowered vis-à-vis the dominant society in the realms of cultural practice, philosophy, education, law, and politics by strengthening a vision of indigeneity through which past and future, tradition and modernity, spirit and body, self and Other coexist for the well-being of indigenous and nonindigenous peoples alike.

Potiguara's politicized aesthetics of memory may seem conservative in light of the challenges faced today by Native peoples in Brazil. But her directive to consider the value of indigenous knowledge to reframe and confront those challenges is, in fact, rather revolutionary. The task she places before us is not to transform prophecy into policy, as if there were some simple correspondence between the two, but to reassess the political and understandings of the past that shape it from perspectives that value the reciprocity and deference inherent in non-hegemonic notions of sovereignty. Potiguara's work resonates with that of Native communities across the Americas who impel us to understand that, as Turner puts it, "indigenous ways of understanding the world are valuable...for the survival of all people" (237). And departing from this premise, we might well appreciate that not every identification with subaltern difference is a colonialist one; and we might well find it appropriate, especially on the darkest of days, to think that we all are, indeed, Guarani-Kaiowá.

Bibliography

Acampamento Revolucionário Indígena (AIR). "Quem somos." Web. <http://acampamentorevolucionarioindigena.blogspot.com>.

Agamben, Giorgio. *Homo Sacer*. Stanford: Stanford University Press, 1998.

—. *State of Exception*. Chicago: University of Chicago Press, 2005.

Alfred, Taiaiake. "Sovereignty." *Sovereignty Matters*. Ed. Joanne Barker. Lincoln: University of Nebraska Press, 2005.

Anaya, S. James. *Indigenous Peoples in International Law*. Oxford: Oxford University Press, 2004.

Anzaldúa, Gloria. *Borderlands/La Frontera*. 3rd ed. San Francisco: Aunt Lute, 2007.

Arguedas, José María. "No soy un aculturado." Lima, October 1968. *El zorro de arriba y el zorro de abajo*. Lima: Horizonte, 1988. 13-14.

—. *Los ríos profundos*. Madrid: Cátedra, 1995.

—. *El zorro de arriba y el zorro de abajo*. Lima: Horizonte, 1988.

Barnhardt, R. and A. O. Kawagley. "Indigenous Knowledge Systems and Alaska Native Ways of Knowing." *Anthropology and Education Quarterly* 36.1 (2005): 8-23.

Cerqueira, Cleymenne. "A luta não é só contra Belo Monte." *Conselho Indigenista Missionário*, 10 August 2010. Web. N.d. <http://www.cimi.org.br/site/pt-br/>.

Cintra, Leda Rita, ed. *Escritos indígenas: uma antologia*. São Paulo, Editora Caminhos, 2013.

Davis, Shelton. H. *Victims of the Miracle*. Cambridge: Cambridge University Press, [1977] 2009.

Deloria, Vine, Jr. "Philosophy and the Tribal Peoples." *American Indian Thought*. Ed Anne Waters. New York: Blackwell, 2005. 3-14.

Deleuze, Gilles and Félix Guattari. *A Thousand Plateaus: Capitalism and Schizophrenia*. Trans. Brian Massumi. Minneapolis: University of Minnesota Press, 1987.

Devine Guzmán, Tracy. *Native and National: Indigeneity After Independence*. Chapel Hill: UNC Press, 2013.

—. "Writing Indigenous Activism in Brazil." *A Contracorriente* 10.1 (2012): 280-309.

—. "Rimanakuy '86 and other Fictions of National Dialogue in Peru." *Latin Americanist* 53.1 (2009): 75-97.

Gomes, Mércio. *The Indians and Brazil*. Trans. J.W. Moon. Gainesville, FL: University Press of Florida, 2000.

—. *O índio na história*. Petrópolis: Vozes, 2002.

Flores, Lúcio Paiva. *Adoradores do sol*. Petrópolis: Vozes, 2003.

—. "Cultura e a ex-cultura." *Sol do pensamento*. Ed. Eliane Potiguara. São Paulo: Inbrapi / Grumin, 2005. 30-32.

Garfield, Seth. *Indigenous Struggle at the Heart of Brazil*. Durham: Duke University Press, 2001.

Graúna, Graça. "Literatura indígena no Brasil contemporâneo e outras questões em aberto." *Educação e linguagem* 15 (25): 266-276.

Hearn, Kelly. "The Bagua Movement." *The Nation*, 13 July 2009. Web. N.d.

Hemming, John. *Die if You Must: Brazilian Indians in the Twentieth Century*. London: Macmillan, 2003.

IBGE. "2010 Census." Web. N.d. <http://saladeimprensa.ibge.gov.br/en/noticias?view=noticia&id=1&idnoticia=2194>.

—. *Censo demográfico 2010*. Web. N.d. <http://censo2010.ibge.gov.br/en/>.

—. "Os indígenas no Censo Demográfico 2010, primeiras considerações." Web. N.d. <http://www.ibge.gov.br/indigenas/indigena_censo2010.pdf>.

Instituto Socioambiental. Web. N.d. <http://pib.socioambiental.org/pt/c/no-brasil-atual/linguas/introducao>.

Kozloff, Nikolas. *No Rain in the Amazon*. New York: McMillan, 2010.

Kusch, Rodolfo. *Indigenous and Popular Thinking in America*. Trans. María Lugones and Joshua Price. Durham, N.C.: Duke University Press, 2010.

Mariátegui, José Carlos. *Siete ensayos de interpretación de la realidad peruana*. Lima: Amauta, 1928.

Mignolo, Walter. "The Communal and the Decolonial." *Rethinking Intellectuals in Latin America*. Ed. Mabel Moraña. Madrid: Iberoamericana, 2010. 245-263.

—. *Local Histories/Global Designs: Coloniality, Subaltern Knowledges, and Border Thinking*. Princeton, N.J.: Princeton University Press, 2000.

Munduruku, Daniel. "A corrupção do conhecimento ancestral dos povos indígenas." *Sol do pensamento*. Ed. Eliane Potiguara, São Paulo: Inbrapi / Grumin, 2005. 20-24.

—. *Coisas de índio*. São Paulo: Callis, 2003.

Payaya, Juvenal. "Reflexões indígenas sobre direito e propiedade." *Sol do pensamento*. Ed. Eliane Potiguara. São Paulo: Inbrapi / Grumin, 2005. 37-41.

Potiguara, Eliane. *Metade Cara, Metade* Máscara. São Paulo: Global Editora, 2004.

—. Ed. *Sol do pensamento*. São Paulo: Inbrapi / Grumin, 2005.

Provedello, Maysa. "Marcos Terena: Em busca de reconhecimento." *Desafios do Desenvolvimiento* 8 (2005). Web. N.d.

Ramos, Alcida Rita. "Brasil no século XXI." BRASA Conference. Centro de Convenções e Eventos, Brazil. 22 July 2010. Conference presentation.

—. *Indigenism: Ethnic Politics in Brazil*. Madison: University of Wisconsin Press, 1999.

Rawls, John. "Justice as Fairness: Political not Metaphysical." *Philosophy and Public Affairs* 14.3 (Summer 1985): 223-251.

Ribeiro, Darcy. *Maíra*. São Paulo: Círculo do Livro, n.d.

Santos, L.A.O. *Hydroelectric Dams and Brazil's Xingu River*. Cambridge: Cultural Survival, 1990.

Scholze, Lia, ed. *Estatísticas sobre Educação Escolar Indígena no Brasil*. Brasília, D.F.: Instituto Nacional de Estudos e Pesquisas Educacionais Anísio Teixeira, 2007.

Shaw, Karena. *Indigeneity and Political Theory*. New York: Routledge, 2008.

Souza Lima, Antonio Carlos de. *Um grande cerco de paz: Poder tutelar, indianidade e formação do estado no Brasil*. Petrópolis: Vozes, 1995.

Terena, M. Marcos. "Vôo do Índio." Letter to journalist Zózimo Barroso, 26 Jul. 1990. *Folha do Meio Ambiente*. 26 Apr. 2007.

Terena, M. Marcos and Ateneia Feijó. *O índio aviador*. São Paulo: Moderna, 1995.

Tuhiwai Smith, Linda. *Decolonizing Methodologies: Research and Indigenous Peoples*. London: Zed, 1999.

Turner, Dale. "Oral Traditions and the Politics of (Mis)Recognition." *American Indian Thought*. Ed. Anne Waters. Malden, M.A.: Blackwell, 2004. 229-238.

Vargas Llosa, Mario. *La utopía arcaica: José María Arguedas y las ficciones del indigenismo*. Mexico City: Fondo de Cultura Económica, 1996.

Vine, Deloria Jr. "Philosophy and the Tribal Peoples." *American Indian Thought*. Ed. Anne Waters. New York: Blackwell, 2004. 3-14.

Warren, Jonathan W. *Racial Revolutions: Antiracism and Indian Resurgence in Brazil*. Durham, N.C.: Duke University Press, 2001.

Weber, Max. "Politics as a Vocation." *From Max Weber: Essays in Sociology*. Eds. H. H. Gerth and C. Wright Mills. New York: Oxford University Press, 1946. 77-128.

U PÁAJTALIL MAAYA KO'OLEL:
BRICEIDA CUEVAS COB'S *JE' BIX K'IN* AND THE
RIGHTS OF MAYA WOMEN

Paul Worley
Western Carolina University

Tortillas, Rights

In 2010 the Instituto para el Desarrollo de la Cultura Maya del Estado de Yucatán (INDEMAYA) conducted what it called its "Tortipack Campaign." Printed on eco-friendly paper and distributed to tortillerías throughout the state as paper in which to package tortillas or "tortipacks," these bilingual Maya / Spanish documents intervened in regional, national, and international discourses on human rights through their elaboration of seventeen rights possessed by Yucatec Maya women. As opposed to other methods, INDEMAYA deemed the tortipack an effective method of disseminating these rights due to the fact that purchasing tortillas is a daily activity for most Maya women ("Proteger"). Given that tortilla production or acquisition in Yucatán is an almost exclusively female endeavor, it goes without saying that through the tortipacks, INDEMAYA sought to place these rights directly into the hands of Maya women, and to this end the group distributed over 700,000 tortipacks from March to October.[1]

As described in the tortipack, the seventeen rights of Maya

[1] The rights were later reproduced in a brochure and distributed at the Feria del libro maya on December 19, 2012.

women are as follows: to be protected by their families, communities, and governments; to speak the Maya language; to have their work recognized both within the home and outside of it; not to be mistreated physically, sexually, or psychologically; to be informed about methods of birth control; to select the method of birth control they consider most appropriate; to select their spouse freely without any pressure, or not to marry at all; to participate actively in assemblies through their voices and votes; to have access to public resources for their projects; to receive health, education, and job-related services; to hold political office in their communities; to decide about the management of natural resources in their communities; to receive information about their rights; dignity; to share responsibilities and pleasures equally with men; to be recognized as important despite the physical differences between men and women; and to live according to the customs and traditions of their communities. The tortipacks thus recognize and promote Yucatec Maya women as citizen-subjects capable of full participation within the home and at all levels of governance. It is interesting to note that only two of these, the second and the seventeenth, are explicitly cultural, while numbers four through seven center on a woman's right to her own body, and number fourteen asserts a woman's right to dignity. The remaining ten address broader problems of gender inequality that could be said to apply to women living in the United States or elsewhere as much as to Yucatec Maya women in Mexico.

While addressing broader cultural concerns like the right to one's maternal language, the tortipacks also speak to ongoing conditions of gender inequality within Maya communities themselves through the inclusion of such rights as the right to an education, the right to contraception, and the right to a voice in community politics. Despite the existence of national and international laws that already protect women's rights, INDEMAYA maintains that:

> las Mujeres Mayas conocen poco estas Leyes y basta con salir a las Comisarías del Estado para darnos cuenta que son lugares en donde a las Mujeres no se les respetan tan siquiera sus Derechos fundamentales, por lo que se considera de suma importancia promover la difusión de esos Derechos para que llevándolos hacia ellas, se disminuya el grado de discriminación de que son víctimas y puedan hacer efectivo su derecho a tener Acceso a la Jurisdicción del Estado. (INDEMAYA)[2]

---

2 See also Kellogg 90-126 for a lengthy discussion of the status of indigenous

In other words, informing women of their rights via the tortipacks was not so much the final goal of the project as it marked the beginning of a process through which Yucatec Maya women, having gained a better understanding of their rights, might begin the active exercise of these rights in their communities and beyond. As an example of state-sanctioned indigenous activism, the tortipack can thus be read as a document that mobilizes human rights discourses in the context of neoliberal multiculturalism, interpellating indigenous women "as members of the nation-state [which] implies access to rights articulated in the constitution and laws" (Moksnes 6).

I would argue that this diversity of rights, many of which are not particular to Maya women, does not so much reflect a gesture towards a Western or even a universal feminism as it speaks to an indigenous feminism that asserts the particularities of being both indigenous and a woman, mobilizing international human rights discourse in order to seek official recognition of the cultural, discursive, and material agency exercised by Yucatec Maya women in local, regional, national, and international spheres (see Moksnes 7-9; Nash 25-26).[3] By imbricating particular cultural concerns with more universal issues of femininity, the tortipack advocates Yucatec Maya women's rights in terms of ethnic and gender differences without privileging one over the other. I call this gesture "indigenous feminism" in order to highlight its differences with more generalized elaborations of the rights of indigenous peoples as well as to point to how this and other articulations of the rights of indigenous women intervene in international feminist discourses. Using Article 1 of the 1995 Beijing Declaration of Indigenous Women as an example, June Nash notes how indigenous women often refer to motherhood as a basis of identity, in essence using language

women in contemporary Mesoamerica.
3   I understand these forms of agency as different and yet overlapping. In her critique of how humanists and anthropologists view cultural agency, Doris Sommer describes how culture can be both "a vehicle for agency" or creativity as well as a type of "repressive agency" or limitation (13). The same could be said to apply to discursive (linguistic) and material agency. As such, as pointed out by Judith Butler, speech acts can be "a rite of institution" in which subjects participate and "insurrectionary acts" (145). Although he includes it under his broader term *control cultural*, I believe that Guillermo Bonfil Batalla offers a succinct depiction of the material in material agency when he defines material cultural elements as "tanto los naturales como los que han sido transformados por el trabajo humano" (50). We may add to this as well the agency exercised upon material objects through human labor.

rejected by many Western feminists (25-26). Taking similar issue with Western feminism, Cree lawyer Mary Ellen Turpel describes the Native Women's Association of Canada (NWAC) and the Inuit Women's Association (IWA) as "not feministic in nature" insofar as they "do not strive for complete 'equality of men and women' in all areas," noting that the NWCA, "appears to accept genuine cultural role distinctions" (95). Rather than rejecting the term "feminism" outright, I believe that these indigenous discourses contest hegemonic feminist discourses and point to other modes of femininity. Originating from this position of difference, documents like the tortipack participate in the articulation of an indigenous feminism.

Using the recently concluded tortipack campaign to ground its discussion within the context of the struggle for Yucatec Maya rights in the Yucatán peninsula, this article explores the representation of Yucatec Maya women and Yucatec Maya women's rights in the volume of poetry *Je' bix k'in 'Like the Sun'* (1998) by the Yucatec Maya writer Briceida Cuevas Cob. Although Cuevas Cob does not necessarily participate in INDEMAYA or its work, one finds that her writing anticipates and goes beyond the "official" elaboration of Yucatec Maya women's rights produced by INDEMAYA, underscoring the ambivalent material outcomes of neoliberal approaches to citizenship in Yucatán. Examining this work as an example of life writing, I argue that *Je' bix k'in* constitutes a critical aesthetic intervention into discourses on feminism and the nature of the linguistic, cultural, and gender rights of Yucatec Maya women in the same way that the tortipack intervenes in these discourses from a more officially political angle. I demonstrate how Cuevas Cob's use of Yucatec Maya women's voices in portraying their everyday lives configures literature as a site for the enactment of Yucatec Maya women's rights through its representation of multiple, multifaceted Yucatec Maya female subjectivities.

Contemporary Yucatec Maya Literatures

Before proceeding to a specific discussion of Cuevas Cob and her work, a few words on Yucatán and contemporary Yucatec Maya literature in particular are in order. Although a thorough discussion of the matter lies far afield from the discussion at hand, any treatment of contemporary Mayaness in Yucatán must begin with the recognition that "Maya" is not as widely used as a primary term of identity as some might expect. Rather than being unique to Yucatán, others have made similar observations about Guatemala (Little 122). In Yucatán, for example, anthropologist Juan Castillo Cocom notes that some Yucatec Maya speakers tend to identify primarily with their communities instead of a broader ethnic group ("Maya Scenarios" 19). For him, the notion of "Mayaness" is a Western construct ("Maya Scenarios" 19; "El Quincux" 259-260). As Castillo Cocom's observation entails, while the use of "Maya" may be on the rise, there are many other terms of identity currently employed among Maya-speakers, among them *masehual, mayero, catrín*, and mestizo (Castañeda 19; Güémez Pineda "Mujer"). However, "mestizo" in this case does not designate the mixed-race Mexican national subject but the peninsula's indigenous residents, a shift in signification that dates to Yucatán's 19th-century Caste War (Joseph 142-143; Hervik 50). Thus, while an indigenous woman on the peninsula may be called a mestiza because of her dress, culture, and language, when the peninsula's non-indigenous female residents wear the traditional *huipil* for formal events, they pretend to be neither Maya nor mestiza (Castañeda 19). Within this context, it would be difficult for one to separate the use of the term "Maya" by organizations such as INDEMAYA from a broader, more diffuse effort of ethnic consciousness raising among the peninsula's residents. The group Maya'on makes this clear through the literal meaning of its name, "We are Maya."

As such, it would be as difficult to argue that authors who see themselves as writing "Maya literature" do not likewise participate, officially or unofficially, in these efforts. Indeed, the recent history of what we may call Yucatec Maya literary activism demonstrates the intimate connection between writing and the development of Yucatec Maya cultural consciousness. Given the space allotted me, my intention here is to include in this history the names and works of representative Yucatec Maya authors who have published during the last thirty plus years. A complete history of contemporary Yucatec Maya literary activism would necessitate an entire separate volume, and thus remains to be written.[4]

The earliest document on reading and writing in Yucatec Maya that I have been able to find is the "Declaración de la ortografía

---

4   There are several excellent essays and author biographies that deal with these topics. See Montemayor and Frischmann, Rosado Aviles and Ortega Arango, Leirana Alcocer, and Ligorred 121-140, in the Works Cited.

práctica y morfología del sustantivo del maya-yucateco," written in 1980 by a group of intellectuals in Pátzcuaro, Michoacán.[5] Dated a year later, taped inside this document there is a bilingual letter signed by the "Estudiantes mayas de Etnolingüística." Addressed "Ti u kaajil maya," 'to the Maya people,' the letter marks an attempt to disseminate a standardized Maya orthography, claims that all peoples have a right to their own languages as well as a right to write in them, and states that soon the Maya people will once again have books written in their own language ("Declaración" n.p.). Several signatories of the Pátzcuaro declaration would go on to participate in establishing the better-known 1984 alphabet ("Memoria" 42-43), but this letter and the declaration it accompanies outline Yucatec literary activism's roots and establish a connection between literature and consciousness-raising through its use of the word "maya." It is no coincidence, then, that three people who would go on to become literary and cultural giants, Domingo Dzul Poot, Hilaria Maas Collí, and José Tec Poot, are also listed as having participated or as being present during the 1984 meetings ("Memoria" 42-45).[6]

Dzul Poot is among those who worked on the monumental Maya Cordomex Dictionary, originally published in 1980. In addition to his work on the 1984 alphabet, in the 1980s he also published several bilingual volumes of Yucatec Maya literature.[7] Among her other works, Maas Collí compiled and published stories recorded by the Cuban Anthropologist Manuel J. Andrade during his work with the Carnegie Project in and around Chichén Itzá in the 1930s in a bilingual Yucatec Maya-Spanish format. Through her position with the Universidad Autónoma de Yucatán's Centro de

---

5   The title page lists the place and date of publication as Pátzcuaro, Michoacán November 1980. The Introduction is dated July 1980 (9), and although the "Declaración" itself (21-29) makes no explicit mention of when it was written, it cites the "Diccionario Maya Cordomex," which was published in 1980. More research needs to be done on this document and the extent to which it participates in the legacy of the Primer Congreso Indigenista Internacional, which was held in Pátzcuaro in April 1940. For a more thorough discussion of Yucatec Maya alphabets, please see Michal Brody's articles listed in the Works Cited.
6   Dzul Poot and Tec Poot are listed among the participants (42-43). Maas Collí's name appears next to that of Refugio Vermont Salas as one of two people representing the Departamento de Estudios sobre Cultura Regional de la Universidad de Yucatán (45).
7   Please refer to the bibliography for representative titles by authors mentioned in the article, such as Dzul Poot, Jorge Cocom Pech, Feliciano Sánchez Chan, and Waldemar Noh Tzec.

Investigaciones Regionales (CIR), she continues to give classes in the Yucatec Maya language to an array of foreign researchers, Mexican nationals, and Mayas alike. A key figure in the establishment of Yucatec Maya workshops in the early 1980s, José Tec Poot and his career bring us closer to the author under examination here. Tec Poot was among the second generation of students to graduate with a bachelor's degree in anthropology under the direction of Alfredo Barrera Vásquez, and even had use of the famous mayologist's personal library (Orilla 37-38). I emphasize Tec Poot's training and the relationships he had with non-Maya researchers, as these would eventually lead him to a meeting with the Mexican writer and intellectual Carlos Montemayor in Mexico City. When Tec Poot, then director of the Unidad de Culturas Populares de Yucatán, explained the need of improving the quality of Maya Yucatec language materials produced by Culturas Populares, Montemayor proposed establishing a methodology for improving these publications in the form of Maya-language literary workshops. La Dirección General de Culturas Populares officially approved the Taller de Literatura Maya in 1982 (May May 351).

Some works of literature produced through these workshops were eventually published under the name "Maya Dziibo'ob Bejla'e," 'Contemporary Maya Writing,' and the list of workshop participants grew to include writers from throughout Yucatán and Chiapas.[8] Certainly, the workshops and Montemayor's role in them have been heavily scrutinized (Ligorred 126). It should be noted, however, that one of the participants, Miguel May May, describes how working as a group enabled the participants to understand better how different Maya-speakers in Yucatán expressed themselves, as well as to learn the forms of expression they had in common with each other (352). As outlined by May May, this process points back to the connection between literature and consciousness-raising.

---

8   Some volumes in the first series were published by Maldonado Editores, the Consejo Nacional para la cultura y las artes (CONACULTA), and Culturas Populares beginning in 1990. Others were published in 1994 by the Insituto Nacional Indígenista (INI). The second and third series were also published through the INI in 1996 and in 1998, respectively. There are several volumes published by Culturas Populares around the time the workshops began in 1982 that would later appear as part of the Maya Dziibo'ob series, and a number of the promotores culturales who wrote these documents also participated in the workshops. It is unclear, however, if these were the first documents produced in the workshops or if they preceded them.

Several workshop participants who published through the Maya Dziibo'ob series have enjoyed a good deal of success publishing outside of it, among them Cuevas Cob and Feliciano Sánchez Chan. While Cuevas Cob is best known for her poetry, Sánchez Chan has published drama, the volume of poetry *Ukp'éel wayak' / Siete sueños*, and edits an Instituto de Cultura de Yucatán (ICY)-sponsored series of Maya literature.[9]

Given this chapter's focus on Cuevas Cob, her native municipality of Calkiní in the peninsular state of Campeche merits special mention for its own literary traditions. In addition to being home to the Taller Literario de Calkiní, a group in which Cuevas Cob has participated, the region is also home to the novelist and poet Jorge Cocom Pech and the poet Waldemar Noh Tzec. The former published his *Mukult'an in nool 'Secretos del abuelo'* through the Universidad Nacional Autónoma de México (UNAM) in 2001, framing its publication as part of the larger rebirth of Maya voices (ká síijil t'an) in which written literary texts are testaments to the power of Maya oral tradition (Cocom Pech 24). By comparison, writing about Maya language in his poem, "Chan kuchdzón" 'Soldadito,' Noh Tzec says that he will discharge the weapon in the plaza, but that

> (éstas son las municiones de mi fusil
>
> mi boca
>
> mi dentadura
>
> mi lengua
>
> mi garganta
>
> mi voz
>
> mi discurso). (84)[10]

Noh Tzec thus articulates one's language as the equivalent of a weapon, and it should be noted that the Yucatec Maya linguist Fidencio Briceño Chel cites these very same lines in his essay on contemporary uses of Yucatec Maya and Mexico's 2003 law on the linguistic rights of indigenous peoples (98-99). As we shall see, in her work Cuevas Cob adopts a similar approach to language and

---

9   He is also one of the playwrights whose work is profiled in Underiner's *Contemporary Theater in Mayan México* (101-120).
10   I assume most readers will be conversant in Spanish (as opposed to Yucatec Maya). As such I follow the Spanish translation of these poems, citing the Maya where appropriate.

power, using literature as means through which to give expression to the multifaceted voices and experiences of Yucatec Maya women.

Je' bix k'in: Briceida Cuevas Cob's Lives of Yucatec Maya Women

Briceida Cuevas Cob (b. 1969) is one of the most accomplished contemporary Yucatec Maya poets.[11] In addition to having had her work included in numerous anthologies, to date Cuevas Cob has authored three volumes of poetry, *U yok'ol auat pek' tí u kuxtal pek' 'El quejido del perro'* (1998), *Je' bix k'in 'Como el sol'* (1998), and *Ti' u billil in nook' 'Del dobladillo de mi ropa'* (2008).[12] The focus of this article, *Je' bix k'in*, was originally published as the first volume in the third series of the Carlos Montemyor-edited Maya Dziibo'ob Bejla'e, with many of its poems being later recollected in *Ti' u bilil in nook'*.[13]

The 22 poems in *Je' bix k'in* move chronologically through the life spans of Maya women in an anonymous, apparently rural, town referred to as "el pueblo" in the book, dividing these lives into three sections: childhood ("Tu primer arete"), adulthood ("Como el sol"), and death ("Canción triste de la mujer maya," which is further divided into three subsections). I've chosen specifically to analyze this work because of its explicit focus on the lives of Yucatec Maya women and, in particular, its inversion of the representational mode usually associated with the life writing of subaltern subjects. That is, while many such life narratives could be said to "tell of human rights violations" in the context of international discourses on human rights (Schaffer and Smith 1), Cuevas Cob's text does not emphasize rights violated or denied. Rather, by focusing on the agency that Yucatec women exercise in their daily lives, *Je' bix k'in* articulates a vision of Yucatec Maya women's rights that goes beyond the human rights precepts of the Mexican nation-state

---

11 The current essay expands on a previous work by the author; see chapter 5 in Paul M. Worley, *Telling and being Told: Storytelling and Cultural Control in Contemporary Yucatec Maya Literatures* (Tucson: University of Arizona, 2013). Reprinted by permission of the University of Arizona Press.

12 For a brief biographical and bibliographic sketch see Montemayor and Frischmann 181.

13 There are differences in the orthography, edition, and translation of poems in these two editions. Given that this article treats *Je' bix k'in* as a whole, citations are from the poems as they appeared in this volume in 1998.

and international actors such as the United Nations, recognizing the rights these women already claim and already exercise regardless of whether or not they are officially sanctioned by these other entities.

The volume elaborates a wide range of life experiences, from a mother's hope ("Irás a la escuela"), to frustrated love ("La punta de mi rebozo"), and mourning the loss of one's mother. However, these poems' poetic voices often defy this linear orientation, taking the forms, for example, of a mother addressing her pregnant daughter or a daughter lamenting the passing of her mother. That is, within the volume's chronological, linear progression, the poems themselves emphasize the cyclical nature of existence, as poems that deal with childhood, for example, also articulate the intergenerational ties between mothers and daughters, grandmothers and granddaughters. In doing so, even if one argues that the volume traces the chronological lifespan of a single woman, it must also be recognized that the work situates that woman within the multigenerational social networks of her own family and the rest of her town, moving back-and-forth between the particular voices of individual poems and the universalizing gestures made by these very voices. For example, as the poetic voice of the final poem agonizes over her mother's passing, she refers to her mother as the "niña de mis ojos" (Cuevas Cob 68). We can contrast this mourning with the end of the first poem, in which an as-of-yet unborn woman is told that her mother "renacería con tu nacimiento" (Cuevas Cob 39). The volume thus begins and ends with cycles of death and rebirth, optimistically emphasizing the continuity and solidarity of these women across generations.

This sense of birth and rebirth, however, does not entail an essentialist vision of Maya subjectivities over time. The second poem of the first section, "U ak'abil tu chibil uj" 'Noche de eclipse,' juxtaposes popular wisdom about what pregnant women must do during an eclipse and the actions taken by the poem's protagonist, dramatizing the tension between tradition and change in the context of cultural and biological reproduction. As noted by the Yucatec anthropologist Miguel Güémez Pineda, while Yucatec Maya women play an important, if not primary role in the reproduction of Yucatec Maya culture, Maya women are themselves dynamic actors in this process ("Mujer"). In the poem, traditional common knowledge takes the form of an italicized incantation addressed to a daughter from her mother in which the latter tells her progeny,

> Hija mía,
>
> préndete los alfileres en la ropa
>
> ponte la pantaleta roja,
>
> bebe el agua con que se lavó el metate
>
> para que mamá luna no deje su manche
>
> *en el cuerpo de tu retoño cuando te rasques.* (Cuevas Cob 39; italics in original)

The pregnant daughter to whom this is spoken refuses to heed this advice, and we are told,

> aquella se rascó las pupilas para que su retoño las tuviera
>
> más negras,
>
> engulló a la luna,
>
> y mientras todos buscaban a la luna con la mirada en el cielo,
>
> la mujer alumbraba al pueblo con la luz que desparramaba su vientre. (Cuevas Cob 40)

Tradition in this case (actions taken so the moon will not stain one) is not forgotten, rejected, or lost, but transgressed as the daughter consciously defies the precepts passed down from her mother, scratching herself in order to darken her unborn daughter's eyes.

The poem can thus be said to echo article 36 of the previously mentioned Beijing Declaration of Indigenous Women, which asks, "That Indigenous laws, customs, and traditions which are discriminatory to women be eradicated" ("Beijing"). By comparison, the tortipack advocates for several rights of Maya women that could be said to be "non-traditional," but only mentions "customs and traditions" specifically when affirming a woman's right to live in accordance with these. As represented in the mother's address to her daughter in the poem, we can consider the vague concepts of "customs" and "tradition" in the light of Bourdieu's *habitus* insofar as these also can be said to "[produce] individual and collective practices ... in accordance with the schemes engendered by history" (82). The daughter eschews the practices laid out by her mother, in essence generating new ones as she gives birth to a member of the next generation. Reflecting these tones of generational conflict within a single household, the daughter's actions have repercussions in the public sphere, as the other townspeople's seeking the vanishing moon in the sky is juxtaposed with a light emanating from the daughter's womb that illuminates the town. In addition to suggesting the passage from one generation to the next, this juxtaposition contrasts the external, now disappeared light of the moon with an internal source that lights the town from within. As a metaphor for childbirth and the cultural agency that women exercise in shaping the new generation they bring into the world, this new light articulates a questioning of traditional generational social norms and values that situates change as a powerful, positive force within the community at large.

The penultimate poem in this section, "Yaan a bin xook" 'Irás a la escuela,' describes the future that awaits a female child upon entering school in terms that reaffirm both Mayaness and Yucatec Maya womanhood through a juxtaposition between school, home, and the knowledges these represent. As such, it is also the poem that most explicitly critiques the relationship between young Maya women, the Mexican state, and its institutional apparatus. Similar to the previous poem, the poem is the address of a poetic voice —perhaps a new mother— to a young child, the poetic voice assuming a position of authority. It also begins with a brief italicized section, once again drawn from common wisdom, about how the ants celebrate the births of boys, who drop bits of ground corn for the ants to eat in the *milpa*, and lament the births of girls, who throw hot water on the ants when they go into the kitchen. The poetic voice breaks with this, saying

> Tú irás a la escuela.
>
> No serás cabeza hueca.
>
> Traspasarás el umbral de tu imaginación
>
> hasta adentrarte en tu propia casa
>
> sin tener que tocar la puerta.
>
> Y contemplándote en el rostro de tu semejante
>
> descubrirás que de tus pestañas,
>
> flechas nocturnas prendidas en el corazón de la tierra
>
> desciende tu sencillez
>
> y asciende la grandeza de tu abolengo. (Cuevas Cob 41)

Despite the straightforward appearance of the first line "Teche' yan a bin xook" —literally "You will go to class" or "You have to go to class"— it expresses not so much a command (the command of "to go" is "xen" in Maya) as a sense of obligation or a description of the future, what things *will* or *must* be like. As such, there is no causal relationship between learning in the formal academic setting of the school and the knowledge the young girl gains. Instead, she comes into her own house, a place created through the power of her own mind and imagination, wherein she discovers both her own "simplicity" and "the grandeur of [her] race" through the face of another Maya woman. That is, through her acquisition of knowledge the young woman passes into adolescence and adulthood, an intellectual inheritor of the greatness of the race of which she is a part. Finally, she comes to this knowledge within the context of the home, and learning from another woman "with a face like [her]," a juxtaposition that recalls the fact that many indigenous peoples experience formal schooling as the degradation of their forms of knowledge at the hands of one whose face is not at all like theirs. The poem thus marks an attempt "to hold on to vital knowledge that mere schooling does not admit" (Franco 464).

The juxtaposition of these forms of knowledge continues throughout the poem: "Tú irás a la escuela / y en el cuenco de las manos de tu entendimiento / contendrás el escurrir del vientre de la mujer de tu raza" (Cuevas Cob 41). Repetition of the phrase "yaan a bin" 'You will go' (compulsive future) is contrasted with "bin a chuk" 'You will hold' (remote future) suggesting a difference in the way these actions are construed by the speaker. Together with the following stanzas, these lines can be read as though the young woman becomes a midwife or otherwise participates in the birth of siblings or cousins, holding the afterbirth of Maya mothers in hands taught by other Maya women, or as a metaphor for her position as the intellectual inheritor of these women. In either reading, it should be noted that among many Maya, how one disposes of the placenta influences both the destiny of the newly born baby and the future fertility of the mother (Güémez Pineda "La concepción"). Whether literal or metaphorical, the young woman's holding the afterbirth in her hands is akin to her holding the future and exercising agency over it.

Moreover, learning to read Latin letters is secondary to

knowledge that facilitates the young woman's exercising agency in this process.

> De su calcañal
>
> descifrarás los jeroglíficos
>
> escritos por el polvo, el sol, y la humedad.
>
> grandes los ojos de tu admiración
>
> contemplarán sus senos desfallecientes
>
> después de haber derramado vida sobre la tierra. (Cuevas Cob 42)

The passage describes a visceral knowledge obtained through this process of watching women after they have given birth—insofar as the young woman learns to "read" the glyphs written by the dust, the sun and the humidity. This difference between reading in the formal sense and reading in the sense expressed here destabilizes the verb *xook* ('to read') in the poem's title. Indeed, which system of knowledge is denoted by "xook" –the one espoused by formal schooling, or the one learned "at the heels of these women"? We know that the young woman learns to read the glyphs written by the dust, the sun, and the humidity, but we never know what the young woman reads at school, an omission that challenges this form of schooling and questions its knowledge.

Driving this point home, the last phrase of the poem begins: "Irás a la escuela / pero volverás a tu casa / a tu cocina (Cuevas Cob 42). Again, "home," to which she returns, is both a metaphor for the physical space of the house as well as the imaginary space the young woman creates through her imagination in the poem's opening. As in the rest of the poem, the return from school to the home becomes a discovery of the self. The young woman returns to the kitchen to tend the fire of its hearth,

> Porque el fogón guarda en sus entrañas un
>
> espejo.
>
> Un espejo en el que estampada se halla tu alma.
>
> Un espejo que te invoca
>
> con la voz de su resplandor. (Cuevas Cob 42)

As others have noted, the Maya three-stone hearth constitutes a "symbol of domesticity [...that] gives meaning to numerous aspects of Maya womanhood" as well as possesses powerful connections to childbirth (Gutiérrez Chong 200-201). As schooling possesses the power to "de-Indianize" indigenous peoples and facilitate their introduction into the national whole, actions such as tending the hearth actualize aspects of Yucatec Maya womanhood across generations, hence the flame's power to "invoke" the young girl "through the voice of its splendor." Moreover, as anyone who has been to Yucatán can attest, the Yucatec Maya kitchen itself is a social space where, in addition to cooking, women also teach, learn, and tell stories.[14] As much as the young woman keeps the kitchen's flame alive, so too is she produced by it, her subjectivity as a Maya woman formed through this creative act of tending the flame that connects her with previous generations of Maya women.

The following section, "Je' bix k'in" 'Como el sol,' contains scenes from the everyday lives of women in Yucatec Maya rural communities. There are poems that deal with the turkeys that many women raise in their *solares* 'patios' (e.g. "X-tux" 'La pava,' "Chan ichkaji tzo'" 'Pavito callajero'), meditations on modes of Yucatec Maya femininity (e.g. "Maan" 'Señora,' "Je' bix k'in" 'Como el sol'), and love poetry (e.g. "U jo'ol in booch'" 'La punta de mi rebozo,' "Ualki tu'na" 'En estos momentos'). As with the previous section, these poems articulate Yucatec Maya women in rural communities as cultural, discursive, and material agents through their portrayal of the diverse roles these women play in their communities. Recognition of the agency they employ in these roles entails a rejection of the simplistic representations of Yucatec Maya women that litter popular culture and thus normalize a singular vision of Yucatec Maya womanhood based on a romanticized, mute passivity.

The poem "Señora," for example, confronts this very sort of imagery. Addressing the woman washing clothes, the poetic voice begins by saying, "son tus senos dos niñas que juegan a golpearse cuando lavas. / El arcos iris de tu mirada se halla tendido en la espuma" (Cuevas Cob 49). The next lines, however, shatter these images: "Quien te viera diría que no sufres. / No sabe que a los pies de tu batea amontas parte de tu / historia" (Cuevas Cob 49).

The poetic voice does not elaborate upon the suffering of the woman washing clothes, thereby enabling the term "suffering" to stand in for the multiple economic, social, cultural, and linguistic burdens that many Yucatec Maya women bear, all of which can

---

14 See also, for example, Lisa Brooks's comments about the Abenaki kitchen as a gathering place "where stories are made" (231).

be found in the dirty clothes gathered at the foot of the washtub.[15] Through the acknowledgement of these burdens, the poetic voice establishes a common ground with the anonymous woman doing her washing. The poetic voice also establishes a separation between itself and the poem's potential readership, as the speaker invites the reader to meditate upon a romantic image of this woman only to call attention to the superficial nature of such representations. As a result, the poem forces the reader to interrogate the oft-promoted image of the smiling Yucatec Maya woman (mestiza) going about her daily chores and fill in the "suffering" alluded to in the poem. The poem progresses:

> Entonas un silbido,
>
> es tu silbido un hilo y en él tenderás tu cansancio.
>
> El viento
>
> es un chamaco travieso que jala tu lavado.
>
> Sobre los árboles de oriente
>
> el sol es un recién nacido que esparce sus tibias y amarillas
>
> lágrimas. (Cuevas Cob 49-50)

The movement of the imagery from the woman's whistling to the wind to the sunrise upends the meanings usually associated with a new day, and the image of two girls at play from the beginning of the poem assumes a different tone as the "mischievous" wind pulls at the woman's laundry and the sun cries. Through these images of the wind and the sun, nature itself becomes an obligation the woman must manage, and we are not remiss in asking to what extent this is a "new" day if the woman's whistling anticipates her later exhaustion.

The final two poems in this section, "U chan ba'tel x-polok yétel x-chuchul" 'Pequeña riña entre la gorda y la flaca' and "U yalmaj xikín na' X-Tel ti' x-Tude" 'Consejo de doña Teodora a Gertrudis,' are the two which most directly poeticize the everyday speech of Yucatec women. The first of these recounts a public spat in which, more than discussing the reasons for their dispute, two women

---

15   Statistically speaking, Maya women in rural areas are more likely to be monolingual and illiterate than their male counterparts (Güémez Pineda "La lengua"). These conditions go hand-in-hand with the fact that their modes of work tend to be "traditional," and so, limited economically (Güémez Pineda "Mujer").

trade increasingly colorful insults until one retreats in the face of the other. As stated by the first woman, "La gorda" 'Fatty,' "La flaca" 'Skinny' "has bruised the youngest fruit of my womb" (Cuevas Cob 50), seemingly a metaphor for a sexual relationship between the former's youngest son and the latter. From this initial salvo the two women insult each other's clothing, allude to sexual escapades, imply the illegitimacy of each other's children, and trade threats. The poem thus shatters the image of the passive, pleasant mestiza, and replaces it with a decidedly bawdier picture.[16] This relates back to the collection's larger project of endowing this figure with agency insofar as these two women are shown to have concerns, doubts, and fights like any other women. Unsurprisingly, they are just as capable of expressing themselves in colorful, shocking terms as well. The poem, however, does not poeticize the performance of this argument as a mere parody. Even as the poem presents the reader with these perhaps unflattering images of Yucatec Maya women, it articulates these in terms of dignity and Mayaness. With regard to the latter, as the women trade insults, they draw parallels between each other and figures within the Maya cultural imaginary. La flaca tells La gorda that of course La gorda has had children, because she is like the x-Tabay, a sexually voracious spirit who seduces young men. In her retort, La gorda compares La flaca to the X-Takay, a bird whose song precedes an argument.

The poem also dignifies these women even as it portrays La gorda and La flaca in what would otherwise be an unflattering light. The introduction to the volume claims this poem shows that even in insults found in Yucatec Maya everyday speech, there is poetry (Cuevas Cob 3).[17] In other words, the colloquial is poetic and textualizing the barbs of these women as poetry shows that these are beautiful and artful in their own way, stances that exalt the everyday lives and voices of Yucatec women, even if these women do not necessarily embody the "honor and modesty" for which they are popularly famed. Moreover, this poetic gesture underscores the Yucatec Maya woman's status as a discursive agent. That is, she is

---

16 Compare this to Gutiérrez Chong's comments on the sexual modesty for which Maya women are supposedly renowned (200). See also Loewe. He states that the everyday speech of Maya women he met in his fieldwork "seemed a lot more irreverent" than what he expected from his reading (xviii).

17 Titled "Algunas cosas acerca de la obra," it is unclear whether this introduction was written by Cuevas Cob or the collection's editor, Carlos Montemayor.

not the idealized, passive object of popular imaginaries but a subject who is as capable of scorn, invective, and conflict as the rest of humanity. In short, while the poem rejects the picture of the passive, smiling mestiza and replaces it with an active image of Yucatec womanhood, the poem nonetheless implies that this more complicated figure is no less beautiful or less worthy of respect.

The section's final poem, "Consejo de doña Teodora a Gertrudis," similarly poeticizes the Yucatec Maya woman's speech and returns to the theme of transmitting wisdom across generations, in this case from Doña Teodora to Gertrudis. As with the voices found in "Noche de eclipse" and "Irás a la escuela," the poem takes shape as the words spoken by a mother to her daughter. She invites her daughter to come and sit at her feet, to listen to her advice. In poetic language, she states that she has noticed that a young man, Susano, has taken an interest in Gertrudis. Teodora warns her that, despite Susano's good looks, "[él] no mide el día como el Señor Sol, / no percibe salario por cuidar la plaza / ni por sostener todo el día al roble en su espalda" (Cuevas Cob 55).

Imploring her daughter to heed her words, Teodora ends the poem with the melancholy realization that

> el amor te ha cerrado los oídos
>
> como tiempo atrás tapó los míos
>
> cuando veía entreabrirse y cerrarse los labios de tu abuela
>
> como se entreabren y cierran ahora los míos. (Cuevas Cob 60)

In addition to the mother (Teodora) and daughter (Gertrudis), the poem represents a multiplicity of Yucatec Maya female subjects through Saturnina, the old maid whose voice is her only progeny (Cuevas Cob 58), and the dissipated Felipa, a woman Teodora claims is drowning in perversion (Cuevas Cob 59). As Teodora's council suggests, Gertrudis should not follow the examples set by either of these women but rather find a suitable, stable partner. In a preceding section, Teodora makes clear the fact that Gertrudis has any number of such desirable suitors among the town's young men, namely Nicolás the mason, Alberto the cobbler, and Arnulfo the butcher (Cuevas Cob 56-57). All of these young men must deal with Gertrudis's indifference towards them.

Indeed, Teodora's overriding fear is that Gertrudis will follow her own example: not heeding the words of her mother and running off to marry a man who lacks a profession and hence the means to provide for his family. The significance of the potential repetition of this life history is that it indirectly points towards discord within the current family. The only male figures within the poem are the suitors and the father/husband, the latter of whom is defined by his absence and the fact that Teodora explicitly compares him with a character like Susano in the lines "el amor te ha cerrado los oídos / como tiempo atrás tapó los míos (Cuevas Cob 60).

In turn, this parallelism between the father and Susano hints at the problems currently endured by the family itself and the mother's disillusionment with the young man who eventually became the absent father/husband of the poem. We can assume that the father, like Susano, "does not measure the day like the Sun" (Cuevas Cob 55), a metaphor for a dissipated lifestyle if not alcoholism, whereas the lines about not receiving a salary for guarding the plaza or leaning on the oak tree allude to the fact that he lacks a profession and spends his days and nights in the plaza.

Teodora's words emphasize the discursive and material agency of Maya women insofar as these women provide advice to others based on their own experiences and make decisions that shape their lives and the lives of their offspring. Teodora's own authority (and her conclusion) has precedence in the fact that her own mother gave her similar advice when she was Gertrudis's age. The intimate power of this conversational tone is all the more apparent when contrasted with the image of Saturnina, the woman whose song is her progeny. Here and elsewhere in the collection, from mother to daughter these words become part of the thread through which these women connect the past, present, and future. By listening, if not also heeding, the daughter embodies the counsel and wisdom that her mother passes down to her. By comparison, although there is a kind of discursive of agency found in Saturnina's song, her voice itself, something that is ephemeral unless taken up and remembered by others, becomes her only legacy. That is, in the absence of connections, the voice and its knowledge are disembodied and have an uncertain future.

The volume's final section consists of three poems under the heading, "U ok'om k'ay maya' ko'lel" 'Canción triste de la mujer maya.'[18] Although these poems explicitly focus upon the death of a nameless woman whose lifecycle comes to a close in these final

---

18 "Ok'om k'ay" is literally, "sad song."

poems, they also fulfill the promise of earlier poems insofar as the knowledge with which these were preoccupied has been transmitted to the next generation in the form of the living daughter who narrates the poem. Despite the mother's passing and her daughter's grief, the mother's physical death does not portend the loss of the culture and/or knowledge. On the contrary, her death closes her single cycle, the continuance of which is represented by the daughter.

A unifying aesthetic feature of the three poems is the onomatopoeic repetition of the woman's grief, "je'iiiiiiiiiin," which begins the first poem (Cuevas Cob 61), closes the final poem and the volume itself (Cuevas Cob 69), and increases in frequency as the poems take the reader from the side of the recently deceased woman to her burial.[19] While earlier poems sought to capture the oral expression of the Maya woman through conversations ("Noche de eclipse"; "Consejo de doña Teodora a Gertrudis"), arguments ("Pequeña riña entre la gorda y la flaca"), or interior monologues ("La punta de mi rebozo"), these final poems constitute a "song" sung by a daughter to her late mother. In a sense, it is a conversation between a mother and daughter similar to the song by the unmarried Saturnina to her unborn children. Gesturing towards the inexpressible, the contraction "je'iiiiiiiiin" verbalizes the fact that for the daughter: "Mi sufrimiento no tiene fin, / Mi sufrimiento no tiene medida" (Cuevas Cob 69).

Beginning with the first poem, the poetic "I" sings her loss in terms drawn from the domestic world of Yucatec Maya women.

> Aquí está mi alma
>
> asida a los pies de tu alma que se eleva como el humo de mi fogón,
>
> madre mía,
>
> porque el pájaro carpintero de tu corazón
>
> ha cesado su muy animoso picoteo en el árbol de tu pecho. (Cuevas Cob 61)

As discussed above, there is a strong cultural connection between Maya women, the traditional three-stone hearth, and motherhood. "Irás a la escuela" textualized the hearth as a mirror that produces and is produced by the women that tend it. Whereas the

---

19 According to a friend, this is an expression of grief derived from "Je'el in wok'ol" 'I am going to cry.'

previous poem connected the hearth with the beginning of one's life, this poem connects the hearth with death through the image of the young woman at the feet of her mother's soul rising like smoke from her hearth. Collectively these images do not so much emphasize the hearth as the ones connected with biological childbirth as they articulate an intimate connection between the hearth and the cyclical production of Yucatec Maya female subjectivities. The image of the mother's spirit ascending like smoke from the hearth of the speaker suggests that the speaker now occupies the center of her own domestic sphere. The speaker has thus reproduced a social space like that once held by her late mother, a move that emphasizes the continuity of Yucatec Maya female subjectivities through the common literal and symbolic experience of tending the three-stone hearth.

This poem continues to destabilize the popular image of Yucatec Maya women (mestizas) and Maya domestic tranquility. The daughter goes on

> Si una vez herí tus ojos con mi atrevimiento,
>
> perdóname, madre mía, perdóname.
>
> Si una vez lastimé la delicadez de tus oídos con la impureza de mis palabras
>
> perdóname, mujer madre, por piedad perdóname. (Cuevas Cob 62)

The mention of domestic squabbles recalls the language of "Pequeña riña entre la gorda y la flaca," hence the daughter's plea that her mother forgive her for the "impurity of [her] words." Moreover, this discord also points to words unheeded, such as those in the pessimistic, cyclical ending of "Consejo de doña Teodora a Gertrudis." Finally, the poem also calls upon the power of the voices of Yucatec Maya women found in the rest of the poem as the daughter worries that her words have wounded her mother's ears. Yet despite these differences and failings, the daughter not only asks her mother's forgiveness but also asks, "¿Por qué me abandonas en la más negra noche?" (Cuevas Cob 61).

The following poem, "Canción triste de la mujer maya mientras llevan a su madre a enterrar," traces the thoughts of a poetic "I" as she accompanies her mother's corpse, presumably from their house, to the cemetery. Having begun with a meditation upon the unexpected death of a mother who "ayer a estas horas conversabas conmigo / con viveza en los ojos, / con viveza en el ánimo" (Cuevas Cob 63), the speaker meditates upon the daily passage of time in the family *solar* within the context of the mother's absence. She begins this passage by asking, "¿Pero qué dirá mi alma / mañana cuando no ve tu rostro? / ¿Mañana cuando mire que tan solo tu hamaca cuelga?" and ends by inquiring,

> Y qué dirá la tarde
>
> cuando se detenga ante la puerta para acariciar tu frente
>
> y no estés?
>
> Je'iiiiiiiiin, je'iiiiiiiiin. (Cuevas Cob 63-64)

In between, the grieving daughter describes two of the daily activities that Maya women commonly undertake, asking

> ¿Qué dirán tus gallinas
>
> cuando te llamen a recoger sus huevos
>
> y no estés?
>
> Je'iiiiiiiiin.
>
> ¿Qué dirán tus pavos
>
> cuando como corredores en maratón
>
> acudan a engullir en la palma de tu mano
>
> y no estés?
>
> Je'iiiiiiiiin. (Cuevas Cob 64)

The poetic articulation of these activities reclaims them as integral to the daily lives of Yucatec Maya women and lays claim to their status as work. As the speaker makes clear, these domestic animals are her mother's, and they respond to her almost as if they were her children, the hens "calling" to her and the turkeys seeking her out "like runners in a marathon." The question "What will they say?" evokes the multiple voices present throughout the text, implying a back-and-forth, intimate relationship between the mother and the animals for which she cares. Their calling out becomes a kind of speech, a speech that her mother understands and to which she can capably respond.

The speaker shifts tone as the funeral procession moves from the domestic space of the home and passes through the town itself on the way to the cemetery. Whereas the speaker describes the interior space of the home in terms of an almost idealized domestic tranquility with the maternal figure as its center, the exterior space of the town is fraught with conflict. The speaker rails against doña Felipa, doña Anastasia, and doña Lorenza,

> Ellas que vertieron el veneno de sus bocas
>
> sobre el nombre de mi madre.
>
> Todas las angustias que a ella le causaron
>
> un día las pagarán. (Cuevas Cob 65)

There is an important shift in address in this passage from the "you" of the mother to an unidentified listener, as the speaker hints at what these women have said about her mother. The daughter's not repeating such accusations in the poem underscores her belief that these are baseless, while perhaps also betraying a very human desire to idealize one's own mother. These are *her* song and *her* voice, her composing the song while silencing and threatening these other women, emphasizing the agency the young woman exercises through the creative act of composition.

Despite these expressions of grief and loss, the volume nonetheless ends by emphasizing the intergenerational ties among many women in rural Maya communities, privileging the cultural, discursive, and material agency that these women exercise in their daily lives. A given woman's life does not end with her death but, as stated towards the beginning of this section, has profound ramifications upon the lives of the women who come after her long after she is gone. Among Cuevas Cob's work, this volume best represents how literature, and in particular poetry, intervene in broader discourses on human rights and feminism through its explicit portrayal of the lives of rural Yucatec Maya women. In recognizing the dynamic contributions these women make to Maya ethnogenesis across generations, the volume places women at the center of creative and intellectual life in rural Maya communities.

Conclusion

On March 28, 2001, Comandanta Esther of the Ejército Zapatista de Liberación Nacional (EZLN) delivered an important address on the state of indigenous people's rights in Mexico's Palacio Legislativo. In her criticism of current national policies with regard to the country's indigenous peoples, Esther described how the recently passed "Ley COCOPA," so-called because of members of the Congress's Comisión de Concordia y Pacificación drafted the law, "legaliza la discriminación y la marginalización de la mujer indígena" ("Derechos"). Her address thus intervenes in discussions about the law while directly critiquing how this law would affect Mexico's indigenous women in particular. This insistence on the particular situations of indigenous women is also reflected in INDEMAYA's tortipack cited at the beginning of this article. By describing the rights that Yucatec Maya women possess in their relationships with their families, communities, and local and national governments, the tortipack promotes a specific kind of agency that Yucatec Maya women can and should exercise.

While not an official declaration on the rights of Yucatec Maya women, Briceida Cuevas Cob's collection of poetry *Je' bix k'in* stakes a claim to similar concerns. However, through their representations of myriad Yucatec Maya female voices, particularly in rural areas, these poems eschew offering us a vision of new subject positions that Yucatec Maya women *could* occupy in favor of describing the multiple positions that they *do* occupy, and hence the forms of agency that they *already* exercise as indigenous women, mothers, daughters, lovers, wives, students, and midwives. The volume articulates these female subjects from a position of difference with regard to Western feminist discourses, in essence claiming a space for the elaboration of Yucatec Maya female subjects and subjectivities in terms frequently rejected by Western feminists.[20] This privileging of difference speaks to an indigenous feminist discourse and an indigenous feminism. One also finds that the volume anticipates many of the rights outlined by INDEMAYA. That is, as demonstrated through the multivoiced quality of Cuevas Cob's poetry, Yucatec Maya women have always been centers of agency. This is not to make light of the material difficulties faced by Yucatec Maya and other indigenous women or idealize the economic hardships many of them face. Rather, these poems bear witness to the fact that the officially elaborated recognition of this agency through human rights discourses, not this agency itself, is what is new. When these women become politicians (Güemez "Mujer") or take on leadership roles in the mechanized factories of multinational corporations (Castilla Ramos), these women are exercising an agency and

---

20   Again, see Nash 25-26.

drawing upon a wisdom passed down from grandmothers to mothers to daughters. Thus Cuevas Cob shows us that, in addition to making these women broadly aware of their rights, the elaboration of Yucatec Maya women's rights is also about recognizing the active roles these women have always played in their relationships with their families, their communities, and beyond.

Bibliography

Andrade, Manuel J. and Hilaria Maas Collí, eds. *Cuentos mayas yucatecos*. 2 vols. Merida: Ediciones de la Universidad Autónoma de Yucatán, 1990-2000.

"Beijing Declaration of Indigenous Women." *Indigenous Peoples Council on Biocolonialism*. IPCB, N.d. Web. 29 Jan. 2013. <http://www.ipcb.org/resolutions/htmls/dec_beijing.html>.

Briceño Chel, Fidencio. "Los (nuevos) usos de la lengua maya ante la ley general de derechos lingüísticos." Eds. Julio Robertos Jiménez, Ever Canul Góngora, and Manuel Buenrostro Alba. *Los mayas contemporáneos*. Mexico: Plaza y Valdés, 2008. 87-101.

Bonfil Batalla, Guillermo. *Pensar nuestra cultura*. México: Alianza Editorial, 1991.

Bourdieu, Pierre. *Outline of a Theory of Practice*. Trans. Richard Nice. Cambridge, UK: Cambridge University Press, 1977.

Brody, Michal. "El camino serpenteado al alfabeto popular: Guerras, teguas, y el caso distintivo del maya yucateco." N.d. Web. Web. 15 Sept. 2011. <http://www.mayas.uady.mx/articulos/camino.html>.

—. "A la letra: un microanálisis de grafemas variants en el maya yucateco actual." N. d. Web. 15 Sept. 2011. <http://www.mayas.uady.mx/articulos/brody.html>.

Brooks, Lisa. "At the Gathering Place." *American Indian Literary Nationalism*. Eds. Jace Weaver, Craig S. Womack, and Robert Warrior. Albuquerque: University of New Mexico Press, 2005. 225-252.

Butler, Judith. /Excitable Speech/: A Politics of the Performative. New York: Routledge, 1997.

Castañeda, Quetzil E. "'No Somos Indígenas!': Gubernamentalidad y la Identidad Maya de Yucatán." Eds. Juan A. Castillo Cocom and Quetzil E. Castañeda. *Estrategias identitarias: Educación y antropología en Yucatán*. Mérida: Universidad Pedagógica Nacional, 2004. 1-30.

Castilla Ramos, Beatriz. *Mujeres mayas en la robótica y líderes de la comunidad: Tejiendo la modernidad*. Mérida, Yucatán, México: Universidad Autónoma de Yucatán, 2004.

Castillo Cocom, Juan A. "Maya Scenarios: Indian Stories In and Out of Contexts." *Kroeber Anthropological Society Papers* 96 (2007): 13-35.

—. "El Quincux y el encuentro de dos dinastías en la noche de los tiempos: dilemas de la política yucateca." Eds. Juan A. Castillo Cocom and Quetzil E. Castañeda. *Estrategias identitarias: Educación y antropología en Yucatán*. Mérida: Universidad Pedagógica Nacional, 2004. 255-278.

Castillo Cocom, Juan A., and Quetzil E. Castañeda, eds. *Estrategias identitarias: Educación y antropología en Yucatán*. Mérida: Universidad Pedagógica Nacional, 2004.

Cocom Pech, Jorge. *Mukult'an in nool / Secretos del abuelo*. Mexico: UNAM, 2001.

Cuevas Cob, Briceida. *Je' bix k'in / Como el sol*. Maya Dziibo'ob Bejla'e 3. Vol. 1. México: SEDESOL-Instituto Nacional Indigenista, 1998.

"Declaración de la ortografía práctica y morfología del sustantivo del maya-yucateco." Pátzcuaro, Mexico: INI, 1981.

"Derechos: Discurso de la comandante Esther en el Palacio Legislativo mexicano" N.d. Web. 16 Sept. 2011. <http://anterior.rimaweb.com.ar/derechos/esther.html>.

Dzul Poot, Domingo. *Cuentos mayas I*. Mérida, Yucatán, México: Maldonado Editores, 1985.

—. *Cuentos mayas II*. Mérida, Yucatán, México: Maldonado Editores, 1986.

—. *Leyendas y tradiciones históricas mayas: El adivino/ La destrucción de la triple alianza*. 1987. Mérida: Maldonado Editores del Mayab, 2007.

Franco, Jean. "Some Reflections on Contemporary Writing in the Indigenous Languages of America." *Comparative American Studies* 3.4 (2003): 455-469.

Güémez Pineda, Miguel. "La concepción del cuerpo humano, la maternidad y el dolor entre mujeres mayas yucatecas." *Mesoamérica* 21.39 (2000): 305-333. Web. 15 Sept. 2011. <http://www.mayas.uady.mx/articulos/concepcion.html>.

—. "La lengua maya en el contexto sociolingüístico de la Península de Yucatán." *Yucatán ante la Ley General de Derechos Lingüísticos de los Pueblos Indígenas*. Coord. Esteban Krotz. México: INALI, 2008. 115-48. Web. 15 Sept. 2011. <http://www.mayas.uady.mx/articulos/peninsula.html>.

—. "Mujer 'maya,' identidad y cambio cultural en el sur de Yucatán." N.d. Web. 15 Sept. 2011. <http://www.mayas.uady.mx/articulos/mujer.html>.

Gutiérrez Chong, Natividad. "Nacionalismos y etnocentrismos: La escritura maya de Briceida Cuevas Cob y Flor Marlene Herrera." *Revista de estudios de género la Ventana* 18 (diciembre 2003): 163-209.

Hervik, Peter. *Maya People Within and Beyond Boundaries: Social Categories and Lived Experience in Yucatán*. New York: Routledge, 2003.

INDEMAYA. "Concluye campaña tortipack." 15 Oct. 2010. Web. 29 December 2010. <http://www.indemaya.gob.mx/noticias/noticias-detalles.php ?Id=431>.

Joseph, Gilbert M. "Rethinking Mexican Revolutionary Mobilization: Yucatán's Seasons of Upheaval, 1909-1915." *Everyday Forms of State Formation: Revolution and the Negotiation of Rule in Modern Mexico*. Eds. Gilbert M. Joseph and Daniel Nugent. Durham: Duke University Press, 1994. 135-169.

Kellogg, Susan. *Weaving the Past: A History of Latin America's Indigenous Women from the Prehispanic Period to the Present*. New York: Oxford University Press, 2005.

Leirana Alcocer, Cristina. "La literatura maya actual vista por sus autores (Un acercamiento a la literatura maya-peninsular contemporánea)." Lic. thesis. Universidad Autónoma de Yucatán, 1996.

Ligorred Perramon, Francesc. *Mayas y coloniales: Apuntes etnoliterários para el Yucatán del siglo XXI*. Mérida: Maldonado Editores, 2001.

Little, Walter E. *Mayas in the Marketplace: Tourism, Globalization, and Cultural Identity*. Austin: University of Texas Press, 2004.

Loewe, Ronald. *Maya or Mestizo? Nationalism, Modernity, and its Discontents*. Teaching Culture: UTP Ethnographies for the Classroom. Canada: University of Toronto Press, 2011.

May May, Miguel. "La formación de escritores en lengua maya." *La voz profunda: antología de la literatura mexicana contemporánea en lenguas indígenas*. Ed. Carlos Montemayor. México: Editoral Joaquín Moritz, 2004.

"Memoria: Alfabeto práctico para la alfabetización de los adultos hablantes de maya." Mérida: SEP, 1984.

Moksnes, Heidi. *Maya Exodus: Indigenous Struggles for Citizenship in Chiapas*. Norman: University of Oklahoma Press, 2012.

Montemayor, Carlos and Donald Frischmann, eds. *U túumben k'aayilo'ob x-ya'axche': Antología de escritores mayas contemporáneas de la peninsula de Yucatán*. Mexico: ICY, 2009.

Nash, June. *Maya Visions: The Quest for Autonomy in an Age of Globalization*. New York: Routledge, 2001.

Noh Tzec, Waldemar. *Noj bálam: Tumben ik'tánil ti' maya t'an / El grande jaguar: Nueva poesía en lengua maya*. México: SEDESOL-INI, 1998. Maya Dziibo'ob Bejla'e 3rd Series 2.

Orilla Canché, Miguel Ángel. *José Tec Poot: Una vida dedicada a los mayas*. Mérida: Talleres Gráficos del Sudeste, 1995.

"Proteger y promover los derechos de la mujer, compromiso de Angélica Araujo." *Diario de Yucatán*, 15 Oct. 2010. Web. 3 Jan. 2011 <http://www.yucatan.com.mx/20101015/nota-

9/18180-proteger-y-promover-los-derechos-de-la-mujer-compromiso-de-angelica-araujo.htm>.

Robertos Jiménez, Julio, Ever Canul Góngora, and Manuel Buenrostro Alba, eds. *Los mayas contemporáneos*. Mexico: Plaza y Valdés, 2008.

Rosado Aviles, Celia Esperanza, and Oscar Ortega Arango. "Los labios de silencio: La literatura femenina maya actual." Coord. Georgina Rosado. *Mujer maya: Siglos tejiendo una identidad*. CONACULTA: Mexico, 2001. Web. 10 July 2012. <http://www.mayas.uady.mx/articulos/labios.html>.

Sánchez Chan, Feliciano. *Ukp'éel wayak' / Siete sueños*. México: Escritores en Lenguas Indígenas, 1999.

Schaffer, Kay, and Sidonie Smith. *Human Rights and Narrated Lives: The Ethics of Recognition*. New York: Palgrave Macmillan, 2004. Print.

Sommer, Doris. "Introduction: Wiggle Room." *Cultural Agency in the Americas*. Ed. Doris Sommer. Durham: Duke University Press, 2006. 1-28.

Turpel, Mary Ellen. "The Women of Many Nations in Canada." *Indigenous Women on the Move*. IWGIA Document No. 66. Copenhagen: International Workgroup for Indigenous Affairs, 1990. 93-104.

Underiner, Tamara. *Contemporary Theater in Mayan Mexico: Death-Defying Acts*. Austin: University of Texas Press, 2004.

Worley, Paul M. *Telling and Being Told: Storytelling and Cultural Control in Contemporary Yucatec Maya Literatures*. Tuczon, A.Z.: University of Arizona Press, 2013.

El Rescoldo del Tlicuil: Visceral Resistance and Generational Tension Among Contemporary Nahua Authors

Adam W. Coon

University of Texas at Austin

This essay explores the apparent generational differences between Natalio Hernández's *Semanca Huitzilin / Colibrí de la armonía / Hummingbird of Harmony* (2005) and Gustavo Zapoteco Sideño's *Cantos en el cañaveral / Cuicatl pan tlalliouatlmej* (2004). Hernández emphasizes in his poetry, though by no means categorically, the value of Nahua cultural identity and history, whereas in Zapoteco's text Nahua identity is secondary, though still vitally important, to denouncing social and economic inequality in the sugarcane fields of Morelos. I argue that Zapoteco and Hernández, while differing significantly in their style and focus, complement one another in employing metaphors closely tied to the Náhuatl language of the heart, flowers, and Mesoamerican deities in order to challenge and rewrite the official history and neoliberal "progressive" rhetoric of Mexican national discourse.

Few scholars have analyzed Hernández's poetry in significant detail.[1] To my knowledge, no close analysis of Zapoteco's texts

---

1 In *Relatos de la diferencia y literatura indígena* (2013), literary critic Luz María Lepe Lira gives an extensive overview of the context in which Natalio Hernández writes and his strategies for displacing the coloniality of power within government and academic institutions. She explores two principal aspects of Hernández's decolonial proposal: to decolonize the public education system and to use and disseminate Indigenous languages (118). In her dissertation, "Poesía indígena contemporánea de México y Chile" (University of California at Berkeley,

have been published. Not many inside or outside of academia have read either Hernández or Zapoteco and even fewer can read the versions in Náhuatl. CONACULTA published 2,000 copies of *Colibrí de la armonía* and funded the publication for 1,000 copies of *Cantos en el cañaveral*. The inadequate attention these texts have received reflects a problem endemic to the examination of indigenous writing. They are relegated to what Arturo Arias terms the "marginality of marginality" and simply panned for content (53). In contrast with such reductionism, this study analyzes these authors' innovative literary techniques and the creative ways in which they deal with their social contexts. Hernández and Zapoteco are representative of the migrants whom Sanjinés describes as the "marrow" of contemporary indigenous movements. These migrants find themselves mediating between the founding experiences in their communities and their jolting encounters with urban settings, and in this milieu they articulate alternative knowledges that question the absolute time and space constructed by modernity. All published Nahua authors have had similar experiences in having to leave their home communities, and this study forms part of a larger project to analyze how these writers dialogue with national discourse and its conjoining discourse of modernity. While there is a significant heterogeneity in the style and thematic of these authors' works, all of them challenge discriminatory practices that construct Nahuas as exotic Others trapped within a pre-historic past.

For this study, I use Javier Sanjinés's theoretical analysis of *viscerality* and the *embers of the past*. *Viscerality* is a "bodily metaphor" that looks at reality with "both eyes," an optic in which class oppression is coupled with ethnic and colonial oppression (*Mestizaje* 5, 11). This depth perceiving perspective resists the monocular "eye of reason" of modernity that constructs indigenous subjects as victims of social retardation and irrational traditions. *Embers of the past* relates to *viscerality* in that they are knowledges of the indigenous subject's founding experience that collide with moder-

2008), literary critic Sonia Montes Romanillos analyzes how different indigenous authors from the last three decades challenge the idea of a homogenous and monolingual "Spanish American nationality" (1). This study is broad in scope, and, in addition to Hernández, she researches Zapotec author Víctor de la Cruz, Mazatec author Juan Gregorio Regino, and Mapuche poets Elicura Chihuailaf and Leonel Lienlaf. While valuable in their attention to these less studied writers, Lepe Lira and Montes Romanillos do not offer close analyses of the texts in their indigenous languages.

nity. This alternative imaginary obliges the subaltern subject to see reality "desde un prisma diferente, en conflicto con la mirada prospectiva, rectilínea de la modernidad" (*Rescoldos* 1). The concepts of *viscerality* and *embers of the past* aid me in identifying how Hernández and Zapoteco employ visceral metaphors to rearticulate elements of the state narrative and imagine a heterogeneous nation-state in which indigenous subjects actively construct historical remembrance and defend their social rights.

Songs of Injustice or Harmony: Differing Strategies toward Nahua Empowerment

Zapoteco's *Cantos en el cañaveral* represents a scathing critique of a paternalistic Mexican State that patronizes indigenous subjects[2] with vague promises of "progress" and inclusion. The poetic voice in the poem "Tlaltizapan" outwardly praises the municipality of Tlaltizapán, Morelos for the "historia que tienes en tus templos / de tiempos coloniales, / marca endeble de tu / privilegiada posición / pues escuela espiritual tuviste / así dice tu colonial convento, / o en tu casa revolucionaria / que aún conservas / con gran recelo" (89). A seemingly patriotic tone in this poem with reference to an indelibly "privileged position" conceals a satire of the coloniality[3] that Javier Sanjinés terms the "reverse yet hidden face of modernity" (*Mestizaje Upside-Down* 4). Coloniality, as Sanjinés highlights, does not precede the nation-building process and modernity,[4] but

---

2   I use "indigenous subjects" not to suggest homogeneity, but rather as a term that situates Nahuas within state and global politics, and *subject* stresses that they are not passive recipients of imposed policies. Within their communities, Nahuas rarely refer to themselves as indigenous, but rather as *Nahuas* or else members of their local communities. They use *indígena* within geopolitical contexts in defending their social and economic rights.
3   According to Aníbal Quijano, coloniality is the "codification of differences between conquerors and conquered in the idea of 'race,' a supposedly different biological structure that placed some in a natural situation of inferiority to others" (1). This codification has not only persisted since the colonial period, but has also constituted an integral element of the discourse of modernity, positioning certain peoples as inferior according to a schematic in which "non-European" phenotypes, languages, and cultural practices are conflated and deemed outside and behind the positivistic advancement toward economic and social perfection.
4   By "modernity" and "discourse of modernity" I mean a discourse that makes universal claims of superior advancement in economy, government, social practices, science, technology, etc. As Walter Mignolo explains in *Local Histories, Global*

rather constitutes an undergirding element of their rhetoric. Behind the promises of progress and development of the state persists a colonial system of discrimination that invalidates indigenous knowledges and equates them with backwardness. The colonial convent and temples in "Tlaltizapan" spatially represent this coloniality and its corresponding "spiritual" education that have persisted through the Mexican Revolution to the present.

Nonetheless, this message lies hidden under hyperbolic praise of the surrounding landscape and altruism of Morelos. Zapoteco himself explains that he wrote in an affected style to obtain funding from government institutions for publication.[5] He mixes poems that on the surface are nationalistic praise and focus on "mere" cultural practices while others explicitly condemn social injustices. In doing so, he is able to be published and at the same time avoid, according to his self-described positioning, being coopted by the state as an *indio permitido*,[6] like first-generation Nahua authors.[7] This is a common accusation made by the newer genera-

---

Designs, the concept of modernity is inseparable from its "dark side" of coloniality, in which subaltern knowledges are invalidated against Eurocentric intellectual traditions (22). In discourse, "modernity" is fallaciously constructed and defined as what it supposedly is not (not indigenous, not African, not impoverished immigrants, etc.), and indigenous subjects are often treated as the poster children for this Other outside of "modernity."

5   CONACULTA, Programa de Apoyo a las Culturas Municipales y Comunitarias (PACMyC), and Instituto de Cultura de Morelos funded the publication. According to government records, Zapoteco received 20,000 pesos for the project, "Cuicatl tlen tlalliouatlmej (Cuentos en el cañaveral)" (DGCP 28). He commented on this affected style and getting published in a personal interview in Tlaltizapán on 20 June 2010. During this interview he also read the poem "Tlatizapan," with a very satirical tone to emphasize that it is in fact a critique of the municipal and national government.

6   Coined by Silvia Rivera Cusicanqui, *indio permitido* refers to, in the words of Charles Hale, the "identity category that results when neoliberal regimes actively recognize and open space for collective indigenous, even agency" (Hale, "Cultural Agency" 284). The use of the word *indio*, to which those in the dominant culture who work with these indigenous subjects might object (preferring the less controversial term *indígena*), highlights that "this newfound respect may be only skin deep" (284). Though Zapoteco does not specifically use the term *indio permitido*, he describes the term as referring to indigenous subjects who allow themselves to be coopted and purchased by the state to serve as the "cosmetic makeup" for government claims to interculturality and inclusion (Personal Interview, 20 June 2010).

7   Those associated with this first-generation: Natalio Hernández, Librado Silva, Juan Hernández, Crispín Amador Ramírez, and Ildefonso Maya. They all worked

tion of Nahua writers,[8] who, to borrow a dichotomy used among Maya writers in Guatemala, accuse the older generation of being too *culturales* while positioning themselves as *populares*.[9] For this younger generation, the markers of Nahua identity must be coupled with protests against injustices.

Natalio Hernández himself contends that older writers are pigeonholed. In his collection of poems, *Colibrí de la armonía* (2005), he does not focus explicitly on social protest and the anguish imposed by coloniality, but this does not mean that his poetry lacks social commitment. Interestingly, his earlier books of poetry, in particular *Xochikoskatl* (1985), resemble Zapoteco's *Cantos en el cañaveral* in both structure and theme. Nevertheless, especially in the last decade, there has been a significant shift in Hernandez's poetic style in which he focuses on achieving an interculturality and harmony among different cultures. He explains that he ceased to write openly about suffering because it had tended to reinforce the stereotypical victimization of indigenous peoples in governmental and academic discourse.[10]

Colibrí represents what Sanjinés calls a "much more harmonious" project for an "intercultural dialogue" in which nation-state

---

as bilingual teachers for the Secretaría de Educación Pública (SEP) from the sixties through the eighties. Resisting SEP assimilationist policies that they themselves were requested to implement, they formed civil organizations and Nahua writing workshops. Their first writings are more explicit in denouncing economic and social discrimination than their more recent texts in the last two decades.

8   Those associated with the second generation, born in the late seventies and eighties, to which I refer: Gustavo Zapoteco Sideño, Mardonio Carballo, and Martín Barrios. In addition to their writings, these authors stress the importance of political and social activism and to this end have created documentaries and participated in public protests. All of them have had their lives threatened or even suffered assassination attempts due to their protests against landowners and maquiladoras. This is a danger first-generation writers do not experience.

9   Emilio del Valle Escalante, following Santiago Bastos and Manuela Camus, defines the *culturales* group as those "intellectuals (the majority of whom are professionals)...that prioritize an ethnic adscription and the vindication of indigenous cultural specificities" (4). They strongly advocate the use of indigenous dress, language, philosophy, and religious practices. In turn, the *populares*, instead of focusing on cultural demands, "denounce the effects of the violence —past and present— against rural and urban communities" (5). They advocate the use of violent resistance and rebellion if necessary.

10   Stated in personal interview, 10 June 2010. Hernández is hesitant to do readings of some of his earlier poems such as "Caminemos solos." Now he stresses the importance of interculturality and the need of walking together ("caminemos juntos").

construction is not seen from above or below, but rather "abar[ca] el tiempo lineal de la modernidad y el otro tiempo [subalterno] 'diferente en sus densidades humanas, sus momentos de condensación y sus claves de significado'" (*Rescoldos* 33-34). This project displaces modernity's bywords of "development" and "progress" that have marginalized indigenous knowledges as primitive, and imagines an intercultural space in which indigenous subjects participate in the "production, distribution, and structuring of knowledge" (42).

'Angustia, eres tú': Cantos in Coloniality

Cantos en el cañaveral closes with the poem "Angustia." Though this is the final poem, it helps significantly in framing *Cantos* in its entirety. The poetic voice begins *en media res* describing a "black bulge" on the edge of a sea cliff surrounded by terrible weather and waves that "yell fire and pain" (108). A man "in search of anguish" arrives running and shouts to the black figure, "Angustia, ¿Eres tu? [sic]" (109). This man draws closer to the "black shadow" and frenziedly asks the same question, to which the figure only turns and glances back. This pleading man has a white face, "as white as snow," and blue eyes that appear "dismal" in the surrounding darkness (109-110). He repeats the question yet a third time and then asks what the black figure is going to do. Suddenly this figure leaps into the sea and disappears under the waves. The white man yells out, "No, no, no, angustia no, / ¿Por qué? ¿Por qué lo hiciste?" (110). The sky then begins to "cry" down rain, which turns to ice and falls upon the whole earth, tearing apart upon "the rock" the body of the man who "no sentía / el cuerpo ya no estaba vivo / ya no vivía" (111). *Cantos* concludes with this sacrificial death.

This violent narrative in "Angustia" masterfully depicts the effects of coloniality upon indigenous subjects. The black figure represents indigenous migrants who have had to work in the sugarcane fields, where the ash from burnt cane blackens their bodies. To a larger extent, though, this "bulge" serves as a metaphor for those marginalized by the discourse of modernity and its conjoining coloniality. The white man of the poem seeks desperately to interpolate the black figure as anguish because he represents the "colonial difference" that Sanjinés defines as the "production of situations of colonial submission founded on odious racial differences that, reproduced constantly in everyday encounters, the subaltern must endure most of the time" (*Rescoldos* 32).[11] The discourse of modernity uses the everyday markers of phenotype, technology, attire, accent, language, and occupation to fashion a de-leveling, rather than encourage "development," in which the subaltern is subject to modern agents due to darker skin (the *black* figure), supposed ignorance of technological innovations, the use of different clothing, corruption of the dominant language, speaking an Other language, and dedication to manual labor (such as field labor). Modernity/coloniality uses indigenous subjects as its Other from which to measure "progress," and thus it ambivalently claims to redeem him while simultaneously perpetuating the mark of the Other from which to gauge superiority.

Evidently the white man shows great concern for this bulge, and perhaps even feels that he is attempting to rescue the nameless shadow. This is reflective of the fact that, as Sanjinés explains, European intellectual tradition, "no matter how revolutionary it is, does not see nor feel coloniality, the local glance of the 'Other,' of the oppressed, a glance that, with the presence of contemporary insurgent movements, is there to correct and change the injustices that the National Revolution itself completely missed"[12] (32). Here Sanjinés refers specifically to the Bolivian Revolution, but this blind eye to coloniality can equally be applied to the Mexican Revolution. Within these revolutions pervade discriminatory practices that perpetually position indigenous subjects and their knowledges as the wretched of the earth, according to modernity's linear historical time. Modernity follows the "logic of the 'gaze' rather than the 'glance,' thus producing a visual that [is] eternalized, reduced to a single 'point of view,' and disembodied" (*Mestizaje* 28). Rather than question who has the power to construct supposed universals, assert authority over inclusion, and define the territory of modernity, the white man in the poem represents a discourse that keeps indigenous subjects outside of decision making and assumes that they must assimilate to his absolute point of view. Under this per-

11   Original in Spanish: "producción de situaciones de sometimiento colonial fundadas en odiosas diferencias raciales que, reproducidas constantemente en el trato cotidiano, el subalterno debe soportar la mayor parte del tiempo."
12   Original in Spanish: "por muy revolucionario que sea, no ve ni siente la colonialidad, la mirada local del 'Otro', del oprimido, mirada ésta que, con la presencia de los actuales movimientos insurgentes, está ahí para corregir y modificar las injusticias que la mismísima Revolución Nacional pasó por alto."

spective, the indigenous subject *must* be anguish and *must* need aid from the white man. The poem subsequently rejects this gaze that reduces the indigenous subject to a nameless bulge with no agency.

The question, "Angustia, ¿Eres tú?" resembles Becquer's well-known, "Poesía eres tú" from "Rima XXI," in which the poetic voice objectifies a woman as poetry: "¿Qué es poesía?, dices mientras clavas / en mi pupila tu pupila azul. / ¡Qué es poesía! ¿Y tú me lo preguntas? / Poesía eres tú." In "Angustia," the man in whom all "pain of soul and body" has been deposited and who has been reduced to "phantom," "shadow," namelessness, and the embodiment of anguish itself, refuses to stay poetically posed for the modern colonizer's objectifying gaze and in defiance throws himself into the raging sea. These waters represent the aggressive side of viscerality that prevents one from anesthetizing reality under "plurilingual and multicultural conceptions of society" and enters into a "combative subject-object dialectic whose central term is the violence that emerges from the hidden nature of colonialism" (Sanjinés, *Mestizaje* 163, 5). This uprising attacks modern attempts to obscure and "shadow" the colonial difference and make the marginalization of subalterns seem natural.

The waters allude to the rain god Tláloc, but at a deeper level they symbolize the knowledges passed down from the indigenous subject's ancestors in addition to those gained from experiencing this oppression. As is the case in *Colibrí*, the importance of allusions and references to Mesoamerican deities does not show necessarily a belief in them, but rather they represent a deep connectedness with nature, remembrance of ancestors and their knowledges, and in turn an empowerment and agency inspired in this intellectual tradition. It is with this empowerment that the poetic voice challenges state narratives. All the poems in *Cantos* are in the first person and function like a poetic testimony that rises up in denouncing unjust conditions and demands that indigenous subjects be recognized as possessors of valid knowledges, advocating even physical violence if necessary to achieve this. Thus, this testimony enters into a politics of memory that questions government reports of "progress" in the sugarcane fields.[13] The indigenous subject jumps into a well of

---

13 President Felipe Calderón visited sugarcane fields in Morelos in 2008 and focused solely on the need to continue producing more: "Así que para el sector de la caña está claro el dilema, como pienso para muchos sectores en el país: renovarse o morir y juntos nos renovaremos y saldremos adelante. Queremos generar

knowledges / memory from which he is able to resist the rationalist Western discourse that denies validity to his experience and voice.

Indigenous subjects form part of an uprising with the waves of this resistance that then translates into the deadly rain turned to ice. No longer victim or "represented subject," the subaltern arises as an "agent of a transformative project that may become hegemonic" (*Mestizaje* 163). This rain sacrifices the white man, a metaphorical embodiment of discrimination and coloniality, upon "the rock" or altar, from which come "surcos de sangre / que corrían / sobre ese bello cuerpo desnudo" (111). The furrow is both an allusion to the oppression in the furrowed sugarcane fields and a common metaphor in Náhuatl to refer to the lines in writing. Through writing and speaking, the testimonial poetic voice is empowered and asserts an agency denied it by the hegemonic sector of society.

Visceral Metaphors: Under the Eye of Coloniality

The poetic voice in "Angustia" does not emphasize that the white man's body is absent of feeling because he is dead, rather the repetition "él no sentía / el cuerpo ya no estaba vivo / ya no vivía" suggests that this body always lacked feeling to such an extent that he even had to seek out anguish deposited in an Other. This critique of the absence of feeling in the "rationalist" discourse of modernity is common in indigenous literatures, and it displaces the positioning of them within pre-history and irrationality. Such a critique conceptualizes an alternative space in which a sensuous body is essential. In contrast with the numb body of the white man, the poetic voice employs the metaphors of flowers, the heart, and Mesoamerican deities to imagine a space in which emotions connected to cultural practices are seen as an integral part of one's reasoning. While Sanjinés does not describe the term explicitly in this manner, the concept of viscerality can be viewed as intimately related to the concept of affective intelligence, in which emotions are treated as an integral part of a person's thought processes.[14] Evident in Hernán-

las condiciones que permitan que el sector agropecuario pueda crecer, competir y ganar" (Quoted in Morquecho). Government reports also ignore the plight of the workers and focus on increased production. For an example, see SIAP, "Descripción de la cadena agroalimentaria de caña de azúcar."

14 The concept of "affective intelligence" has its roots in debates surrounding the term "emotional intelligence" used by Daniel Goleman in his best-selling book,

dez's texts as well, this affective intelligence constitutes one of the strongest points of resistance in numerous indigenous movements to state assimilationist projects.

These metaphors of affective intelligence, in turn, can be seen as examples of what Sanjinés refers to as *catacresis*,[15] namely, words which the subaltern subject uses to describe what the dominant society cannot grasp and for which the dominant language lacks a term. *Yolotl* and *xochitl* lose deeper meanings when simply translated as "heart" and "flower." Through these metaphors, indigenous migrants such as Zapoteco and Hernández articulate the tension between modernity and the *embers of the past*, which have "raíces en zonas mucho más subterráneas, vitales y elementales de la psique" (Sanjinés, *Rescoldos* 7). Within *Cantos*, the poems "In acaualexochitl / Flor de acahual," "In tlacatimatiteotl / Un fraile," "Maguito," and "Cuicatl in yolomasehualtin / Canto del corazón indio" are key to understanding this tension.

Cantos begins with the poem, "Flor de acahual," in which the poetic voice personifies the acahual flower and tells her not to cry because it is from the rural area. The acahual should be proud, the poem states, to participate in the indigenous religious practices along with the flowers *cacaloxochitl* and *cempoalxochitl*. These flowers are contrasted with European ones in the city. The latter remained in the city, "para estar en la casa grande o iglesia / encerradas sin poder mirar al campo, / sin poder oler la hierba, / sin

---

Emotional Intelligence (1995). This emotional intelligence is namely, as Gerald Matthews describes, the "competence to identify and express emotions, understand emotions, assimilate emotions in thought, and regulate both positive and negative emotions in oneself and others" (xv). Emotional intelligence differs from affective intelligence in that its focus is on emotional self-awareness and managing emotions to obtain personal goals. In contrast, affective intelligence, as George E. Marcus posits, is to "conceptualize affect and reason not as oppositional but as complimentary, as two functional mental faculties in a delicate, interactive, highly functional dynamic balance" (2). Solutions to political, economic, and social challenges must be created with the "active engagement and interaction of both mental faculties" (2).

15 To describe catacresis, Sanjinés gives the example of *lloqlla*, used by the migrant to describe the city in one of José María Argueda's novels. Another example is *Pachakuti*, which expresses "el vuelco intempestivo de la realidad" (7). These are "situaciones psíquicas que no pueden concebirse en términos de la modernidad" (7). The indigenous migrant in the position of exterioridad / interioridad is able to view and name what seems oblivious to people in the interior. In other words, you cannot observe a "black hole" (a classic example of catacresis) if you are inside it.

poder sentir" (21). As in "Angustia," an emphasis is placed on the urban inhabitant's inability to feel. This spatial dichotomy between the city and the rural highlights the urban as the representation of modernity, constructing an enclosed, insensible perspective that excludes indigenous practices. As the waters from which spring forth resistance in "Angustia," the rural flowers represent ancestral memory that emerges from water and forms a key symbol of indigenous thought systems, song, language, ceremony, nature, and divinity and thus is intimately connected with the metaphors of the heart and Mesomerican deities.

The second poem, "Un fraile," contrasts starkly with the acahual flower in the previous poem and represents the "eye of reason" of modernity in a monk. Like the city flowers in large houses or churches, the monk sits in cold silence in the most inaccessible area of the convent and looks outside through a small arabesque window. This window adorned with metal leaves and flowers contrasts with the natural acahual and other rural flowers. Only "escasos rayos de luz" are able to make it through the window and "[al fraile] lo iluminan / allí donde esta sentado [sic] / con la cabeza baja" (23). This viewpoint resembles that of modernity's "relying exclusively on one eye —the mind's eye— rather than on the two eyes of normal binocular vision" with a perspectivism "conceived as a lone eye looking through a peephole at the scene in front of it" (*Mestizaje* 28).

Scarce illumination in "El fraile" suggests the period of Enlightenment or *Iluminismo*, in which such a perspective was made hegemonic. As Walter Mignolo does in *The Darker Side of the Renaissance*, the poem connects this period with the Renaissance and the ecumenical mission of the Catholic Church. These movements claimed a classical tradition and superior intellect to justify the colonization that constituted early modernity, and this coloniality conceives things as "static rather than dynamic" (*Mestizaje* 28), which is represented by the light that enters the monk's room and is made artificial and "stamped" on the walls. This poem's position at the beginning of the book firmly situates modern oppressive practices in the sugarcane fields of Morelos within coloniality.

The monk is hunched over with his head "cubierta por el habito [sic] / que no deja ver ese rostro / no se sabe / si tiene la cara española o mestiza" (23). The poetic voice shows little concern as to whether the monk's face is Spanish or *mestiza*, as the resulting discrimination is the same. In regards to the discourse of *mestizaje*, Sanjinés explains that in Mexican thought, "nationhood and *mestizaje* were equated" (4). A discourse that became pervasive after the Mexican Revolution with Manuel Gamio's *Forjando patria*, this mestizaje emerges as the signifier for a homogenous "national race," language, and convergence of different cultures into one (Gamio 28). Through mestizaje and the Mexican Revolution pervades a coloniality that relegates indigenous subjects and their practices to vestiges of a vanquished past. Mestizaje does not differ much from discourses of whiteness; as in both, perceived whiteness is "naturally" associated with superior "rationality" and knowledge, and the concentration of capital in the hands of those perceived as "white" has functioned in conjunction with and perpetuated this racism. Ironically, though mestizaje idealizes the mixing of indigenous and European "races" to forge a new subject neither "light" nor "dark," thus ending all racism, those on the "top" of this mestizo spectrum are nearly always perceived as "white" (hence the pleading man in "Angustia" is white).[16]

The poetic voice turns this mestizaje upside-down, and describes the writing of the monk as "sobre ese viejo libro / con signos que no / se distinguen bien / ¿qué escribirá? ¿quién sabe? / solo su corazón lo sabe / y las eternas paredes / que lo cobijan" (25). As the Europeans marginalized "systems of writing alien to their own practices" (Mignolo, *The Darker Side* 1-2), here the poetic voice disregards the monk's writings as illustrative of an oppressive discourse that is represented spatially by the cramped room in which the monk works. This monk is depicted as practically having no body, as his face lies concealed under his cloak. The only part of his body described as present is his hand, which writes "slowly, very slowly" with the monk's static view of the world (25). Opposed to the flower that represents an affective intelligence in which the body is seen as an integral part of one's reasoning, this figure is disembodied and wrapped up in his mind's eye. The poetic voice makes clear the need to resist assimilation to this bodiless and psychologically harmful discourse that the monk preaches as universal.

---

16 In "Stratification by Skin Color in Contemporary Mexico," Andrés Villareal gives overwhelming statistical data confirming this privileging of whiteness. He concludes that "dark-brown individuals" have "50.9 percent lower odds than whites of being affluent" (19).

Niño Nahua - Tiempo de Zafra en el albergue - Tlaltizapan, Mor.

Fig. 1. Noé Zapoteco, *Nahua Child*, photograph from Gustavo Zapoteco Sideño, *Cantos en el cañaveral* (Mexico City: JM Impresiones, 2004), 35.

Rescoldo del tlicuil: *Politics of Memory*

Firmly framed within this context of modernity / coloniality, the poems that follow explicitly denounce the living conditions of indigenous migrant workers in Morelos. These poems are preceded by eight images from the sugarcane fields. Zapoteco worked together in these fields with his brother Noé, an aspiring photographer, who shot these photographs while working. The originals were printed out in large format and have been exhibited in Mexico City and different municipalities of Morelos. The photo of a young boy, entitled "Niño Nahua —Tiempo de Zafra en el albergue— Tlaltizapan, Mor.," also serves as the image for the front cover of *Cantos*. Covered in ash and in the back of a truck bringing him from the fields, this seven-year-old boy looks up at the camera half-smiling. His situation reduces him to a person whose name —Mago o Maguito— is lost in his work title "el niño cortador."

The poem "Maguito" describes his plight. All this boy knows is that he is "un cortador" and his hands are already filled with callouses. His situation is reflective of how, as Aníbal Quijano theorizes, economic subalternity is intimately tied to a colonial system of racism and discrimination that has outlived the era of colonialism. This coloniality associates "races" with "social roles and geohistorical places" (Quijano 3). In the colonial era, indigenous subjects as well as other subalterns were "naturally" associated with manual labor and for the most part prohibited from participating in knowledge production or "higher" professions. This division of labor was transmuted into the social classification of the world's population under global capitalism as access to capital was concentrated in the hands of the dominant white sector. Government discourse couches this discrimination in economic and classist terms, reiterating the need of the indigenous communities to "develop" and turn a blind eye to any real change in the racist political and social structures that exclude them from knowledge production and decision-making.

Automatically associated with manual labor, Mago "no sabe de cariño... el solo sabe de cortar caña [sic] / de apurarse para hacer bultos" (59). Like the black figure in "Angustia" described as a *bulto* or "bulge" and surrounded by fire, this boy covered in black ash is essentially relegated to a life of servitude.[17] Under a system that disassociates the worker from what he produces, the boy is figuratively reduced to a pile of burnt cane and treated like a machine. Maguito is reduced to working and obtaining money "para que le compren su ropita nueva; / para que coman sus hermanitos, / cree que eso es la vida" (59). As such, the boy's view of life is reflective of the discourse of modernity for which economic progress and development mean everything.

In these protest poems, the first person poetic voice articulates a decolonizing proposal significantly different from those set out by "los discursos desarrollistas" (Sanjinés, *Rescoldos* 44-45). Following Sanjinés's analysis of indigenous movements, this proposal seeks "the arcane social demands that have not been satisfied throughout the centuries (the past as a source for the present) be fulfilled, that the vernacular language and originary values be

---

17 The sugarcane workers earn about 30-40 pesos (about 3 dollars) for every ton of sugarcane piled together. The average worker endures grueling work to collect about two tons in one day (Zapoteco, Personal interview, 20 June 2010). Government reports on the sugarcane industry completely ignore these wages, and rather focus on increased production and prices. A ton of sugarcane in Morelos is worth about 500 pesos (40 dollars) (SIAP, "Descripción de la cadena agroalimentaria" 9).

respected and accepted by society" (44-45).[18] The poem, "Cuicatl in yolomasehualtin," translated as "Canto del corazón indio," represents such a transformation and contains the alternative knowledge connected with the heart, flower, and Mesoamerican deities that are conspicuously absent in preceding testimonial poems. This poem asks how indigenous subjects have survived throughout the centuries under discriminatory systems and ideologies that would kill them "si salimos a la luz" (67). The poetic voice then asserts, "Somos el rescoldo del tlicuil / el suspiro de la esperanza, / seguimos vivos, / estamos vivos, / así debimos seguir / para sobrevivir, / para vivir, / ideas trae el tiempo / el tiempo de tiempos" (67). The "rescoldo del tlicuil" or "embers of the fire" alludes to the sugarcane workers covered in ash and imagines them as embers under this blackness protecting knowledges and practices that have been discriminated against since the colonial period. These migrants represent the "modern peripheral" subjects, according to Sanjinés, who enter a new space that changes their appearance, but who also have "detrás su experiencia fundante, que no es la de su pasado inmediato, sino un rescoldo del pasado" that forces them to see reality from a perspective in conflict with the linear perspective of modernity (Sanjinés, *Rescoldos* 1). In this poem, the poetic voice makes reference to alternative knowledges as key to their survival and resistance against discrimination.

It is significant that this poetic voice uses the word *tlicuil* in translation as opposed to the Spanish *fogata*, an indication of catacresis. In his own analysis of catacresis, Sanjinés gives as an example the word *lloqlla*, used by a figure in one of Arguedas' novels to describe his perception of the city and his psychological state that cannot be conceived within "terms of modernity" (Sanjinés, *Rescoldos* 7). These new representations are employed by the traditionally oppressed sectors of society to begin to "nombrar nuevamente la realidad, apropiándose y rearticulando las consabidas construcciones metafórico-simbólicas de la nacionalidad" (10). The term *tlicuil* in Náhuatl elicits metaphors of ash and ember that allude to the act of writing. This word is also used in some regions to refer to writing instruments such as markers. These connections

---

18 Original in Spanish: "se cumplan las arcanas demandas sociales que no han sido satisfechas a lo largo de los siglos (el pasado como recurso del presente), que la lengua vernacular y los valores originarios sean respetados y aceptados por la sociedad."

with textual production symbolize empowerment and the ability to name, thus giving the indigenous subject the agency to rearticulate national discourse. The act of writing —especially in Náhuatl— is significant in itself, as the subaltern is stereotypically represented as being unable to do so and his language is considered too poor to communicate important ideas. Light from the *rescoldo* and the hand that writes with it contrasts with the diminished light and the monk's disembodied hand in the earlier poem.

In a similar vein, the lines that follow "suspiro de la esperanza" are a play on the word *nemi* in the Náhuatl version: "te*nemi* mo*nemi*timej / te*nemi* mo*nemi*timej / ikuj te*nemi*chanti, / inic huelimejmo*nemi*tis, / inic *nemi*lis / ilnamiquemej ixcuajqui in tonalli" (66, emphasis mine). Partially evident in the translation into Spanish, the root *nemi* has numerous connotations in Náhuatl and can signify *walking, continuing, living, feeling, being,* and *thinking*. The embodiment of *nemiliztli* resembles what Erin Manning calls a moving, sentient body that makes the state uncomfortable as it seeks to maintain people in static categories. Manning speaks of a "politics of touch" in which "affect plays a central role"[19] (xxi). "Bodies disarticulate states. States live in fear of bodies," argues Manning (xxii). This sentient body is an "agrammatical invention" that, through "atypical expressions," is able to move outside the strict confines of the state. As such, the concepts of the sensuous indigenous heart, flowers, deities, and other concepts expressed/translated from Náhuatl serve as agrammatical political statements that challenge a state discourse that, even in the guise of multiculturalism, still proclaims a single official history, a hegemonic language (Spanish), and a homogenous identity (the *mestizo* subject). Consequently, "Indigenous heart" in the poem is intrinsically connected with this dynamic concept of *nemiliztli* and represents knowledges and practices that serve to resist —even violently— the modern colonial discourse that assimilates, obscures, and marginalizes them.

---

19   Affect, according to Manning, is what grips a person "first in the moment of relation" (xxi). It is "with-ness of the movement of the world," the visceral reaction to events (xxi). The closely related term "emotion" is "affect plus an awareness of that affect" (xxi).

Harmonious Hummingbird: Affective Intelligence and Interculturality

Though differing from the explicit, often violent protest in *Cantos*, Hernández's *Colibrí* employs the same metaphors of the heart, flowers, and Mesoamerican deities to displace the "single eye" of modernity. In this text, Hernández advocates an intercultural dialogue between languages and cultural practices, and this approach, which for some smacks of utopianism, has provoked accusations that this is an ad hoc interculturality that anesthetizes the harsh reality described in texts such as *Cantos*.[20] In contrast with Zapoteco's poems, in which he states that he would like to speak only of flowers but cannot due to social injustices, Hernández speaks of wanting only to contemplate the "flor y canto" and not the "darkness of night" symbolic of suffering (*Colibrí* 55). In personal conversations and public discourse, Hernández repeatedly highlights how focusing on indigenous anguish or on an insurrectionary Indian has reinforced the stereotypical representation of indigenous subjects as either victims or violent mobs.

As the title of the book itself illustrates and as he explains in the introduction, Hernández seeks a harmonious relationship between cultures by viewing intuitiveness and emotions as integral to reasoning. He refers to how *Huitzilopochtli*, "hummingbird of the left," represented dreams and intuitiveness for the Nahuas, and how this coincides with the identification in contemporary science of the brain's left side as the principal location for dreams (11-13).[21] Hernández plays on this meaning and explains how he thought about writing a book entitled *Huitzilnemactli*, "hummingbird of the right," to emphasize rationality. He quickly discarded this idea though because "la racionalidad de nuestro tiempo nos está llevando al precipicio" (13). He instead argues that it is necessary to "integrar la parte intuitiva y emocional, con la parte racional de nuestra naturaleza humana" (13). From this springs the idea of a "hummingbird of harmony" in which both the left and right brains are

---

20 While Zapoteco expresses this criticism in private conversation, the Nahua writer and reporter Mardonio Carballo did so publicly on a radio program in summer 2010 while interviewing Hernández.
21 This is presumably from the perspective of someone looking at another person, as the right-hand side of the brain is the side commonly believed to be the main location for dreams.

integrated into one. He clearly argues for an affective intelligence as the basis for intercultural dialogue, and such an approach, as Martha Nussbaum describes, "adopt[s] plausible rather than implausible pictures of ethical change, and we understand (in connection with our normative arguments) what it might mean for a political community to extend to its citizens the social bases of imaginative and emotional health" (15-16). With affective intelligence, the visceral metaphor of the heart combines with the flower images and Mesoamerican deities to give an alternative genesis and framework to modernity. Hernández hopes that these songs will find a place in the *yolotl* or "heart" of the readers and will "flower" within them (13).

The poem "Semanca Huitzilin" (translated as "Colibrí de la armonía") at the beginning of the text describes this hummingbird of harmony as having a big heart and a vision focused on dreams. *Semanca*, whose root is the number one, means *oneness* or *perfection*. Yet, rather than allude to any homogenizing project, this *oneness* is identified as seeing emotions as an integral part of reasoning. This viewpoint differs from the all-imposing view of modernity and, though not suggesting encounters free of conflict, highlights the importance of not positioning oneself hegemonically as the center of knowledge production. Rather, a key part of this affective intelligence is, as the term "affect" denotes, having a "with-ness of the movement of the world," being *affected* by one's surroundings and reacting viscerally (Manning xxi). Reacting accordingly, the poetic voice exclaims: *niyolpaqui* and *nimoyolchicahua* ("I laugh with my heart" and "I strengthen myself with my heart") (26). In doing so, the hummingbird *moyolitia*, "is brought to life/heart," and blooms like a flower (26). The last two references to the heart are lost in translation into Spanish as "fortalece el espíritu" and "cobra vida" (27). The metaphor of the heart appears numerous times in many poems and might seem overly repetitive without recognizing the deeper meaning of this vital organ in Nahua culture.

"Being brought back to life / heart" alludes to the hummingbird emerging from its six month winter hibernation. This, in turn, symbolizes how the affective intelligence that this bird represents and that has been marginalized for centuries is now able to awaken. Appropriately visualizing this metaphor of the hummingbird, "Semanca huitzilin" is a poem in the shape of a bird's wing (a calligram). The short verses in it and throughout most of *Colibrí* seek to imitate the flapping of these wings and their dynamic movement.

Translated into Spanish by Hernández and into English by Donald Frischmann, these translations suggest an even relationship among the three languages, which is significant considering that Náhuatl is still often seen as an inferior "dialect." Though differing significantly from Zapoteco's *Cantos* with its violent resistance, *Colibrí* is similar in challenging the discourse of modernity that equates certain languages and knowledges with "progress" at the cost of others.

I Look for My Body: The Sentient Space of the Tonal

In the poem "Notonal" ("Mi tonal") the poetic voice searches for his body, and as he does so, the chiastic structure of this poem equates the dream state with waking up. In the first four lines, Hernández describes how he travels through dreams in search of his *tonal*, which is then followed by the line set apart, "Busco mi cuerpo" (39). The final four lines describe how he then interrupts his dream and thus finds his tonal on the earth. The tonal is the inner energy of the body, and at a deeper level it is related to the sun, *tonatiuh*, who (not "that") gives off this energy. This, in turn, is intimately connected to the hummingbird, who also symbolizes the sun. This poem masterfully represents the conjoining of intuitiveness and reasoning via metaphors. The poem itself is also a calligram subtly depicting the left and right lobes of the brain, representing the area of dreams on the left and an awakened state of reasoning on the right. The line, "Busco mi cuerpo," serves to join these two parts and highlights the formation of a sensuous subject who embodies affective intelligence.

The poem "In Coyotl" ("The Coyote") follows a structure similar to that of "Notonal" and gives greater insight into the meaning of tonal for the nahual. The poetic voice describes the coyote as a "yolcatl tlamatini," which is translated into Spanish as "animal sabio" (89). "Tlamatini" literally means "one who knows things," but it has a deeper meaning related to the wise elders of Nahua intellectual tradition and contemporary communities. The coyote is a transmuted "nahual" who fasts, a clear allusion to Nezahualcóyotl, whose name means "coyote who fasts." While there are heated arguments as to whether Nezahualcóyotl authored any poetry or instead represents merely a construction to feed nationalist symbolism, these debates are irrelevant, as Eric Hobsbawn theorizes in *The Invention of Tradition*, once people embrace these perhaps fictional narratives as reality.[22] The underlying argument for this lauding of Nezahualcóyotl is that Nahuas have a valid intellectual tradition and philosophy, which this figure has come to represent. Thus, these ideas should be taken seriously in contemporary social, political, and economical debates. The coyote represents this intellectual tradition, and the poetic voice goes in search "del *tonal del coyote / deseo transformarme / en coyote*" (89). In this sense Hernández provincializes[23] the European intellectual tradition and opens a space for alternative worldviews.

The final line, "Nimocoyocuepas," means literally "I want to transform myself like a coyote," and would be rather jolting for a Nahua speaker, most likely eliciting laughter, confusion, or perhaps even accusations of betrayal. *Coyotl* popularly refers to people from the city and at a deeper level to anyone who does not respect indigenous thought systems and practices. Thus, this poem cleverly resignifies what *coyotl* represents. This appropriation of the animal is ironically similar to the appropriation of the term *indio* in Hernández's poem, "Na ni indio," in the book *Xochikoskatl* (1985), in which *indio* is positively resignified as opposed to the *coyotl* who oppresses. In the poem "nimocoyocuepas," this appropriation of *coyotl* asserts a place for previously marginalized cultural practices and intellectual traditions in the construction of the nation-state

---

22   Hernández's poetry is highly influenced by the texts of his close friend Miguel León Portilla, one of the leading scholars in popularizing Nezahualcóyotl, and the primary colonial documents that he analyzes. In his dissertation, *Filosofía náhuatl* (1956), León Portilla emphasizes that Nahuas had philosophy, an idea that seemed to "some an insane suggestion" ("Kalman Silvert Award" 4). León Portilla defines philosophy as a "human concern, fruit of admiration and doubt, that leads one to ask and inquire rationally regarding the origin, being and the destiny of the world and man" (*Filosofía náhuatl* 4). Hernández differs with León Portilla though in correlating the practices found in these colonial Náhuatl documents with present-day practices.

23   Dipesh Chakrabarty uses *provincialize* to describe the shift from "the loci of Europe" toward a decentered approach in which previously marginalized intellectual traditions are treated as equally valid. He argues that "pronvincializing" Europe does not entail a full rejection of European thought, but rather seeks how that thought can be "renewed from and for the margins" (16). The hegemonic Eurocentric intellectual tradition created a center of knowledge production in relation to which all other traditions were "provincial," pre-political, pre-history, and pre-philosophy. The spatial metaphor of the *provincialization* of Europe displaces this intellectual tradition from its hegemonic position.

and knowledge production, thus displacing the hegemonic *coyotl* from his position as the center of valid knowledge production.

Consequently, the animal as nahual and its intimate connection with the tonal represent a visceral resistance to previous marginalization. The *nahual* is an animal that has a deep connection with the tonal, or inner energy of a person, and if one protects this, nahual then the animal protects the person.[24] From this concept of the nahual and the tonal arises an ethic that includes a deep respect for nature and that recognizes the body as affectively connected to its surroundings.

Chicomóztoc: An Alternative Time

In addition to this alternative sentient space, *Colibrí* also represents an alternative time. "Canto de Nanahuatzin" describes the god Nanahuatzin on the verge of sacrificially leaping into the fire that would transform into the fifth sun. She describes that "Ya puedo saltar, / la luz penetra / en Chicomóztoc, / lugar de las siete cuevas" (60). Chicomóztoc, "place of the seven caves," is the mythical place from which the different Nahua peoples originated. The story of the creation of the sun refers to a cycle of different suns, and we currently live under the fifth. A cyclical solar sequence and Chicomóztoc represent an alternative genesis, which subsequently ties to the contemporary divine figure Chicomexóchitl "seven flowers" in the poem "Ofrenda a Chicomexóchitl." This poem describes a ceremony performed in Veracruz that shows gratitude to this deity who represents the seven basic staple foods in Nahua communities. This ceremony represents the foundational symbol of a community fasting, sacrificing, showing patience, and working. The symbol of this creation, the *tlaquimiloli*, is a bundled offering left in the *tepeyolotl*, or heart of the mountain. The poetic voice describes how the sacred music played at the ceremony stays in the memory of the community and "en el andar cotidiano de la gente" (64). Again the sacred number seven, coincidentally symbolically similar to its function in Christianity, represents a genesis but also an alternative creation intimately connected with a collective ethic leading one to

---

24 This resistance is similar to that of Pancho Culebro in the novel *Pancho Culebro y los naguales de Tierra Azul*, in which the naguales / nahuales serve as protection against the destructive force and discourse of modernity.

have a deep respect for nature and contrasting with the perspective of modernity.

A new genesis is also represented in the poem "Canto nuevo a Moctezuma Xocoyotzin." The poetic voice speaks to the *tlatoani* Moctezuma, telling him to abandon sadness and no longer afflict himself. This is indicative again of Hernández's rejection of indigenous victimization, of which Moctezuma is the symbol par excellence in national narratives. This poetic voice tells him that his children still remain "en la nación mexicana" (115). Yet it is interesting that "Mexican nation" can refer to Nahua communities instead of the Mexican nation-state. In this manner, Hernández indirectly refers to a pluri-nationality within Mexico, in a context in which speaking openly of different nations within the state is commonly rejected by the Mexican political system. Hence, the poetic voice displaces the idea of a homogenous nation, as the peripheral Nahua is thus claimed to be more Mexican than the prototypical mestizo subject.

"Canto de Nanahuatzin" goes on to state that "un sol / ya nos alumbra" (115), thus appealing to a different genesis with the cycles of suns. This contrasts sharply with President Vicente Fox's use of the same metaphor in a speech to an indigenous community in Oaxaca: "Nunca más un México que discrimine o dé maltrato, o abandone, u olvide a sus comunidades indígenas. Estamos frente a un nuevo amanecer para México. Estamos frente a un nuevo amanecer para las comunidades indígenas." Fox stated this in 2000 as he introduced an indigenous woman, Xóchitl Gálvez, who would become the commissioner for the Comisión Nacional para el Desarrollo de los Pueblos Indígenas (CDI), and who, according to Fox, came from "one of the poorest communities in the country." Framed within the context of economic development, Fox reacts in a paternalistic way and victimizes the indigenous people in Mexico. Such a narrative framework "leaves unchanged the power relations between those who are in a position to include and those who are supposed to passively accept being included" (Sanjinés, *Mestizaje* 10). In its stead, Hernández offers an alternative time and space in which indigenous subjects construct the nation-state, have access to political power, and offer alternatives to narratives of progress.

This different space and time is also represented in the poem near the end of the text, entitled "Itlamiya cuicatl" ("Final del canto"). This poem describes people as different colors of corn, alluding to the creation of men from corn, reminiscent of the *Popol Vuh*. The poem indicates that "el rojo, el blanco, / el amarillo, el negro / se han mezclado" and formed "rayos multicolores" beneath the sun, thus signaling the arrival of the sixth sun (167). While this might be interpreted as an anesthetized multiculturalism, this metaphor takes on deep significance when one takes into account the sun's relation to the heart, flowers, Mesoamerican deities, and the tonal. This does not involve a celebration of (market) diversity, as in neoliberal multiculturalism, but rather the treatment of Nahua knowledges as valid and the displacement of modernity as the center of knowledge production.

Such criticism of modernity is made explicit in the poem "Llora por ti Argentina" (a reference to the song in "Evita", "No llores por mí, Argentina"). Here Hernández tells Argentina to cry for itself because of its false progress, "un sueño de la modernidad," and for the policies of the nation-state that in the nineteenth century killed off most indigenous communities in the country (120). This is narrated from his small house in the countryside, "sentado en mi icpali [traditional Nahua chair]," where he is presumably seeing chaotic images during the 2001 crisis in Argentina on television. Analogous to Zapoteco's poems, Hernández here creates a dichotomy between rural life and the city, in which the city represents modernity, thereby reflecting the social conflict that Sanjinés describes as a struggle that "between linear time and cyclical time was —and remains— a cognitive problem, a problem of consciousness, which has repercussions in literary forms. For the dominant, development and progress are everything" (*Mestizaje* 22-23). The dream of this modernity in Argentina "empieza a desmoronarse / para dejarnos desnudos / para matarnos de hambre / para destruir nuestra raíz / para borrar nuestros rostro / y enterrar nuestra historia (*Colibrí* 120). It attempts to destroy local knowledges and "apropriarse de sus símbolos" (120). Hernández hopes that this social pain may lead to the "Sun of dignity," an allusion to the creation of a new sun which would leave behind ages of coloniality.

Scattered Language: Displacing Homogenous National Narratives

While Zapoteco and Hernández differ significantly in their literary styles, they both question the "horizon of expectations" of modernity and imagine a space in which indigenous knowledges and practices are recognized as valid for the present. To this end, Zapoteco advocates the use of physical violence if necessary and, in other poems not analyzed in this article, makes clear allusions to the Zapatista rebellion. This is also suggested in the poems analyzed in which the references to faces covered in black allude to Zapatistas with their iconic ski masks. By contrast, Hernández focuses on an intercultural dialogue that displaces the centeredness of the discourse of modernity and creates a dialogue on even ground between different nullary (the indigenous and the Western). In both texts, the metaphors of the heart, flowers, and deities play a key role in the visceral resistance to the discourse of modernity and imagine a different space and time in which affective intelligence is a key component.

In *Cantos*, Zapoteco translates and transforms the term "colonial" in Náhuatl as *tonalcaxtilian*, literally, the *Castilian day*. This also can be translated as the *tonal*, or Castilian spirit. Clearly, Castilian refers to the Spaniards and to the legacy of coloniality via the Castilian language, which, according to Gamio, functions as the homogenizing language for the national mestizo race. As Sanjinés describes it, "el sector mestizo ubicado en el poder se afana en organizar, con una finalidad política, su complicado orden social y discursivo, sometiéndolo a la búsqueda de una identidad tanto más homogénea cuando más quebradiza" (*Rescoldos* 2). Nonetheless, the migrant "como que deja que su lenguaje se esparza, contaminándolo todo" (2). Hernández and Zapoteco carry this out in the very political act of writing in Náhuatl and, as noted, questioning the homogenizing national discourse.

This study highlights the need to explore this language and the innovative ideas and styles contained in contemporary Nahua literature. *Innovative* is not a word applied to indigenous knowledge production, and, in debunking the depiction of indigenous subjects as always "behind on the times," I have argued for Nahua creativity and ingenuity. As Mignolo notes, decolonization can only take place when coloniality is deconstructed by those on the margins (*Local Histories* 45). Hernández and Zapoteco imagine a space of affective intelligence in which this coloniality has been displaced and indigenous subjects participate actively in the construction of the nation-state, transforming a political and social structure that, from its inception, was configured to dispossess them.

Bibliography

Arias, Arturo. *Taking Their Word: Literature and the Signs of Central America*. Minneapolis, MN: University of Minnesota Press, 2007.

Chakrabarty, Dipesh. *Provincializing Europe: Postcolonial Thought and Historical Difference*. Princeton, NJ: Princeton University Press, 2000.

Del Valle Escalante, Emilio. *Maya Nationalisms and Postcolonial Challenges in Guatemala: Coloniality, Modernity, and Identity Politics*. Santa Fe: School for Advanced Research, 2009.

Dirección General de Culturas Populares (DGCP). Programa de Apoyo a las Culturas Municipales y Comunitarias (Pacmyc). *Pacmyc 2003*. DGCP, 2003. Web. 1 Nov. 2010. <http://www.culturaspopularseindigenas.gob.mx/pdf/pacmyc2003.pdf>.

Fox, Vicente. "Abramos hoy los brazos a la justicia y dignidad de los pueblos indígenas." Oaxaca. 2000. Speech. *Sistema Internet de la Presidencia*. Web. 5 October 2010. <http://fox.presidencia.gob.mx/actividades/discursos/?contenido=27>.

Gamio, Manuel. *Forjando patria: pro-nacionalismo=Forging a Nation*. Trans. Fernando Armstrong Fumero. Boulder, CO: University Press of Colorado, 2010.

Goleman, Daniel. *Emotional Intelligence*. New York: Bantom Books, 1995.

Hale, Charles R. *Más que un indio=More than an Indian: Racial Ambivalence and Neoliberal Multiculturalism*. Santa Fe, NM: School of American Research Press, 2006.

Hale, Charles R. and Rosamel Millamán. "Cultural Agency and Political Struggle in the Era of the *Indio Permitido*." *Cultural Agency in the Americas*. Ed. Doris Sommer. Durham: Duke University Press, 2006. 281-304.

Hernández, Natalio. *Semanca Huitzilin / Colibrí de la Armonía / Hummingbird of Harmony*. Mexico City: CONACULTA, 2005.

—. *De la exclusión al diálogo intercultural con los pueblos indígenas.* Mexico City: Plaza y Valdés, 2009.

—. Personal Interview. 10 June 2010.

— [José Antonio Xokoyotsin]. *Xochikoskatl / Collar de flores.* Mexico City: Kalpulli, 1985.

Hobsbawn, Eric. *The Invention of Tradition.* New York: Cambridge University Press, 1992.

León Portilla, Miguel. *Filosofía náhuatl: Estudiada en sus fuentes, con un nuevo apéndice.* 10th ed. Mexico City: UNAM, 2006.

—. "Kalman Silvert Award." *Program for LASA 2006.* 4-5 March 2006. Web. 10 Oct. 2010. <www.resdal.org/experiencias/lasa-mar06-prog.pdf>.

Lepe Lira, Luz María. *Relatos de la diferencia y literatura indígena: Travesías por el sistema mundo.* 2013. MS.

Manning, Erin. *Politics of Touch: Sense, Movement, and Sovereignty.* Minneapolis: University of Minnesota Press, 2007.

Marcus, George E., W. Russell Neuman, and Michael Mackuen. *Affective Intelligence and Political Judgment.* Chicago: University of Chicago Press, 2000.

Matthews, Gerald, Mashe Zeidner, and Richard D. Roberts. *Emotional Intelligence: Science and Myth.* Cambridge: MIT, 2002.

Mignolo, Walter. *The Darker Side of the Renaissance: Literacy, Territoriality, and Colonization.* Ann Arbor: University of Michigan Press, 1995.

—. *Local Histories/Global Designs: Coloniality, Subaltern Knowledges, and Border Thinking.* Princeton, NJ: Princeton University Press, 2000.

Molina Cruz, Mario. *Xtille Zikw Belé, lhén bene nhálhje ke Yu' Bza'o / Pancho Culebro y los naguales de Tierra Azul.* Mexico City: CONACULTA, 2007.

Montes Romanillos, Sonia. *Poesía indígena contemporánea de México y Chile.* Diss. University of California at Berkley, 2008. Ann Arbor, MI: University of Michigan Press, 2009.

Morquecho, Antonio. "Arranca en Morelos el Programa Nacional de la Agroindustria de la caña de azúcar." *El sol de Cuernavaca*, 2008. Web. 5 October 2010. <http://www.periodistasenlinea.org/modules.php?op=modload&name=News&file=article&sid=3541>.

Nussbaum, Martha C. *Upheavals of Thought: The Intelligence of Emotions*. Cambridge, UK: Cambridge University Press, 2001.

Quijano, Aníbal. "Coloniality of Power, Eurocentrism, and Latin America." Trans. Michael Ennis. *Nepantla: Views from the South* 1.3 (2000). Web. 15 October 2010. <http://muse.jhu.edu/journals/nepantla/v001/1.3quijano.pdf>.

Sanjinés C., Javier. *Mestizaje Upside-Down: Aesthetic Politics in Modern Bolivia*. Pittsburgh, PA: University of Pittsburgh Press, 2004.

—. *Rescoldos del pasado: Conflictos culturales en sociedades postcoloniales*. La Paz, Bolivia: PIEB, 2009.

Servicio de Información Agroalimentaria y Pesquera (SIAP). "Descripción de la cadena agroalimentaria de caña de azúcar." SIAP, 2008. Web. 25 October 2010. <http://w4.siap.gob.mx/sispro/portales/agricolas/cania/Descripcion2008.pdf>.

Villareal, Andrés. "Stratification by Skin Color in Contemporary Mexico." *ASA* 20.5 (2010): 1-27. *American Sociological Review*, n.d. Web. 27 November 2010.

Zapoteco Sideño, Gustavo. *Cantos en el cañaveral / Cuicatl pan tlalliouatlmej*. Mexico City: JM Impresiones, 2004.

—. Personal interview. 20 June 2010.

América Latina y los Pueblos Indígenas.
Para una crítica de la razón latinoamericana

Armando Muyolema
Universidad de Wisconsin—Madison

Este trabajo argumenta que la idea de América Latina lejos de ser un topónimo vasto, singular y neutral, encarna un proyecto cultural de afirmación y prolongación histórica del régimen cultural del colonialismo y, como tal, es el lugar de una compleja disputa política e histórica que involucra a actores colectivos en prolongadas luchas asimétricas. En este sentido, me propongo un doble propósito. Por un lado, analizo la problemática significación histórica y cultural de la "invención de América Latina" para los pueblos indígenas. Por otro lado, expongo de manera seminal algunas líneas de reflexión crítica sobre esa misma construcción cultural desde las experiencias colectivas de estos pueblos. Pero América Latina es ahora mismo una región marcada por un discurso político "progresista" y de gobiernos que se identifican dentro de una heterogénea tendencia del socialismo del siglo XXI; unos con mayor intensidad que otros, proclaman que vivimos no sólo una época de cambios sino la utopía de un "cambio de época". ¿Qué puede significar en este contexto político e histórico reflexionar sobre la denominación de un lugar, "América Latina", establecido, asumido y celebrado más allá de su problemática genealogía y de su fuerza modeladora de identidades, formas de vida, historias y expectativas colectivas? ¿Cuál ha sido y sigue siendo la naturaleza de la relación entre los pueblos indígenas y el proyecto cultural que encarna la idea de América Latina? ¿Cómo contar la emergencia histórica de la "razón latinoamericana" desde las experiencia colectiva de los pueblos indígenas?

Un modo de responder a estas preguntas es que en el debate que produjo esta idea se re-articularon de manera sistemática las herencias coloniales y, por lo tanto, las políticas del nombrar, lo que produjo la emergencia de lo que llamaré la "razón latinoamericana", eurocéntrica en su mundo de referencias que, por fuerza de esa misma razón, representa un poderoso locus de enunciación política y un proyecto cultural, sostenido históricamente, de colonización/ intervención, asimilación o negación de otras formas de ver y representar el mundo, a lo largo de una extensa geografía.

En la primera línea de análisis, demostraré cómo el desarrollo de esta categoría –América Latina— implicó no solo un posicionamiento político-cultural dentro de las disputas imperiales por repartirse el mundo. Siendo esta una verdad bastante estudiada (Mignolo, *La idea de América Latina*; Santos; Ardao, *América Latina y la latinidad*), el objetivo aquí es explorar cómo este posicionamiento implicó la cristalización de un proyecto que proporcionó los elementos ideológicos y espirituales globales para re-articular las herencias coloniales en torno a un denso proyecto cultural de dimensiones regionales y transnacionales de intervención/colonización, asimilación y negación de las culturas indígenas.

La segunda línea de análisis, que se despliega como una trama paralela, como un contrapunto plasmado en el mismo acto de escribir, sitúa las emergencias de las voces indígenas, sus demandas históricas y contemporáneas, que relativizan y cuestionan la universalidad homogénea que invoca esta denominación continental. Argumento que tal pretendida universalidad no es sino la voluntad de poder para imponer un régimen cultural, en cuyo centro –como trincheras culturales— están las instituciones de la "ciudad letrada" (Rama, *La ciudad letrada*) desde la cual lo "latino" se despliega como fuerza colonizadora expansiva, que ha condicionado y limitado la producción cultural de los pueblos indígenas.

Genealogía de la América Latina

A mediados del siglo XIX, a escasas tres o cuatro décadas de la fundación de los estados nacionales, una pléyade de intelectuales de los países recién independizados del mando político de las metrópolis europeas participaron en la articulación de la idea de América Latina. Radicados en su mayoría en las metrópolis europeas, desarrollaron un discurso desde fuera de sus lugares de origen. El lugar desde donde intervienen en el debate cultural es un lugar descentrado desde el punto de vista de sus pertenencias nacionales. Esto nos coloca ante una formación discursiva con un doble estatuto ontológico y un doble sentido de pertenencia. Por un lado, un conjunto de discursos "fuera de lugar", en su sentido geográfico; por otro, un discurso compacto que define un "dentro" cultural en el mismo proceso de su producción. Escribir desde Paris, implicó una distancia del lugar natal y, al mismo tiempo también un imaginarse dentro de un universo cultural amplio en cuya producción discursiva tuvieron una notable participación. Este complejo movimiento discursivo permite visualizar un posicionamiento antagónico global frente a la voluntad expansiva de la cultura anglosajona. Este antagonismo cultural global ha sido bien caracterizado desde varias perspectivas.[1] Lo que si llama la atención es el lado ciego de la crítica al ignorar los efectos de esta suerte de militancia cultural en la escala nacional; es decir, la manera cómo la razón latinoamericana se tradujo en un discurso autoritativo en la generación de políticas culturales de intervención en los territorios indígenas y afroamericanos. El carácter de estas intervenciones nos lleva de regreso a las políticas culturales del colonialismo.

La colonización es un acto de poder fundacional. No solo es ocupación del espacio y producción del lugar como espacio socialmente significativo (Tuan; Lefebvre). La colonización no es solo desplazamiento y negación del otro; es también, paulatinamente, una impostura política. Según el *Oxford Dictionary of Difficult Words*, una impostura es "An instance of pretending to be someone else in order to deceive others" (Hobson 220). Esta pretensión de ser alguien diferente de lo que realmente es para engañar a otros, está en el centro mismo de las narrativas de la conquista donde los conquistadores no son conquistadores sino divinidades cuya presencia fue entendida, según imaginan los narradores, dentro del mito del retorno de los dioses. Por tanto, el acto de ocupación de los espacios políticos fue representado no como un acto de fuerza a secas sino como un posicionamiento legitimado, en gran media, por la fuerza profética del mito. No vamos a profundizar aquí la genealogía de los discursos míticos abundantes desde las crónicas más tempranas; pero sí es necesario enfatizar que esto es verdad no solo en el sentido misionero que asumió la empresa colonial des-

---

1 V.g., en Mignolo, *La idea de América Latina*; y Ardao, *América Latina y la latinidad*.

de el mismo momento de su articulación institucional, sino, sobre todo, por el papel civilizador y salvador con que se representaron a sí mismos los "descubridores". Las narrativas del "descubrimiento", definen otro rasgo característico de impostura política al articular intrínsecamente una relación de poder. Boaventura Santos, describe acertadamente esta relación:

> Apesar de ser verdade que não há descoberta sem descobridores e descobertos, o que há de mais intrigante na descoberta é que em abstracto não é possível saber quem é quem. Ou seja, o acto da descoberta é necessariamente recíproco: quem descobre é também descoberto, e vice-versa. Porque é então tão fácil, em concreto, saber quem é descobridor e quem é descoberto? Porque sendo a descoberta uma relação de poder e de saber, é descobridor quem tem mais poder e mais saber e, com isso, a capacidade para declarar o outro como descoberto. É a desigualdade de poder e de saber que transforma a reciprocidade da descoberta na apropriação do descoberto. (s.p.)

Estos son legados profundamente arraigados en los regímenes culturales en virtud de los cuales perdura, hasta la actualidad una fuerte jerarquización social y cultural y una actitud misionera y civilizadora en las instituciones del Estado y en las interacciones sociales de la vida cotidiana. Las imposturas políticas consisten en posicionamientos de poder que permiten hablar por los otros sin otra legitimidad que el poder cultural derivado de los legados coloniales. Implica no solo la suplantación de la voz y el agenciamiento del sujeto subalterno sino la colonización activa del mundo de los deseos y expectativas colectivas de las sociedades oprimidas. Como veremos más adelante, es este legado político que subyace a las narrativas y prácticas de intervención indigenistas.

La colonización implicó no solo el despojo de la palabra sino también un acto de impostura política en virtud de la cual se articuló una nueva narrativa sobre la experiencia colonizada de los otros. La ocupación y despojo del espacio no fue solo una apropiación física de la geografía sino el acto político de ocupación del lugar del otro ignorando su presencia previa. La toma de posesión del espacio y el desplazamiento de la experiencia y la ocupación previa fueron actos simultáneos de despojo sistemático y suplantación política. La palabra del conquistador tendrá su eficacia: hasta hoy se habla de "descubrimiento", o sea, desde el punto de vista del invasor; de los relatos del conquistador nace el nombre de América y, siglos más tarde, América Latina. Debemos también a este punto de vista el nombre de "indios" y toda la taxonomía social que se elaboró a lo largo de los siglos.

Las nociones de "descubrimiento" o del "nacimiento" del Nuevo Mundo, suponen la idea de una geografía deshabitada. Esta idea se convertirá luego en el núcleo de un violento y perdurable proceso discursivo que "con el inicio del colonialismo en América comienza no sólo la organización colonial del mundo sino la constitución colonial de los saberes, de los lenguajes, de la memoria y del imaginario [...] por primera vez se organiz[ó] la totalidad del espacio y del tiempo –todas las culturas, pueblos y territorios del planeta, presentes y pasados– en una gran narrativa universal" (Lander 1) que hasta la actualidad perdura en las estructuras institucionales, en el orden cultural, en las "estructuras de sentimiento" y que, para hablar con Raymond Williams, subyacen a las interacciones sociales y a las relaciones entre comunidades. Un sistema de percepción, representación y valoración se sobrepuso a los ya existentes en los mundos colonizados. Sus habitantes fueron nombrados genéricamente como "indios". Estos últimos viven la experiencia del desplazamiento. En virtud de la suplantación política, un orden simbólico extraño se instala en su seno en abierta confrontación con sus horizontes culturales. El actor foráneo elabora con sus instrumentos hermenéuticos una versión del mundo en el que es subsumido como objeto, un mundo largamente habitado y conocido. La radicalidad de lo extraño se tradujo en experiencias que afectaron a aquellos hombres concretos y a sus mundos. En esa violenta relación, el acto político del conquistador-narrador por el cual nombra las cosas, no inauguró el mundo sino una disputa por la representación del mundo que se libra desde entonces en el ámbito simbólico del lenguaje y en la arena de las luchas políticas.

La razón latinoamericana consiste en una política del nombrar eurocéntrico. Desde esta perspectiva, los territorios y las lenguas se convirtieron en escenarios de lucha. Nombrar es luchar. América primero y más tarde América Latina, resultan de aquellas políticas del nombrar y de las luchas imperiales por la hegemonía política y cultural en las tierras conquistadas.

Hacia adentro, el proyecto cultural latinoamericano, se sitúa dentro de tradiciones culturales divergentes de distintos modos inclusivos. Tales divergencias han merecido históricamente soluciones deferentes. Entre la asimilación y la negación, José Martí, imaginó una convergencia cultural en términos de la metáfora del injerto. Dice él: "Injértese en nuestras repúblicas el mundo; pero el tronco ha de ser el de nuestras repúblicas" (Martí 54). Al proponer entender las influencias culturales como un injerto en el tronco cultural "propio", Martí privilegia la capacidad de agenciamiento, el rol activo de las sociedades locales. El énfasis está en los procesos de apropiación y en los procesos de articulación de sentidos y significados locales.

Sin embargo, la hispanización se volvió en proceso hegemónico. Ilustra elocuentemente esta trayectoria una revisión del origen y el proceso de configuración conceptual, cultural y político de América Latina; pues, como veremos a continuación, desde sus inicios resulta ser un proyecto de tajante exclusión de los pueblos originarios del continente que, para empezar, fueron llamados genéricamente indios o indígenas. Las siguientes citas que las tomo de Arturo Ardao,[2] muestran un espíritu colonial intrínseco al proceso constitutivo de lo que se conoce hoy como América Latina. Veamos: José María Torres Caicedo, cuando busca una "denominación científica" para designar el conjunto de las Américas española, francesa y portuguesa encuentra que "latina" es la adjetivación adecuada y añade: "Claro es que los Americanos-Españoles no hemos de ser latinos por lo indio, sino por lo español" (74). El chileno Santiago Arcos, en 1852, anuncia proféticamente que ya viene la luz "para la América Española, para las razas latinas que están llamadas a predominar en nuestro continente" (69). En esta misma perspectiva, en 1853, el dominicano Francisco Muñoz del Monte, refiriéndose a la situación del Nuevo Mundo, en la efervescencia de los nacionalismos emergentes, razona de la siguiente manera: "Dos razas diversas lo pueblan principalmente, la raza latina y la raza anglogermana, prescindiendo de la indígena y la africana, cuya inferioridad física e intelectual las subordina necesariamente a la acción más poderosa y civilizadora de las primeras" (70). En el marco de esta tradición, a simple vista, América Latina se descubre enredada desde sus orígenes en una trama ideológica de naturaleza colonial; deja de ser una convención nominal neutra y pierde su inocencia política y cultural. América Latina es más que una idea; representa un conjunto de ideales, acciones y representaciones del mundo que, relacionadas entre sí, encarnan un proyecto cultural de largo

---

2 Véase Ardao, *Génesis de la idea y el nombre de América Latina*.

aliento que se formula en términos de una lucha que se libra en dos frentes: en confrontación con la expansión cultural anglosajona y, casa adentro, como continuidad del proyecto "civilizador" heredado de la colonia frente a los pueblos originarios. Esta representa un deseo, un proyecto utópico que ha buscado fundir la diferencia para fundar la unidad. Es a esta construcción ideológica de matrices coloniales, consciente y plenamente asumida por una pléyade de intelectuales que gustan llamarse latinoamericanos, que llamaré *latinoamericanismo*. En esta perspectiva, el latinoamericanismo se refiere a una formación discursiva que nada tiene que ver con los discursos imperiales del "Area studies".

Frente a la razón latinoamericana que encarna el latinoamericanismo, es pertinente recuperar los discursos emergentes que se ven representados en nominaciones alternativas. En lo que sigue de este ensayo recuperamos para nuestro continente el nombre de Abya Yala, nombre asumido por las organizaciones indígenas de varios países desde la década de los 80 y que en lengua kuna quiere decir "tierra en plena madurez". Recupero esta nominación en dos sentidos: como posicionamiento político y como lugar de enunciación. Como lugar de enunciación no pienso solamente en la geografía; pienso sobre todo en la experiencia histórica y las sensibilidades desde las cuales pensamos y actuamos. Si esto da la apariencia de cercanía a las tensiones políticas y académicas entre intelectuales metropolitanos (que hablan *sobre* América Latina) y aquellos que hablan *desde* América Latina, admitimos que esto es así solamente en el sentido de que la posicionalidad y los argumentos de quienes (suponen que) hablan *desde* América Latina,[3] pueden ser tomados para pensar el modo cómo metropolitanos y periféricos han entrado en relación con nosotros: pues, si los metropolitanos miran como objeto de estudio a América Latina, los intelectuales "periféricos" (en relación con el pensamiento europeo), casa adentro, nos han mirado con los mismos lentes y la misma actitud metropolitanas: como objeto de estudio. Desde la recuperación de este otro lugar, que dice también de nuestra posición política e intelectual, realizamos una primera aproximación crítica al proceso de emer-

---

3 Sobre esta tensión intelectual y política, véase Nelly Richard, "Intersectando Latinoamérica con el latinoamericanismo. Discurso académico y crítica cultural"; y Hugo Achugar, "Leones, cazadores e historiadores. A propósito de las políticas de la memoria y del conocimiento". Los dos ensayos están incluidos en Castro-Gómez y Mendieta.

gencia y constitución de Latinoamérica como un proyecto cultural de occidentalización, y su articulación ideológica con ciertas líneas del indigenismo y el mestizaje. El desarrollo interpretativo del pensamiento disidente de Dolores Cacuango será el marco de referencia simbólica y conceptual a partir del cual articularemos nuestra perspectiva crítica.

1. Debates políticos, tramas ideológicas e imposturas políticas.

Como señalé anteriormente, la idea de América Latina como proyecto cultural, tiene articulaciones nacionales y por tanto elaboraciones teóricas y prácticas situadas. En este contexto amplio, en su libro, *El indio ecuatoriano. Contribución al estudio de la sociología indo-americana*,[4] el influyente sociólogo liberal ecuatoriano, Pío Jaramillo Alvarado (1894-1978), postuló lo siguiente: "No es al indio a quien solo hay que redimir, *es al país al que es preciso redimir también del indio*" (164, énfasis en el original). Semejante tesis redentorista plantea una problemática de singular trascendencia política. Su sentido polémico queda consagrado en el siguiente enfático señalamiento: "*Esa es la cuestión*" (164, énfasis añadido). Retengamos esta idea: la cuestión es redimir al país del indio.[5] Estas proposiciones son significativas, por lo menos en un triple sentido: primero, porque muestran que la idea de una "grandiosa civilización" es un proyecto hacia el futuro que se constituiría en el campo político e ideológico de América –según su decir–; segundo, los sujetos colectivos, denominados genéricamente como "indios", son vistos como una "cuestión" o "problema" a ser resuelto desde el accionar de este proyecto y, por último, la "cuestión del indio" se inscribe necesariamente dentro del torrente ideológico que se propone desembocar en una civilización futura. El proyecto subyacente y el horizonte orientador es la asimilación a la civilización latinoamericana ya establecida en las expectativas nacionales.

---

4 Para efectos de este estudio usare la edición de 1954, prologada por Gonzalo Rubio Orbe, a menos que se indique lo contrario.
5 Véase el Pórtico de la primera edición. La primera edición de este libro fue publicada en Quito y data de 1922. Desde entonces se han hecho varias revisiones y ampliaciones en el fragor de un intenso debate sobre la situación "indígena" y su destino en Ecuador y Abya-Yala, a inicios del siglo XX. Según el autor, este libro pretende ser una "gota de agua en el torrente ideológico [...] de la política americana" que ensaya lineamientos para una futura y "grandiosa civilización autóctona".

Dentro de esa civilización futura, el "indio" tiene asignado un destino: "el camino de la civilización latina". Pío Jaramillo Alvarado cita la autorizada voz de José Vasconcelos para proclamar luego, que es el mestizaje la única salvación de los "indios" (*El indio ecuatoriano* 1922). En el hilo argumental de Jaramillo dice Vasconcelos que "el indio no tiene otra puerta hacia el porvenir que la puerta de la cultura moderna, ni otro camino que el camino ya desbrozado de la civilización latina" (333). El Pórtico —la entrada al argumento del libro de Jaramillo— recoge casi ritualmente nombres prestigiosos de su horizonte cultural: Sarmiento, Lastarria, Rodó, Blanco Fombona y García Calderón como pensadores paradigmáticos en cuyo seno inscribe el suyo propio. La razón latinoamericana, asumiendo el rol de definir lo que es bueno para los otros, se posiciona como una suplantación política que ocupa la voz del otro. De esta manera, el indigenismo militante de Jaramillo, representa lo que hemos definido como una impostura política en virtud de la cual habla por las sociedades indígenas. Las sociedades indígenas no hablan a través de esta voz ajena, sino que son habladas por una voz que evoca el orden político colonial, el carácter misionero y mesiánico que se auto-justificó con el orden colonial.

Salvando las distancias ideológicas, geográficas e históricas, esta tesis sería suscrita fácilmente por una legión de intelectuales y políticos latinoamericanos contemporáneos y sucedáneos de Jaramillo Alvarado y Vasconcelos. No estamos sin duda, ni de lejos, frente a un argumento descriptivo: lo que tenemos enfrente es un mensaje profético, un deseo explícito, históricamente compartido, con relación al destino manifiesto de aquellos que son llamados "indios". Sólo para ilustrar la vitalidad de esta tradición, veamos algunas tesis fundamentales formuladas desde las más dispares perspectivas ideológicas y políticas, en contextos históricos también distintos: José Carlos Mariátegui dice, "La reivindicación capital de nuestro vanguardismo es la reivindicación del indio [...] Traducido en lenguaje inteligible ["el problema del indio"] se presenta como el problema de la *asimilación a la nacionalidad peruana* de las cuatro quintas partes de la población del Perú" (*Peruanicemos al Perú* 72, énfasis añadido); Roberto Fernández Retamar, "frente a esta pretensión de los conquistadores, de los oligarcas criollos, del imperialismo y sus amanuenses, ha ido forjándose nuestra cultura genuina, *la cultura gestada por el pueblo mestizo*, esos descendientes de indios, de negros y de europeos que supieron capitanear Bolívar y Artigas" (65, énfasis añadido); Ángel Rama, preguntado si hay un lugar en el futuro para los pueblos indígenas, dice: "Sin duda, pero *no de la cultura indígena sino de la cultura mestiza porque la cultura india ya no tenía sentido*" (Díaz Caballero, énfasis añadido); Leopoldo Zea, "La sangre y cultura ibera, integradas en la sangre y cultura india, africana y asiática, se mestizaron [...] Se espera así el inicio de un posible nuevo Orden Universal que recoja la experiencia de la España bajo el dominio musulmán y la de la España que tolerantemente se mezcló con las razas y culturas de la antes desconocida región del mundo: América" ("El mestizo como utopía" 30,, énfasis añadido). Por su parte, Vargas Llosa arguye:

> If forced to choose between the preservation of Indian cultures and their great sadness I would choose modernization of the Indian population, because there are priorities ... [M]odernization is possible only with the sacrifice of the Indian cultures. (Beverley 281)

Proyectos intelectuales y filiaciones políticas, sin duda, dispares, pero, paradójicamente, comparten y se tocan los supuestos de los que parten y sus objetivos políticos y culturales: el genérico "indios" debe ser sacrificado en nombre de la civilización, primero y, luego, de la modernización (promesa del porvenir); proceso y finalidad que encuentran en el mestizaje su viabilidad posible. En su momento germinal, América Latina brota a la conciencia como un signo de identidad en constitución, taxativamente excluyente de lo "indio"; el indio no es ignorado sino excluido. Por consiguiente, no hay silencios sino un discurso profuso y denso que vuelve al indio en objeto de redención mediante un acto sacrificial de destrucción de su cultura, de su proceso civilizatorio y de sus sentidos de comunidad. Sacrificio de la cultura y redención del hombre como *tabula rasa*, como sujeto sin memoria, solo es posible sin culpa en virtud de ocupar el lugar del otro. Si miramos a través de esta explícita finalidad, de este telos de raigambre colonial, el acto sacrificial de redención debe entenderse como el trabajo operativo que trasciende el mundo de las representaciones discursivas para –trabajando con ellas– traducirse en políticas y acciones cotidianas de presión cultural sobre los pueblos de Abya Yala y sus procesos culturales. Nuevamente resulta paradigmática la política educativa vasconceliana, impulsada desde el ministerio de educación mexicano durante los años 20. Para Vasconcelos, la política educativa es un "ideario en acción". Desde esta perspectiva imaginó para los indígenas un modelo de educación basado en los métodos coloniales de evangelización, a tal punto que profesores y funcionarios asumieron explícitamente el papel de, y fueron nombrados como, "misioneros" de la civilización.[6]

En este contexto histórico, cultural y político, si nos fuera permitido enunciar la pregunta fundamental que históricamente subyace al pensamiento político e intelectual latinoamericanista con relación a los indios, esta sería sin duda muy sencilla: ¿qué hacer con los indios? Esta pregunta remite al dilema fundamental y no resuelto todavía de la distinción entre la independencia política y el fin del colonialismo. Mientras que a los criollos y sus descendientes contemporáneos les gusta contar la biografía de la nación como una ruptura del orden colonial, a los pueblos indígenas les resulta imposible pensarse en ese "nosotros" que logró emanciparse políticamente. El reverso de los procesos de independencia es la continuidad del colonialismo, el reverso de la historia nacional es la "memoria profética" (Postema), desde la cual los pueblos indígenas recuerdan la continuidad del colonialismo en distintos órdenes de la sociedad y de sus instituciones. La memoria profética consiste en la experiencia histórica de la colonización que al ser narrada no sólo cuestiona la linealidad histórica de la comunidad nacional, sino que postula un horizonte de liberación, el tiempo histórico postcolonial. Es en el contexto de este dilema político donde las relaciones indio/no indio propician la emergencia de un pensamiento en el que el indígena se vuelve *problema*; pero tal operación es posible cuando tales relaciones pasan de la interacción social a la abstracción. Raissner estudia este proceso en el contexto mexicano y dice lo siguiente:

> Que las relaciones entre indios y no indios puedan pasar de la realidad a la abstracción hace posible, para el observador, el estudio y el análisis de una situación conflictual y permite el surgimiento de una nueva categoría capaz de definir la relación de los dos grupos. (Lauer 27)

Y añade en seguida que "Admitir que el problema no es el indio en cuanto tal, sino las relaciones indio/no indio es una interpretación que el no indio jamás podrá aceptar pues ello significaría el fin de sus privilegios"[7] y, por tanto, el fin de la impostura política

---

6 Véase al respecto Fell.
7 Fell citado en Lauer 27.

que le permite hablar por el indio. Sin embargo, como es bien sabido, "la cuestión indígena" será el núcleo ideológico hegemónico que articulará históricamente un amplio espectro de reflexiones, debates y acciones que buscan recreaciones estéticas y soluciones políticas desde iniciativas ajenas a los propios indígenas. Por otra parte, "la cuestión indígena" involucró en su formulación misma y en sus implicaciones políticas y culturales una trama discursiva en la que confluyen un conjunto de imágenes y representaciones procedentes no sólo del campo artístico y literario, sino también de diferentes campos disciplinarios. Ahora bien, es ampliamente aceptado que el indigenismo es un movimiento o una corriente fundamentalmente artístico-literaria y política de reivindicación del/lo indígena, con una larga tradición que se constituye al calor de los debates sobre la "cuestión indígena". Es difícil participar críticamente en el debate sobre el indigenismo sin que por lo menos mencionemos que dentro de esta tendencia existen visiones no solamente diferentes sino muchas veces contrapuestas y antagónicas en relación a los pueblos indígenas y de sus procesos culturales. No es posible, por ejemplo, ponerlos dentro de una perspectiva aparentemente compartida a Jorge Icaza y José María Arguedas, o a Jesús Lara y Alcides Arguedas. Aunque cierta crítica los coloque en el deseo común del mestizaje, es enteramente posible recuperar a Lara y José María Arguedas, en sus experiencias y en sus filiaciones afectivas, para la construcción de un proyecto cultural diferente. Pero nuestro objetivo aquí es sin duda muy acotado. Lo que sí es relevante en el hilo argumental de este trabajo es resaltar la intrínseca relación ideológica entre los discursos indigenistas y aquel compulsivo y profético latinoamericanismo que se expande por el continente como una promesa homogeneizante que resta autonomía y relativiza la especificidad y el carácter militante de aquellos.

América Latina encarna un proyecto de matriz colonial y ha involucrado en sus estrategias simbólicas y políticas ciertas tendencias del indigenismo. Me gustaría invitar aquí a Leopoldo Zea, entre otras cuestiones, porque nos permite un ilustrativo y paradigmático acceso al indigenismo en su íntima relación con el latinoamericanismo o, lo que es lo mismo, porque inscribe explícitamente al indigenismo dentro de las políticas coloniales de los proyectos nacionales apuntalados en la celebración de la latinidad como núcleo cultural y civilizador, políticas éstas que estuvieron destinadas a afianzar y sostener su expansión y hegemonía cultural entre los pueblos indígenas. En efecto, en su ensayo *Negritud e indigenismo*, Leopoldo Zea, observa que el indigenismo:

> No tiene su origen en el propio [...] indio de América [...] Esta bandera la enarbolan los no indígenas o los que han dejado de serlo al formar parte consciente de una comunidad nacional en Latinoamérica. *Es parte de un programa para incorporar al indígena, esto es al indio, a dicha comunidad*; una comunidad creada por el criollo mestizo. Es *este el que llamaremos latinoamericano*. (6, cursiva añadida)

Zea elabora esta caracterización del indigenismo en contraste con el movimiento cultural de la negritud; por tanto, es consciente y conoce los orígenes culturales y políticos de cada uno de ellos. Aunque a todas luces su concepción del indigenismo no es ingenua, sorprende el artificio ideológico en virtud del cual establece una homología entre indigenismo y negritud.

En efecto, para Zea la toma de conciencia sobre la situación de dominación y discriminación es un elemento común en la emergencia del indigenismo y de la negritud. La idea central que articula su análisis es la idea de mestizaje. Tanto el indigenismo como la negritud implican en su perspectiva actitudes y procesos culturales que favorecen el mestizaje. Pero difieren entre sí porque el indigenismo "no tiene su origen en el propio indígena" mientras que la negritud es un concepto que nace de la conciencia del hombre negro. Zea es muy ilustrativo en su razonamiento sobre el mestizaje como afirmación de la negritud, pues, en este caso: "Se trata", dice él, "no de ser incorporado, asimilado, sino de incorporar y asimilar" (17). El negro es el sujeto que asimila y el que ejerce control sobre su proceso cultural y sobre su definición como sujeto y su inserción cultural. La negritud no se funde en el latinoamericanismo. El filósofo mexicano establece más bien un paralelismo entre negritud y mestizaje latinoamericano mostrando sus coincidencias en tanto mantienen un rol protagónico en sus procesos de producción cultural.

Empero, volviendo a la cita, ésta nos muestra paradójicamente las contradicciones de sus propios argumentos. De entrada, una problemática que salta a la vista es la cuestión de la representación política y mimética: el indigenismo es un proyecto de los no indígenas o de aquellos que han dejado de serlo, por tanto los indígenas no tienen voz propia; son hablados a través de voceros ajenos a su mundo y a sus aspiraciones. El indigenismo es un acto de suplantación que lleva a los indigenistas a representar a los indígenas desde un "exterior" cultural y social. Sin embargo, esta cuestión no parece ser relevante para Zea; por consiguiente, aquel celebrado principio de la negritud, de asimilar y no ser asimilado, no es válido para los indígenas. Estos deben ser asimilados por los latinoamericanos, aquellos que crearon una comunidad nacional criolla y mestiza, "ya que es a partir de esta asimilación que el hombre latinoamericano pueda establecer la necesaria unidad de su ser" (7). Ser partícipe de dicha comunidad tiene como condición no ser indio o dejar de serlo. Curiosamente, siguiendo esta línea de argumentación, Zea inscribe en la lucha revolucionaria americanista a Túpac Amaru para afirmar que "el indigenismo se transforma así en latinoamericanismo" (14). En una mirada retrospectiva Túpac Amaru sería, según Zea, la figura política que propicia tal transformación. Esta eufemística articulación ideológica, sin duda, escamotea el proyecto político subyacente a la rebelión tupamarista que tuvo varias expresiones a lo largo de los andes así como también el significado político que ha tenido para los indios el pro-latino-americanismo. No discutiremos aquí los detalles de esta problemática inscripción. Por el momento nos conformaremos con la siguiente cita de José Carlos Mariátegui, porque refuta lúcidamente, desde dentro de la misma tradición, el eufemismo escamoteador del filósofo mexicano:

> Un artificio histórico clasifica a Túpac Amaru como un precursor de la independencia peruana. La revolución de Túpac Amaru la hicieron los indígenas; la revolución de la independencia la hicieron los criollos. Entre ambos acontecimientos no hubo consanguinidad espiritual e ideológica. (*Mariátegui total* 289)

No obstante, si bien nosotros suscribiríamos la tesis mariateguiana, también estamos de acuerdo parcialmente con el pensador mexicano. Mariátegui nos haría pensar en dos dimensiones de la experiencia política colectiva: en las contradicciones políticas y culturales vividas cotidianamente en nuestras relaciones con los no indios, por un lado, y, por otro, en la memoria histórica (oral y escrita) que vive en la tradición. Unas y otras son parte de la subjetividad individual y colectiva de quienes sentimos la presión ejercida sobre nuestra cultura, sobre nuestros cuerpos y sobre nuestra subjetividad. Por su parte, Leopoldo Zea produce un argumento admirablemente ejemplar en el que hermana indigenismo y latinoamericanismo. Recordemos que él define al indigenismo como una parte del programa de incorporación del indio a una comunidad nacional creada por el criollo mestizo. Para Zea, criollo mestizo y latinoamericano son conceptos intercambiables, designan una misma identidad en constitución. El criollo mestizo o latinoamericano vendría a ser aquel que no es indígena o ha dejado de serlo y, como tal, es el creador y partícipe consciente de una comunidad nacional. Con relación a lo indígena, el criollo mestizo es el sujeto que diseña un programa de incorporación de aquel a su comunidad nacional. Por consiguiente, para los llamados indios, lo latinoamericano es un punto de llegada que supone un proceso de conversión de sí mismo, un proceso de despojo cultural para asumir una nueva vestidura referida a la latinidad y a la tradición colonial de corte europeo. La conversión forzada del llamado indio tiene un eufemismo político y moral en un concepto muy utilizado en el discurso indigenista: la redención. Como afirma Rodrigo Montoya refiriéndose a las políticas culturales impulsadas por los sectores hegemónicos del Perú, "se trataba de redimir al indio por medio de la educación, entendida directamente como la desindianización": la redención del indio a través de su eliminación (16).

A estas alturas, podemos afirmar entonces que el indigenismo en sus vertientes artísticas y disciplinarias, es una respuesta práctica a la "cuestión indígena": busca producir argumentos, imágenes y representaciones con una supuesta validez epistemológica para justificar compulsivas políticas de intervención y asimilación cultural de los pueblos indígenas, bajo la consigna moral de "establecer la necesaria unidad del ser latinoamericano" (Zea, *Negritud e indigenismo* 7) o, en una versión refrescada en las brisas del neoliberalismo, porque la "[M]odernization is possible only with the sacrifice of the Indian cultures" (en Beverley 281). Desde esta misma perspectiva, a los ojos de los letrados latinoamericanistas, los "indios" son vistos como "extraños a la vida nacional", "carentes de cultura" por no estar "incorporados a la vida nacional" y, por tanto, "sin posibilidades de ser militantes conscientes de las filas del progreso nacional".[8]

Latinoamérica se constituye, entonces, como un concepto que excluye tajantemente a una muy amplia gama de pueblos denominados genéricamente "indios". El latinoamicanismo cobija al "indio" sólo cuando éste ha sido culturalmente vaciado y no aso-

---

8   Estas son expresiones de Pío Jaramillo Alvarado, pero, sin duda, hace coro con tesis muy conocidas de afamados pensadores latinoamericanistas.

ma como tal a los ojos de sus intérpretes letrados. El indigenismo, heterogéneo en sus percepciones, representaciones y expresiones de lo "indio"[9], aparece, sin embargo, como una vertiente ideológica y práctica de expansión del latinoamericanismo. Ya sea como un programa de incorporación y asimilación del "indio" al desbrozado camino de la cultura nacional creada por el criollo mestizo o como "movimiento a favor del indio",[10] el indigenismo configura, así, un lugar de enunciación externo al/lo "indio", desde el cual se lo observa e interpreta. El indigenismo como movimiento cultural cae en las trampas de la modernización.[11] Rodrigo Montoya recoge las conclusiones del trabajo de Juan Cevallos Aguilar que ha estudiado el papel de representación del mundo indígena asumido por el Grupo Orkopata, para decirnos que el indigenismo comparte un imaginario marcado por la herencia colonial, y las polaridades sociales con las que esta invitaba a pensar la realidad, por lo que terminó convirtiendo su quehacer en una suerte de acto de ventriloquia social –o más profundamente, un acto de impostura política asumida– por una burguesía que suponiendo la incapacidad de los indios para representarse a sí mismos, expropiaron su discurso, asumieron sus reivindicaciones y produjeron un discurso sobre los indios que, "a pesar de ser en algunos casos coetáneo con el despliegue de las vastas movilizaciones indígenas, permaneció ajeno a ellas, discurriendo paralelamente a la praxis histórica de los indios que pretender representar" (Montoya 19).

2. Abya-Yala / América Latina: pueblos indígenas y luchas políticas

El lejano origen de la idea de América Latina se transformó en un conflictivo horizonte cultural entre los pueblos que habitan Abya Yala. Para América Latina –según el proyecto cultural letrado latinoamericano o criollo mestizo–, Abya Yala –para el proyecto

---

9 Un polémico y sugerente estudio sobre las distintas tendencias del indigenismo en el Perú es el que realiza Mirko.
10 Vallieses define el indigenismo como: "el movimiento social, político, económico y cultural a favor del indio que tuvo sus manifestaciones más acentuadas en los países andinos en las décadas de los años veinte y treinta del presente siglo" (336).
11 Para Lauer, de quien tomo esta idea, el indigenismo como movimiento cultural representa lo que él denomina "indigenismo 2".

civilizatorio de los pueblos indígenas– el siglo XX es el siglo de sus búsquedas, definición o reafirmación. En el ámbito intelectual hegemónico, como demostramos en líneas anteriores, su nombre mismo fue una respuesta al reordenamiento de la hegemonía cultural intra e internacional. Entre otros, América Latina es el nombre que se impuso en medio de las tensiones geopolíticas y culturales marcadas por las dos guerras mundiales. De cara a sus procesos políticos y culturales internos, sin embargo, bajo el proyecto cultural que encarna América Latina se presentan los más contradictorios procesos. A mi juicio, caracterizan y definen el horizonte de sus luchas en el siglo XX: a) el peso de las herencias coloniales y las consecuentes relaciones de saber/poder arrastradas históricamente que definen una situación de colonialidad –para tomar conceptos de Mignolo y Quijano–, que se expresa en la vigencia de redes de prejuicios raciales, de un crudo evolucionismo y los sueños nacionalistas; b) el deseo de modernización al estilo europeo inspirados en los destellos de las corrientes políticas, científicas y artísticas venidas de mar allende; enfrentadas a c) la resistencia cultural (pacífica o violenta) y a la creciente emergencia política de la abrumadora mayoría de los pueblos minorizados y sometidos al colonialismo de un pan-nacionalismo latinoamericanista y a sus múltiples expresiones locales. El proceso constitutivo de nuestro continente y sus debates fundamentales no pueden ser entendidos sin el reconocimiento de su carácter colonial: su modernidad tiene una dimensión histórica colonial.[12]

a) Los "indios" entre el liberalismo y la izquierda

En este contexto, mientras en el campo intelectual (latinoamericano) ganaba terreno definitivo el indigenismo, una singular mujer indígena (en la perspectiva de Abya Yala), Dolores Cacuango (1881-1979), bajando a hurtadillas de los páramos de Cayambe, empuñaba el emblema del socialismo emergente en Ecuador. Refiriéndose a esta época, el historiador Enrique Ayala Mora señala que: "Desde inicios de la década de los veinte se dio un gran crecimiento de los grupos de izquierda que cuestionaban el régimen oligárquico y expresaban las demandas de los sectores populares" (*Lucha política*). En 1926 se organizó el 'Partido Socialista Ecuatoriano', el

---

12 Al respecto véase el ensayo de Lander, citado más arriba.

cual se caracterizaba por ser "muy heterogéneo y sin "definiciones políticas en todos los campos" (Ayala Mora, *Lucha política* 32). El socialismo fue el primer partido político de izquierda orgánicamente constituido en Ecuador; con posterioridad se constituyeron otras vertientes políticas de izquierda.[13] Bajo esta tendencia política se refrescaban viejas utopías u ofrecían nuevas (según el lugar desde donde se mire), en una coyuntura de expansión del capitalismo y de la retórica modernizadora en todos los campos, a lo largo y ancho de la región.

    El capitalismo y la izquierda, dos vertientes fundamentales del pensamiento occidental, pugnaban a su manera, por conquistar nuevos militantes para sus doctrinas: el interés capitalista apuntaba a la constitución de una burguesía y al desarrollo de un mercado interno,[14] y la izquierda, por su parte –en una suerte de telos revolucionario–, deseando también el desarrollo capitalista como condición necesaria del advenimiento de procesos revolucionarios, intervenía de manera creciente en el campo intelectual, en la difusión de las ideas y en la organización sindical, proletarizando siervos, dentro de estructuras de dominación que denunciaban la vigencia del colonialismo y el peso del "yugo feudal", bien entrado ya el siglo XX.[15] Desde sus antagónicos intereses, el capitalismo y la izquierda, atacaban al feudalismo y a las instituciones que lo sustentaban, aunque el trasfondo de corte colonial no fue cuestionado (en el marco del latinoamericanismo, como dejamos señalado más arriba, desde divergentes proyectos políticos, la redención de los llamados indios es planteada en términos de civilizarlos con los contenidos de la cultura de tradición latina). Las dos tendencias estaban interesadas en el cuerpo de los "indios"; es decir, en la liberación de su fuerza de trabajo aprisionada en los grandes feudos, el establecimiento de relaciones laborales basadas en el salario. La vertiente capitalista demandaba la conversión del "indio" siervo en consumidor o pequeño propietario, funcionalizándolo a los intereses de expansión del mercado interno. El socialismo demandaba en cambio la conversión del "indio" siervo en proletario a través del establecimiento de relaciones salariales y la sindicalización dentro

---

13 Aquí usaré el término "izquierda", en singular, para referirme al conjunto de tendencias políticas identificadas con el socialismo y/o el comunismo.
14 Véase Cueva, *El desarrollo del capitalismo en América Latina*.
15 El concepto de "yugo feudal" fue introducido por Jaime Galarza Zavala; véase Galarza Zavala en la Bibliografía.

de las haciendas. El contacto comunista con los indios se plasmó en la constitución de sindicatos agrícolas dentro de las haciendas. Raquel Rodas da cuenta de este proceso del siguiente modo: "En 1944, [Dolores Cacuango] junto con Jesús Gualavisí...dirigente de la comunidad de Juan Montalvo, también de la zona de Cayambe, fundó la Federación Ecuatoriana de Indios (FEI), primera organización nacional indígena del Ecuador" (*Mama Dulu* 18). Estos pasos eran vistos como las condiciones necesarias que llevarían hacia la revolución. No obstante hay que señalar que:

> La izquierda abocó la tarea de organizar a la clase proletaria bajo formas sindicales desplazándose, de inmediato, a aquellas zonas rurales donde una rica tradición de lucha [indígena] acrisolaba esa posibilidad... En este empeño se habían canalizado, fundamentalmente, las demandas salariales de los *huasipungueros* serranos y las de los *finqueros* y *sembradores* costeños. (En Almeida Vinueza 175, cursivas del autor)

En este contexto, el indigenismo fue explícitamente vinculado con la recepción, difusión y la lucha política del socialismo particularmente en los Andes. José Carlos Mariátegui, para mencionar un nombre importante que participó de este debate, sostuvo "la consanguinidad del movimiento indigenista con las corrientes revolucionarias mundiales" (*Mariátegui total* 339). Aunque es notorio una mayor cercanía con las intereses indígenas, el indigenismo no deja de ser un "hablar por" los indígenas. La hegemonía cultural, política y social sigue siendo el producto de las relaciones de poder articuladas sobre la base de las herencias coloniales. La incipiente participación política de los indígenas en aquellas zonas de contacto que vinieron a ser los sindicatos y los partidos políticos de izquierda, no fue capaz de cambiar el carácter de las relaciones de poder que regían esos espacios de encuentros y desencuentros políticos. El discurso del mestizaje operó no solo como una simulación del consenso y la convergencia cultural sino como una posición de sujeto que surge en contra del sujeto indígena.

b) Mestizaje / mestizo: la falacia de la múltiple herencia cultural

Es pertinente señalar, entonces, que el debate intelectual de/en América Latina estuvo marcado por el fervor del mestizaje. El mestizaje se erigió desde entonces como una ideología que prometía al destino de Abya-Yala / América la utopía del "hombre libre". Las vertientes mayores del pensamiento latinoamericano no solamente reflexionaron sobre la naturaleza de la cultura en esta región, sino que su lectura permitió, simultáneamente, operar un giro hacia lo político: del mestizaje como proceso cultural fáctico se pasa al mestizo como sujeto político. Lo mestizo designa una categoría social. La reivindicación del mestizaje como identidad de sujeto es muy importante de tener en cuenta, porque marca una excepcionalidad identitaria en la región que, en términos comparativos, es única. Pensar Abya-Yala / América no sólo fue un esfuerzo por comprender su realidad; a mi entender fue también el modo como se produjo a sí mismo el sujeto mestizo; esto es, como distanciamiento y como negación de lo "indígena".

Así, en el marco del indigenismo, para Mariátegui, el sujeto de la enunciación es el mestizo. En su ensayo "El proceso de la Literatura", él establece claramente una separación de aguas entre lo mestizo y lo "indígena", cuando afirma que el indigenismo: "Es *todavía* una literatura de mestizos" que no descarta, empero, el advenimiento de "una literatura indígena" (*Mariátegui total* 335, énfasis añadido). El no caracteriza explícitamente al mestizo, pero hay que entenderlo como aquel que asimilado o seducido por la cultura occidental ocupa, sin embargo, un lugar problemático en la estructura social, al no ser reconocido por los blancos ni por los indios. No obstante, Mariátegui usa este concepto para referirse a los letrados no indígenas que escriben sobre indígenas. Así, la noción de mestizo, al constituirse en una forma de autopercepción y autodenominación como sujeto social, se desplaza del ámbito puramente cultural al campo político. Deja de ser sólo una categoría epistemológica de análisis cultural para encarnar un cuerpo y una voz que pugna –en su emergencia misma– por la hegemonía cultural, en un contexto fuertemente condicionado por la presencia de pueblos que –sin negar el mestizaje como fenómeno y proceso cultural– no se autodenominan ni se reconocen como mestizos. Aunque se haya afirmado que, básicamente, el mestizaje resulta del cruce de las culturas europea occidental y la "indígena", resulta claro, sin embargo, que lo definitorio de lo mestizo no es, precisamente, su parte "indígena"; es decir, como deseo y como actitud celebratoria es notorio que hay una afinidad afectiva y una apuesta por la asunción expresa de una identidad política que se diga mestiza. Lo mestizo como categoría social, como asunción de una conciencia de identidad que posiciona política y culturalmente a un sujeto en una escala superior a lo indígena, nos muestra cómo operan las estrategias coloniales de "control del imaginario" de los dominados (Costa Lima). La negación y la ruptura íntima con lo indígena vendrían a ser el producto de lo que Aníbal Quijano caracteriza como una colonización del imaginario ("Colonialidad" 438). Convertida la forma de la racionalidad occidental en un sistema normativo, ésta llevó a los pueblos colonizados a "la degradación de asumir como imagen propia lo que no era más que un reflejo de la visión europea del mundo, [así como también] su carga de conceptos, preconceptos e idiosincrasias referidos a sí misma y al resto del mundo" (63). Al operar en la interioridad del imaginario colonizado, la cultura europea se convirtió en una seducción en tanto daba acceso al poder. Represión y seducción funcionan como dos estrategias de poder y de control del imaginario (Quijano, *Los conquistados*). La ideología del mestizaje ha sucumbido ante tal seducción y ha convertido a la cultura europea, y a sus sistemas de representación del mundo, en una aspiración, que opera, por otro lado, como horizonte cultural que debe ser deseado por quienes no proclaman ser mestizos.

La imaginaria línea divisoria que traza Mariátegui cuando delimita la literatura indigenista, no sólo deja ver una distancia entre el sujeto del enunciado y el sujeto de la enunciación, sino también las determinaciones culturales que pesan sobre cada uno de ellos; sus lejanías y cercanías; sus filiaciones y desafiliaciones. Los mestizos que reconocen, retóricamente, en su ser una herencia "indígena" son, paradójicamente, sujetos que sólo pueden producir una literatura "estilizada" e "idealizada". El indigenismo, según Mariátegui, uno de los pensadores más fecundos de esta tendencia, pero no limitado a ella, observa que al ser "literatura de mestizos" no puede dar "una versión rigurosamente verista del indio", ni expresar su "propia ánima". Mira lo "indígena" desde un afuera cultural y de ahí la imposibilidad de traducir el "ánima" indígena. Este deslinde permitirá a Antonio Cornejo Polar visualizar una profunda problemática subyacente en la narrativa indigenista: su dualidad sociocultural. Esto llevaría al crítico peruano a formular la noción de heterogeneidad como un concepto analítico para el análisis del doble estatuto de las formaciones literarias en los Andes.

Para nuestro argumento, este deslinde es importante porque demuestra que el sujeto mestizo se constituye sobre una suerte de amnesia cultural, un olvido de la herencia indígena, que pasaría antes por una etapa de represión, inconclusa todavía –pues, es moneda de circulación corriente escuchar en la vida cotidiana, por lo menos en Ecuador: que hay que cuidarse de que a uno "le salga el indio"–,[16] en virtud del cual lo indígena asoma a sus ojos como alteridad que impone un límite cognoscitivo y espiritual a las posibilidades de representación mimética de la "cultura materna". A todas luces, no resulta imposible, en cambio, representar el mundo paterno y representar políticamente a los indios.

Es significativo, por otra parte, el modo como se hace intervenir a las culturas en la constitución del mestizaje. Las figuras del padre y la madre representan la armónica fusión cultural. En el horizonte ideológico de Ecuador, Renán Flores Jaramillo, en su libro *Jorge Icaza. Una visión profunda y universal del Ecuador*, recoge en una cita lo que opina Icaza sobre el mestizaje. El autor de *Huasipungo*, hablando en primera persona del plural dice lo siguiente:

> Cada uno de nosotros siente que dos sombras nos rodean, nos impulsan: la del abuelo, el conquistador español y la de la abuela, la mujer india. Es urgente reconciliar estas dos sombras...Hay que aprender a amar ambas aportaciones. Amar lo uno como lo otro, para que de la fusión completa y total de las razas y de sus culturas nazca una civilización nueva, un hombre nuevo que es y será el hombre libre de América (Flores Jaramillo 11).

Llama la atención que Icaza evita poner nombre a esa "civilización nueva". Pero, Flores Jaramillo, luego de hacer discrepar a Icaza con Mariátegui sobre el lugar de lo indígena en la cultura nacional (para Mariátegui la base de la reconstrucción peruana es el indio), ubica al primero dentro de lo mestizo: "[Icaza] se inclina –dice Jaramillo– hacia el mestizaje de esos dos fuertes componentes de su patria: el indígena y el hispanoamericano" (11). El mestizaje resulta de la fusión de indígenas y latinoamericanos. Retomando la opinión de Icaza, hay varios puntos que pueden ser traducidos en cuestiones. No siendo este el lugar para desarrollarlas con profundidad, quisiera sin embargo tentar algunas líneas de reflexión.

En primer lugar, resalta la armoniosa y metafórica relación hombre/mujer como fundamento del mestizaje, olvidando de

---

16 En el contexto ecuatoriano es muy usual que cuando una persona que no se identifica como indígena estalla de furia o pierde el control de sus emociones se diga que "le salió el indio". En cada uno habita un indio reprimido que se manifiesta negativamente de vez en cuando como irracionalidad y como un estallido de ira, como pérdida de control de los comportamientos propios.

plano las relaciones de dominación colonial que se establecieron con la conquista y colonización de Abya-Yala, así como también la dominación patriarcal sobre la mujer; ideologema que, a pesar de sus pies de barro, es muy difundido y persistente en ciertos círculos intelectuales y políticos de América Latina. En relación con la cuestión anterior, la conciliación se basa en un acto de amor a las dos fuentes culturales, a las "dos sombras" de las cuales Icaza se siente "perseguido"; hay que hacer notar sin embargo, que no es precisamente el amor en abstracto el que puede reivindicar las dos "sombras". El peso de la dominación colonial la sentimos en la lengua que usamos, en la fe que profesamos y en lo creemos que somos y en lo que pretendemos ser. ¿Acaso no se siente interiorizada la dominación cuando se repite el discurso colonizador en virtud del cual se ve en la espiritualidad "indígena" expresiones de brujería o —en el uso de nuestra lengua, vestido y tradiciones— vestigios arcaicos que deben ser "sacrificados"? La situación de colonialidad no es una abstracción: su objetividad se hace sentir en el qué, a quién y cómo amamos.

La imagen de la persecución introduce la figura de un sujeto que huye, mientras las sombras disputan por alcanzarlo. La imagen conciliadora se diluye para mostrar la conflictiva relación entre aquellas sombras y el dilema del perseguido que desea quedar bien con las dos sombras que no es otra cosa que el reconocido origen dual de la identidad del sujeto latinoamericano, el doble origen del sujeto mestizo. En ese juego de poder, no queda duda sin embargo, que es la seducción[17] del conquistador la que habla a través de Icaza y de ese "nosotros" mestizo, que "es" y pretende erigirse como "el hombre libre del mañana".

La invocación de la sombra de la madre se reduce a un artificio retórico en el sentido que no muestra elementos culturales objetivos que prueben tal reivindicación. En su sentido conceptual, la sombra describe admirablemente el lugar que en realidad se le ha reservado a la madre en su doble sentido, como madre-cultural y como madre-mujer: como algo privado o disminuido de luz por in-

---

17 Sobre la seducción como elemento constitutivo de la colonialidad, Aníbal Quijano dice lo siguiente: "[L]a cultura europea se convirtió además en una seducción; daba acceso al poder. Después de todo, más allá de la represión, el instrumento principal de todo poder es su seducción. La europeización cultural se convirtió en una aspiración. Era un modo de participar en el poder colonial [...] La cultura europea paso a ser un modelo cultural universal" (Quijano, "Colonialidad" 39).

terposición de algo/alguien o, en otra de sus acepciones, como clandestinidad. De todas maneras, la figura de la sombra materna sirve para la dulcificación retórica de la reivindicación cultural femenina, de la madre-mujer (simbólicamente representada por Abya-Yala), en labios del varón-blanco-occidental.

Cabe aquí una cuestión muy localizada sobre la que quisiera llamar la atención. Me refiero a aquella profética imagen de que, de esa "civilización nueva" que se levanta(rá) con el hombre nuevo que "es y será" el hombre libre del mañana, quedan excluidos los pueblos negros y los pueblos "indígenas" no kichwa (por ejemplo, los shuar, los tsáchila, los awá, etc., en el contexto ecuatoriano) que habitan en la patria de Icaza.[18] Señalo esto porque los pueblos "indígenas" de tradición no kichwa sólo empezaron a existir en el imaginario nacional del Ecuador después de los 1950s.[19]

Una cuestión fundamental que viene a la mente aquí tiene que ver con la función de la crítica en la configuración (o desconstrucción) ideológica de estos discursos. Walter Mignolo llama la atención sobre una de las características del pensamiento filosófico de Leopoldo Zea; esto es, "su ambivalencia" ("Occidentalización" 27). Esta característica resulta útil en la medida en que pueda ser generalizable a una amplia constelación del pensamiento latinoamericanista. Este atributo ha sido invocado también para definir

---

18   Convencionalmente se usa "quechua" para referirse a la comunidad lingüística amplia, transnacional, que habla esta lengua, mientras que "quichua" designa las variantes ecuatorianas de la misma. Sin embargo, desde la normativa y los usos de los pueblos que hablan esta lengua en Ecuador, se ha establecido que se debe escribir "kichwa". En este texto seguiré estrictamente la normativa y los esfuerzos de estandarización de la escritura decididos por los pueblos kichwa de Ecuador. De aquí en adelante se escribirá "kichwa"

19   Por ejemplo, uno de los mitos fundadores de la "nación ecuatoriana" que fue muy difundido por Benjamín Carrión en su libro *El cuento de la patria* (106-107), cuenta la historia de un "cacique" llamado Wayanay (termino kichwa que quiere decir 'golondrina'). Wayanay nace en el valle de los quitus (donde se levanta la actual ciudad de Quito). Tiene la virtud de convertirse en golondrina, gracias a lo cual viaja a lo largo de los valles andinos y a las orillas del río Guayas para dejar la semilla de su estirpe. Finalmente viaja a Tumbes, la sensitiva frontera con el Perú, para reafirmar su estirpe en la relación y el conocimiento de su abuelo tumbe. El vuelo de Wayanay unifica imaginariamente los puntos geográficos y los pueblos que integran la nación ecuatoriana hasta doblar la segunda mitad del siglo XX. Sin embargo, Wayanay nunca voló a tierras negras ni trasmontó la cordillera en dirección de la Amazonía. Este dato es significativo en tanto permite ver la mítica territorialización del espacio en el imaginario (uni)nacionalismo en Ecuador, las inclusiones y exclusiones así como también los modos cómo lo hace.

la naturaleza del sujeto mestizo que vive las tensiones culturales y políticas que implica optar por una identidad en medio de fuegos cruzados.

Ahora bien, una revisión histórica del proceso de constitución de la ideología del mestizaje nos muestra sus avatares políticos y culturales. Como proceso fáctico caracteriza la vitalidad de la cultura, pero conceptualmente produce una mirada y construye un objeto; es un producto intelectual que disciplina la mirada, contribuye a construir formas de ver la realidad y establece lugares y jerarquías sociales. Desde esta perspectiva, el intelectual tiene un rol protagónico en su constitución ideológica y, al tiempo que observa el proceso cultural que lo envuelve, también se produce a sí mismo. La mirada pretendidamente objetiva del intelectual compromete, inexorablemente, su subjetividad en el manifiesto y celebratorio deseo del mestizaje. El intelectual que asume un *yo* mestizo o argumenta en esa dirección, no solo interpreta un proceso cultural marcado por la mezcla cultural sino, sobre todo, se produce a sí mismo como sujeto político o contribuye a este proceso. Y su modo de producirse políticamente bajo la nominación de mestizo no sólo deja al descubierto la intrínseca sintonía y complicidad intelectual en cuanto a la actitud asumida frente a la "sombra negada" (la sombra materna), sino que pone en las escenas epistemológica y política una de sus centrales aporías. Si entendemos el mestizaje como un proceso de cruces, de mezclas, de configuraciones y desconfiguraciones culturales, inscrito en la dinámica de los contactos entre culturas distintas, (auto)denominarse como mestizo, asumir entusiastamente esa identidad, inevitablemente llevaría hacia una esencialización de algo que por definición es un proceso. Por otro lado, si ese *yo* mestizo asume en su ser el mestizaje como producto, ese ser-producto del mestizaje daría a entender que estamos ante un proceso acabado y clausuraría la posibilidad de futuros mestizajes. Si, por el contrario, se defiende el carácter cambiante del ser mestizo, estaríamos frente a un sujeto etéreo, sin corporeidad social, para decirlo de alguna manera. Este razonamiento, me hace pensar en la imposibilidad política de un sujeto mestizo sin que deje de ser una ideología de transición hacia la cultura del "abuelo conquistador" o un eufemístico encubrimiento de la negación vergonzante de la herencia materna. Lo mestizo resulta ser un término infeliz para ser asumido como nominación de un sujeto político tanto como lo es "indio" o "indígena". Con respecto a lo indio, si es posible aún hablar de filiaciones y afiliaciones culturales y políticas, este desventurado término "indio" oculta, sin embargo, según el poeta Luis Cernuda: "[Al] hombre a quien los otros pueblos llaman no civilizado. Cuanto pueden aprender de él: ahí está: es más que un hombre; *es una decisión ante el mundo*" (en Arriarán 209., el subrayado es mío). Tal "decisión ante el mundo" tiene a la madre-mujer (Abya Yala) como referente civilizatorio alternativo, radicalmente otro, aunque a los ojos del latinoamericanismo o de los modernizadores, parezca una "utopía arcaica", bajo la perversa atribución interpretativa de que se pretende "volver al pasado".

Las tendencias del pensamiento latinoamericanista contemporáneo muestran no sólo las "herencias coloniales", para hablar con Mignolo, (es decir, las huellas paternales), en sus configuraciones culturales, sino una preferencia predominante hacia ellas. Desde la misma jerarquización que implica las categorías masculino/femenino en una cultura falocéntrica, degrada a la madre en favor de las "luces" del padre. No en vano intelectuales de la talla de Zea, Mariátegui, Rama o Fernández Retamar, vean con escepticismo la posibilidad de un futuro para los pueblos llamados indígenas sin que antes renuncien a sus tradiciones culturales. Mignolo por su parte, apunta sus dudas hacia el ámbito de la producción intelectual, o sea, a "la posibilidad de pensar a partir de las ruinas del pensamiento indígena", formulada por el filósofo argentino Rodolfo Kusch, en razón de que no hay seguridad "de que tal cosa exista" ("Occidentalización" 31). Desearía entender el sentido de las dudas que pone sobre la mesa Mignolo como una crítica a aquella búsqueda que pretende encontrar un "modo de saber indígena" como un producto acabado que está en algún lugar esperando ser "exhumado". (Nótese que esta figura sepulcral supone algo muerto, enterrado, sin vida. Si Kusch viajo a lo largo de los Andes en busca de ese "estilo de pensar" en el modo de vivir de sus gentes, quiere decir que sus portadores son sepulcros, tumbas, donde ese saber reside sin vida; si es así, exhumarlo significaría sacar ese saber de ese entorno bajo el supuesto de que allí está muerto, es decir, expropiarlo a sus portadores como condición necesaria para que ese saber cobre vida.)

Desde otra perspectiva, si pensamos en modos de representar e imaginar mundos alternativos no sólo tendríamos que buscar ruinas sino producir aquel modo de pensar. ¿Qué implica esto? Un intento serio implicaría el uso de nuevos códigos y lenguajes procedentes de tradiciones y horizontes culturales y civilizatorios, también alternativos. José Martí propuso hace más de un siglo una referencialidad cultural distinta a la occidental cuando invitó a estudiar al dedillo las civilizaciones florecidas en Abya Yala, aunque no sepamos de los arcontes de Grecia. Podríamos, sin duda, reflexionar extensamente sobre esta sugerente pero no muy estudiada proposición, pero aquí me limito a decir que cualquier posibilidad en esta dirección pasaría por el uso efectivo de lenguajes no occidentales: ¿en qué lengua pensamos?, ¿qué sistemas de representación del mundo son posibles a partir del uso y desarrollo de códigos culturales no occidentales? Un proceso radical de descolonización cultural debe pasar por el uso de las lenguas no occidentales en el ejercicio del pensar y de representar el mundo. Sin embargo, hay que advertir que estaríamos muy lejos de proponer y construir horizontes de vida alternativos, sin una articulación de los sistemas de conceptualización y representación del mundo al desarrollo de sistemas de vida, de organización social y relación con el mundo, sobre principios radicalmente diferentes.

Luego de esta digresión, y volviendo al hilo de nuestra reflexión, diremos que lo mestizo es un lugar político. En tanto lugar político configura no solo un locus de enunciación sino un sujeto de enunciación y de agenciamiento político y cultural. En este sentido, el indigenismo como producción cultural mestiza, es profuso en imágenes y escenas de enfrentamiento entre indios y "cholos", pero también de las máscaras que ocultan la herencia cultural reprimida. Entre las aplaudidas y "exitosas" estrategias de negación de la madre se reivindica el ocultamiento del origen "indígena". Ilustra esta actitud el siguiente pasaje contado por Icaza:

> [Doña Julia] Viste a su Serafín con ropa impecable, a la última moda, y le tiñe el pelo de rubio. Las cosas cambian para el joven cholo. La gente lo mira diferente, es diferente el trato que le dispensan. A tal punto que la dueña de la pensión donde vive acepta la idea de que se case con su hija. (Flores Jaramillo 58)

Para Luis Monsalve Pozo el "cruce de razas" es el mejor camino, aunque identifica "problemas prácticos" en el sentido de que el blanco "generosamente" se cruza con la india aun en contra de su voluntad, pero ve esto imposible para el indio a menos que cambie u oculte su identidad. La lengua, la vestimenta y las costumbres son las que tienen que ser ocultadas como condición del "cruce" y de una precipitación del cambio (Monsalve Pozo 210). Pío Jaramillo

Alvarado observa también que la farsa social está en que, de chagra para arriba, nadie quiere llamarse indio" (*El indio ecuatoriano* 158).

De esta manera, el mestizaje se muestra a sí mismo no sólo como un olvido de lo "indígena", sino como su negación. Como proceso cultural, condicionado por históricas relaciones de poder, el mestizaje significa el olvido de la herencia indígena y, como asunción política, como conciencia de sí y para sí, significa la negación de lo indígena. Olvido y negación, parecerían ser dos momentos consecutivos de una operación de desplazamiento y asunción sustitutiva de una nueva inscripción política y cultural.

En fin, penetrar en el terreno ideológico del mestizaje es complejo, pero polémicamente apasionante. Su espesor, sus matices y las particularidades culturales de producción y recepción complejizan su lectura. Si a esto añadimos sus formas y circuitos de difusión se ampliaría enormemente su campo. Un estudio de las relaciones entre distintos discursos literarios, sociológicos, históricos y pedagógicos, y las formas cómo éstas se expresan en las prácticas y recursos educativos, podrían mostrarnos cómo estos saberes operan de manera similar a formas de violencia simbólica en virtud de la cual es posible la mutación de la conciencia de sí con el sacrificio de las herencias culturales indígenas.

Hasta la segunda mitad del siglo XX, según los argumentos de los propios indigenistas, la población indígena era abrumadoramente mayoritaria. En la actualidad, los más altos índices de crecimiento demográfico se registran en los reductos indígenas. Sin embargo, se profetiza la desaparición de los llamados indios y se nos atiende como minorías. Cabe preguntarnos entonces: ¿qué relación existe entre la profética celebración del mestizaje, la violencia simbólica ejercida sistemáticamente a través de las distintas prácticas sociales y las políticas de minorización de las poblaciones indígenas?

3. Dolores Cacuango: para una crítica de la razón étnica.

Ahora bien, a contrapelo del rampante latinoamericanismo excluyente de los pueblos indios, perdura en la tradición de éstos un pensamiento y accionar políticos que alimentan un proyecto cultural y civilizatorio radicalmente antagónico con aquella ideología pan-nacionalista de corte criollo, mestizo y letrado. Retomamos aquí un nombre emblemático en el proceso de emergencia política de los pueblos indígenas de Ecuador: Dolores Cacuango (o Mama Dulu, como afectuosamente se la recuerda), y lo hacemos por dos razones. Por un lado, por su trayectoria vital como *runakunapak pushak* (guía política y espiritual mujer); por otro, por la potencia y la singularidad de su pensamiento. Refiriéndose a ella, Gabriela Bernal dice lo siguiente:

> Leo un libro sobre historia de mujeres y sólo me encuentro con cuentos patéticos de violencias y dolores. Nadie habla de mujeres como Mama Dulu, mujeres de carne y hueso, no personajes literarios, que pese a todo, y con todo, siguen siendo frutos de los imaginarios masculinos.[20]

Cuando escribe esto, Bernal está pensando en las imágenes de la mujer en la narrativa indigenista y en los testimonios de todo tipo de violencias contra ella. Obviamente, Mama Dulu no escapa a la violencia como mujer y como kichwa, pero su palabra va más allá del testimonio del dolor. Encarna una proposición de profundas consecuencias políticas y culturales.

Dolores Cacuango, como ya anotamos antes, viene de finales del siglo XIX. A ella le tocó vivir la efervescencia política de la entusiasta recepción del comunismo. Dolores no fue parte del mundo letrado, pero participa de las luchas políticas de su época desde el escenario y las circunstancias inmediatas que le rodean: el sistema feudal hacendario. Como *pushak* de los suyos de ayer y de hoy, fue cofundadora del Partido Socialista Ecuatoriano en 1926, como también de la Federación Ecuatoriana de Indios (FEI) –articulada ésta al socialismo como su "brazo campesino"–, en 1944. Dolores Cacuango lideró la primera huelga indígena dentro del régimen hacendario y, apoyada por Luisa De la Torre, profesora y activa militante de izquierda, impulsó una propuesta de educación basada en el uso de la lengua y cultura kichwas. Por su parte, desde el lado del letrado criollo, la intelectualidad debate sobre "la cuestión indígena" y el indigenismo está en pleno apogeo. La primera edición de *Huasipungo*, novela indigenista de Jorge Icaza aparece en 1934, un año después de la histórica huelga indígena de Dolores Cacuango.

En el fragor de estas luchas Mama Dulu expresa lo siguiente: "pitishka urku uksha shina, kutin winakmi kanchik, shinami, urku uksha shinawan pachamamata catachishun" (somos como la

---

20 Gabriela Bernal, comunicación personal.

paja del páramo que cortada vuelve a crecer, de paja de páramo sembraremos el mundo).[21] En principio estaríamos ante una arenga para animar la lucha. Pero, por su contenido político, es más que una arenga; encarna una proposición cultural que trasciende la inmediatez de aquella. ¿Qué repercusiones semánticas y políticas podemos derivar de esta proposición? ¿En qué condiciones concretas se despliega aquel metafórico pensamiento que identifica a un *nosotros* con la "paja de cerro"? ¿Quiénes representan ese *nosotros* que resulta interpelado y caracterizado en la imagen de "la paja del cerro"? ¿Cuáles son las tensiones que esta proposición produciría, dentro de la praxis de izquierda en la que se expresa y en los debates contemporáneos del indigenismo, el mestizaje y el latinoamericanismo?

Silvia Rivera recoge un concepto fundamental para entender el pensamiento kichwa y aymara: *nayrapacha*. Recupera este concepto de Carlos Mamani para significar un "pasado-como-porvenir", como una renovación de *pacha* (tiempo-espacio-plenitud). Se trata de un pasado que, en su devenir futuro, es capaz de revertir la situación vivida transformándola (Rivera 10). *Nayrapacha* articula conceptualmente memoria y utopía, entendida ésta última como algo por-venir. Desde este orden de comprensión del mundo, de entrada Dolores refuta eficazmente aquella generalizada creencia de que los llamados indios pretendemos "volver al pasado" e instala en el presente —de cara hacia el futuro— una posibilidad para nuestro pueblo y nuestra cultura.

En efecto, en el pensamiento de Dolores, la paja de páramo encarna metafóricamente un *nosotros* indígena o más propiamente kichwa. Ella es la voz de un pueblo que se niega a morir, y los pueblos que quieren vivir deben tener como principio fundamental una gran seguridad y estimación de sí mismas. Dolores habla de un *nosotros* kichwa (paja de páramo) que resiste a las políticas indigenistas que pretenden operar una mutación en nuestra conciencia política; es decir, que quiere que asumamos un *yo* mestizo; el "cortar la paja" es la figura que significa las operaciones políticas etnocidas o genocidas en contra de los pueblos indígenas, las soluciones pedagógicas o militares que los criollos y sus aliados mestizos dan a

---

21 Sobre el pensamiento de Dolores Cacuango, sólo contamos con fragmentos. Un importante trabajo de recuperación y reconstrucción histórica de la vida y acciones de Dolores es el que realiza Raquel Rodas a través de testimonios de terceras personas.

la "cuestión indígena". Desde la experiencia vital indígena, "volver a crecer" (como paja de páramo), sería la respuesta a tales políticas. Pero Mama Dulu no se conforma con redundar sobre sí mismos: "ser como la paja que vuelve a crecer" allí en la particularidad geográfica del páramo. Ella cree en la posibilidad de sembrar de paja el mundo; o sea, que lo nuestro tendría valor más allá de los espacios propios. En otras palabras, podemos interpretar esta frase para decir que nuestros saberes, nuestras formas de ver el mundo y nuestros valores son alternativas válidas y tan humanas (y hasta más humanas) como aquellas del prójimo que trata de convencernos de que lo suyo es lo único válido. La condición humana del *indio* en la palabra de Mama Dulu se yergue como una alternativa generalizable, relativizando de esta manera las metanarrativas que pretenden imponer la hegemonía de una particularidad como la única universalidad posible.

Esta proposición introduce una nueva forma de inscripción cultural y política en el proceso de los debates contemporáneos. Su densidad semiótica da que pensar: opera y presiona los límites acotados e insulares de lo étnico Entra de este modo en un diálogo y tensión con el multiculturalismo y da nuevas posibilidades para pensar la identidad y los modos de relación con la cultura hegemónica. Es significativo el modo como entiende la espaciotemporalidad de lo indígena kichwa.

Como es bien sabido, los imaginarios nacionalistas que se asientan sobre la invención de tradiciones, para decirlo con palabras de Hobsbawn, asignan al/lo indio el lugar de la raíz de la nación. A los pueblos indios les corresponde iluminar desde las sombras (el lugar oculto de la raíz), un esplendoroso pasado imaginado por los artífices de las naciones criollas y de sus aliados mestizos. Este proceso opera bajo el principio de inclusión abstracta y exclusión concreta de lo indio: importan los indios del pasado como antepasados, pero, como vimos antes, los indios del presente, deben ser convertidos, incorporados y asimilados a la nación; se espera una transfiguración de la conciencia de sí que proclame: ¡Soy mestizo!. Esta identidad del sujeto sería el horizonte deseado de la "raza cósmica". Pero este proyecto no es el único, Las humanidades y las ciencias políticas han demostrado también un interés "conservacionista" (Bonfil Batalla; Ribeiro) de las sociedades y culturas indígenas. Una perspectiva aparentemente diferente tendría que ver con las penas antropológicas, las angustias indigenistas y las inquietudes de la industria turística porque los indios: "se están escabullendo como el agua del cuenco de la mano", van camino a desaparecer aunque los más altos índices de natalidad se registren en los reductos demográficos indígenas. Resulta que los indios somos necesarios para alimentar los imaginarios, para vender más, para pensar y sentir, para amar y odiar. De allí las tribulaciones de cierto imaginario nacional ante el supuesto de un irreversible proceso de "blanqueamiento". Sin embargo, tanto la tendencia asimilacionista como aquellos nostálgicos que desean un indio de carne y hueso acorde con sus imágenes y estereotipos de lo indio, coinciden en considerarnos como raíz histórica. Desde este modo de percepción y representación, las narrativas históricas describen lo indígena como etapas del pasado. La racionalidad histórica de corte occidental no reconoce simultaneidades espacio-temporales. En relación con este proceso, cito el concepto de "dilación temporal" identificado por Johannes Fabian como una negación de coetaneidad, porque nos sirve para caracterizar la lógica del orden histórico con relación a la presencia de lo indio en el horizonte cultural de las naciones. En el desarrollo de este mismo concepto realizado por Mignolo, éste significa "el tiempo presente de la enunciación desde donde, al reclamar su propio presente, relega otros *loci* de enunciación al tiempo pasado" ("Herencias coloniales" 127). Mignolo argumenta que cuando la negación de la coetaneidad es aplicada al locus de enunciación, la dilación temporal "podría admitir la negación de la coetaneidad enunciativa y, por lo tanto, admitir también la violenta negación de la libertad, de las razones y los atributos para la intervención política y cultural" ("Herencias coloniales" 139). La metáfora del indio como raíz histórica opera también como negación de la coetaneidad de los pueblos indígenas: toda proposición política de los llamados indios es descalificada por los no indios porque, según ellos, tales proposiciones encarnan "utopías arcaicas" y pretensiones de "retorno al pasado". Las narrativas históricas nacionales que silencian los procesos políticos y culturales de los pueblos que se identifican en la voz de Dolores Cacuango, padecen de un evolucionismo crónico que se sorprendería ante la posibilidad de revertir el proceso y proponer una indigenización del mundo; en la lógica del progreso, esto sería un retorno al pasado o no sería posible porque no se podría recuperar una supuesta esencia arcaica, el ethos primitivo que hace diferente al indígena y que no es adquirible.

En contra de estas narrativas y a pesar de ellas, podemos

interpretar la proposición de Mama Dulu, como una apuesta por un proceso contracultural opuesto al "blanqueamiento"; "sembrar o cubrir de paja el mundo" implicaría un proceso de indianización o kichwización del mundo. *Runa* es un concepto kichwa que designa al ser humano; *runayashun* (devenir runa en sentido kichwa), sería otra forma de conceptualizar el acto de sembrar de paja de páramo el mundo. En este sentido, lo indígena kichwa no encarna una esencia o un ethos inaccesible para los no quichuas: es un mundo posible, una alternativa cultural viable en la contemporaneidad.

Por otra parte, extremando en una interpretación radical, esta proposición produciría una ruptura y una resignificación en el modo como entendemos lo universal y lo particular. ¿Qué queremos decir con esto? Veamos. Como es bien sabido, de un nacionalismo fanático y utópicamente homogéneo, hemos entrado en el celebrado campo del multiculturalismo y a una suerte de nihilismo posmoderno, concomitante y coincidente con la expansión del neoliberalismo. A la emergencia política de sujetos subalternizados en el orden político de la nación, le corresponde una profusa narrativa de lo étnico. La multiculturalidad y la plurietnicidad se han instalado en el ámbito de la ley para significar la tolerancia liberal a la Otredad. En las dos últimas décadas, particularmente, los países andinos se han declarado multiculturales, pluriétnicos y plurilingües. Esto es sólo un síntoma de lo que sucede en otros lugares. Nosotros mismos, en Ecuador, vivimos intensamente este proceso y hemos convertido la idea de los "multi-" en una de nuestras demandas políticas fundamentales de la actualidad. ¿Qué sucede hoy? La experiencia política, dentro de una perspectiva más amplia, nos obligan a tomar distancia del –o, por lo menos, a poner bajo sospecha al— el paradigma del multiculturalismo. En la coyuntura política del momento, en el contexto inmediato y localizado de Ecuador,[22] los sectores dominantes no han podido ocultar su lectura política de lo pluriétnico y actuar en concomitancia con

---

22 Hablo de los avatares políticos vividos en Ecuador durante los últimos cinco años, periodo en el cual fueron expulsados del poder dos presidentes de la república: Abdalá Bucaram y Jamil Mahuad. En estos acontecimientos –especialmente en la caída de Mahuad— tuvo un rol protagónico el movimiento indígena lo que ha originado un significativo debate sobre la democracia, los modelos de desarrollo y los objetivos políticos del movimiento indígena. Desde los sectores hegemónicos blanco-mestizos se acusa a los indios de golpistas; desde el lado indígena sostenemos que dimos un golpe *al* estado de descomposición social y política de los sectores gobernantes.

el concepto de la tolerancia liberal hacia la otredad englobada en el concepto genérico de lo indio. Desde los sectores hegemónicos oficiales, se piensa que los llamados indios han abandonado sus reivindicaciones fundamentales (o sea, las "demandas étnicas": lengua, cultura, tradiciones) para intervenir en asuntos de la nación. Desde esta percepción se nos conmina a retomar y retornar al ámbito de las demandas étnicas; dejando claro a la vez, que los negocios de la nación no son de competencia para "minorías étnicas". Resulta entonces que la tolerancia liberal-democrática, inspirada en el multiculturalismo, reconoce la otredad siempre y cuando permanezca circunscrita a la insularidad asignada dentro del orden de la nación. De hecho, el multiculturalismo no cuestiona radicalmente las bases ideológicas de la nación, pero si se ve comprometido en la construcción de una nueva estrategia de control político de la diferencia, pues, imagina a la nación como un archipiélago donde las etnias son islas particulares acotadas y comunicadas por las aguas universales de *lo* nacional. De donde podemos colegir que el multiculturalismo sustenta la producción y la administración de la diferencia dentro del orden nacional, volviéndola funcional a la expansión del neoliberalismo, por un lado y, por otro, contribuyendo eficazmente al desagravio histórico e ideológico frente a los indios aunque el orden de la dominación no haya sido realmente afectado. En este mismo sentido, Slavoj Zizek, argumenta lo siguiente:

> La "tolerancia" liberal excusa al Otro folklórico, privado de su sustancia [...], pero denuncia a cualquier otro "real" por su "fundamentalismo", dado que el núcleo de la Otredad está en la regulación de su goce: el "otro real" es por definición "patriarcal", "violento", jamás es el Otro de la sabiduría etérea y las costumbres encantadoras (157).

El Otro folklórico (o más bien folclorizado en virtud de aquella construcción del indio como *raíz,* y de su insularización) es privado de su sustancia… "como las comidas 'étnicas' en las megalópolis contemporáneas" (Žižek). El reconocimiento liberal de la diferencia implica también un despojo: el de la sustancia. Es moneda de circulación común el hábito de contrastar entre lo universal y lo particular. La administración de la diferencia, a través de una organización de archipiélago, implica también el despojo de las posibilidades de universalidad de lo propio (como algo que es valioso más allá de las fronteras étnicas). Haciendo juego a esta concepción de la nación multicultural o de archipiélago, el discurso educativo de la interculturalidad a lo largo de los Andes, entiende "el inter-" como el acto de aprender de lo propio y lo universal. Esto aparece como lo más natural y lógico. Resulta entonces que lo universal está más allá de lo que imaginamos como propio. Lo nuestro ha perdido centralidad y no tiene validez para el prójimo. Lo propio es un vestigio particular que se agota en nosotros mismos; tenemos la obligación de aprender de los demás, pero nadie está llamado a aprender de lo nuestro. De este modo, nuestra política cultural resultaría una redundancia. Lo máximo a que puede aspirar un kichwa es *kichwisarse* a sí mismo, replicarse dentro de los límites acotados de su territorio étnico, o sea, de su particularidad, pero siempre teniendo en cuenta "lo universal"; o sea, el valor de la particularidad hegemónica convertida en universal. Lo "inter-" significaría así otra forma de transculturación sustentada en el multiculturalismo y en el contraste ideológico particular/universal.

Ahora, bien, Dolores Cacuango, sugiere la posibilidad de una comprensión contrapuesta. En efecto, el locus de enunciación desde donde se habla de un *nosotros* kichwa ("paja de páramo") no se agota en una isla étnica acotada por la modernidad universal de Occidente. Pensar que es posible expandir la frontera de lo propio ("cubrir de paja el mundo") concede una nueva dimensión a lo kichwa (a lo andino, por extensión), como proceso civilizatorio alternativo. Presionar sobre las fronteras étnicas asignadas y reconocidas por los estados nacionales en tiempos recientes invita a pensar en la existencia de particularidades que se entrecruzan y que luchan por la hegemonía. Desde esta perspectiva, las identidades no serían esencias dadas sino posicionamientos estratégicos en un campo de disputas por la hegemonía cultural y política. Es ilustrativo de la conciencia de esta lucha, esta vez desde el lado criollo, el razonamiento que realiza Bolívar en el momento inaugural de las naciones latinoamericanas, instaladas como artefactos exóticos en los enclaves urbanos de Abya Yala. La cita es del discurso leído en el Congreso de Angostura en 1819 y es del siguiente tenor:

> Cada desmembración [del Imperio Romano] formó entonces una nación independiente conforme a su situación y a sus intereses; pero con la diferencia de que aquellos miembros volvían a restablecer sus primeras asociaciones. Nosotros ni aun conservamos los vestigios de lo que fue en otro tiempo; no somos europeos, no somos indios, sino una especie media entre los aborígenes y los españoles. Americanos por nacimiento y europeos por derechos, *nos hallamos en el conflicto de disputar a los naturales los títulos*

> *de posesión* y de mantenernos en el país que nos vio nacer, contra la oposición de los invasores. (Bolívar 8, cursivas añadidas)

La fundación de las naciones dio continuidad al conflicto político y cultural arrastrado desde la invasión europea en 1492, se trata desde entonces de una "disputa" entre los llamados indios y aquella especie media entre aquellos y los españoles que más tarde daría lugar a la emergencia de la ideología del mestizaje como estrategia legitimadora de la dominación política que, atravesando la historia de las naciones, pesa aún sobre los indios. Como bien observa Aijaz Ahmad en su estudio sobre el nacionalismo en contextos coloniales, para las pequeñas y medianas burguesías que surgieron en ese contexto, "la 'nación' era un sitio conveniente para construir sus propios proyectos hegemónicos, opuestos al colonialismo, pero donde podían desplazar las pluralidades procedentes de la sociedad indígena" (93). No obstante, nosotros veríamos contradictoria la supuesta oposición al colonialismo en el discurso bolivariano. Por una parte, Bolívar califica de invasores a los españoles contra quienes estaba luchando, pero, el "nosotros" desde donde él habla, nunca fue "invadido". Bolívar se percibe como representante de los que realmente fueron invadidos, pero, de un modo paradójico, percibe la relación con sus representados como una disputa mostrando que la fundación de las naciones inaugura una suerte de impostura política y cultural en su doble acepción: como suplantación y como fingimiento. Por otro lado, el hilo de su argumentación sobre la organización política que deben adoptar las futuras naciones nacidas de su espada, se elabora sobre la base de las teorías políticas iluministas y las instituciones procedentes de Europa.

Una visión crítica a esta paradoja política no sólo tendría que referirse a la procedencia extraña de las formas de organización política y a su inadecuación a la realidad local, sino a la forma como se estableció una suerte de control de la ciudadanía a través del establecimiento de requisitos que dejaban por fuera a la abrumadora mayoría de la población, o sea, a los indios. Las naciones, las teorías políticas y las ideologías que las sustentaron representan, desde su fundación, nuevas estrategias a través de las cuales se dio continuidad a un modo de relación colonial entre los sectores hegemónicos criollos y los pueblos indígenas, cuestión que se expresa no sólo en las relaciones políticas sino en la adopción de "sus principales elementos cognoscitivos como normas orientadoras de todo desarrollo cultural, especialmente intelectual y artístico", en el control del imaginario mediante la internalización de sus esquemas de representación e interpretación del mundo. En esta perspectiva, las naciones se convirtieron en lugares de agenciamiento cultural de la civilización europea, legitimándola y difundiéndola como un orden universal.

Hemos llegado a una encrucijada. Evidentemente, apenas hemos podido delinear algunos campos problemáticos. Ante la pregunta de si existe o no América Latina, que tanto hizo pensar a la intelectualidad latinoamericana, nosotros responderíamos afirmativamente. Para nosotros América Latina existe como un proyecto colonial que ha operado con distintas ideologías que simulaban defender a los colonizados. Dentro de esta estrategia el mestizaje es una ideología que opera el acercamiento espiritual y cognoscitivo del conquistador; como la idea de indio, es también un producto de la situación de colonialidad que vivimos. En este marco, pensar con Dolores Cacuango implica construir otro lugar de enunciación y un verdadero descentramiento cultural que implique no solo un "hablar desde la periferia" con los instrumentos conceptuales venidos del centro sino producir otras categorías de comprensión del mundo desde lenguajes y referencialidades semánticas y éticas distintas y disidentes. No se trataría de alimentar un multiculturalismo de corte liberal que reduce a islas inconexas a los pueblos no occidentales, sino de elaborar a partir de sus mejores tradiciones y modos de vida un propuesta civilizatoria alternativa. Desde esta urgencia resulta políticamente sospechoso suscribir el ultra relativismo posmoderno porque en contra de todo metarelato contribuye a pulverizar cualquier propuesta civilizatoria alternativa mientras el neoliberalismo se apoya en uno de los metarelatos que curiosamente no ha sido severamente cuestionado: la idea de la democracia occidental. Un proyecto cultural por-venir se hace patente en la potente formulación metafórica de Dolores Cacuango: cubrir de paja el mundo es dar una posibilidad en el presente y en el futuro a una cultura y a un pueblo condenado a una existencia subterránea. La arenga de Mama Dulu conmina a terminar con el acto de posesión y desplazamiento que se inaugura con la invasión y colonización de Abya Yala.

Bibliografía

Aguirre, Manuel Agustín. *Una etapa política del socialismo ecuatoriano*. Quito: Editorial Ecuador, 1946.

Ahmad, Aijaz: "Literatura del Tercer Mundo e ideología nacionalista". *Cultura y Tercer Mundo 1. Cambios en el saber académico*. Comp. Beatriz González Stephan. Caracas: Nueva Sociedad, 1996.

Albó, Xavier. "La búsqueda desde adentro. Caleidoscopio de autoimágenes en el debate étnico boliviano". *Boletín de antropología americana* 30 (diciembre 1994).

Almeida Vinueza, José. "Luchas campesinas del siglo XX (primera parte)". *Nueva Historia del Ecuador*. Vol. 10. Quito: Corporación Editora Nacional / Editorial Grijalbo Ecuatoriana, 1989.

Ardao, Arturo. *América Latina y la latinidad*. México: Universidad Nacional Autónoma de México / Coordinación de Humanidade / Centro Coordinador y Difusor de Estudios Latinoamericanos, 1993.

—. *Génesis de la idea y el nombre de América Latina*. Caracas: Centro de Estudios Latinoamericanos Rómulo Gallegos, 1980.

Arriarán, Samuel. *Filosofía de la posmodernidad. Critica a la modernidad desde América latina*. México: Facultad de Filosofía y Letras / Dirección General de Asuntos del Personal Académico Universidad Nacional Autónoma de México, 1997.

Ayala Mora, Enrique, ed. *Nueva Historia del Ecuador*. Vol. 10. Quito: Corporación Editora Nacional / Editorial Grijalbo Ecuatoriana, 1990.

—. *Lucha política y origen de los partidos en Ecuador*. Quito: Centro de Publicaciones / Pontificia Universidad Católica del Ecuador, 1978.

Beverley, John. "Siete aproximaciones al 'problema indígena'". *Indigenismo hacia el fin del milenio. Homenaje a Antonio Cornejo-Polar*. Ed. Mabel Moraña. Pittsburgh: Instituto Internacional de Literatura Iberoamericana, 1998.

Bonfil Batalla, Guillermo. *México profundo: una civilización negada*. México: Grijalbo / Consejo Nacional de la Cultura y las Artes, 1990.

Bolívar, Simón. *Escritos políticos*. Bogotá: El Áncora Editores, 2002.

Carrión, Benjamín. *El cuento de la patria*. Quito: Libresa, 1992.

Castro-Gómez, Santiago, y Eduardo Mendieta, coords. *Teorías sin disciplina: latinoamericanismo, poscolonialidad y globalización en debate*. México: Porrúa, 1998.

Confederación de Nacionalidades Indígenas del Ecuador. *Las nacionalidades indígenas del Ecuador. Nuestro proceso organizativo*. Quito: Ediciones Tincui / Abya-Yala, 1989.

Cornejo Polar, Antonio. *Los universos narrativos de José María Arguedas*. Buenos Aires: Editorial Losada, 1973.

Cueva, Agustín. *Lecturas y rupturas. Diez ensayos sociológicos sobre la literatura del Ecuador*. Quito: Letraviva / Planeta, 1986.

—. "El Ecuador de 1925 a 1960". *Nueva Historia del Ecuador*. Vol. 10. Ed. Enrique Ayala Mora. Quito: Corporación Editora Nacional /Editorial Grijalbo Ecuatoriana, 1989.

Costa Lima, Luiz. *Control of the Imaginary: Reason and Imagination in Modern Times*. Minneapolis: University of Minnesota Press, 1988.

Díaz Caballero, Jesús. *Angel Rama, o, La crítica de la transculturación (última entrevista)*. Lima: Lluvia Editores. 1991.

Fell, Claude. *José Vasconcelos: los años del águila (1920-1925), educación cultura e iberoamericanismo en el México posrrevolucionario*, México: UNAM, 1989.

Fernández Retamar, Roberto. *Todo calibán*. San Juan: Ediciones Callejón, 2003.

Fernández, Teodosio. Estudio introductorio. *Huasipungo*. Por Jorge Icaza. Madrid: Cátedra, 1994.

Flores Jaramillo, Renán. *Jorge Icaza: Una visión profunda y universal del Ecuador*. Quito: Editorial universitaria, 1979.

Galarza Zavala, Jaime. *El yugo feudal. Visión del campo ecuatoriano*. Quito: Ediciones Solitierra / Editorial Gallocapitán, 1979.

Guerrero, Andrés. *La semántica de la dominación: el concertaje de indios*. Quito: Ediciones Libri Mundi / Enrique Grosse-Lumen, 1991.

Hobson, Archie. *The Oxford Dictionary of Difficult Words*. New York: Oxford University Press, 2001.

Hurtado, Osvaldo. *Dos mundos superpuestos. Ensayo de diagnóstico de la realidad ecuatoriana*. Quito: Instituto ecuatoriano de planificación para el desarrollo social, 1969.

Icaza, Jorge. *Huasipungo*. Madrid: Cátedra, 1994.

—. *El chulla Romero y Flores*. Edición crítica de Ricardo Descalzi y Renaud Richard. Madrid: Universite de París X / Centre de Recherches Latino-américains, 1988.

Jaramillo Alvarado, Pío. *El indio ecuatoriano. Contribución al estudio de la sociología indoamericana*. Quito: Casa de la Cultura Ecuatoriana, 1954.

—. *El indio ecuatoriano. Contribución al estudio de la sociología nacional*. Quito: Editorial Quito. 1922.

Kusch, Rodolfo, *El pensamiento indígena y popular en América*. Buenos Aires: Instituto de Cultura Americana, 1973.

Edgardo Lander: "Modernidad, Colonialidad, postmodernidad". *Revista venezolana de economía y ciencias sociales* 3.4 (octubre-diciembre 1997): 1.

Lauer, Mirko. *Andes imaginarios. Discursos del indigenismo 2*. Cusco: CBC / Casa de Estudios del Socialismo, 1997.

Lefebvre, Henri. *The Production of Space*. Cambridge: Blackwell, 1991.

Mariátegui, José Carlos. *Mariátegui Total. 100 años*. Tomo I. Lima: Amauta, 1994.

—. "Prólogo a Tempestad en los Andes". *Mariátegui total. 100 años*. Tomo I. Lima: Amauta, 1994.

—. *Siete ensayos de interpretación de la realidad peruana*. Lima: Empresa Editora Amauta, 1977.

—. *Peruanicemos al Perú*. Lima: Empresa Editora Amauta, 1972.

Martí, José. *Nuestra América*. Barcelona: www.Linkgua.com, 2011.

Mignolo, Walter. *La idea de América Latina: la herida colonial y la opción decolonial*. Barcelona: Gedisa Editorial, 2007.

—. "Herencias coloniales y teorías postcoloniales". *Cultura y Tercer Mundo I. Cambios en el saber académico*. Comp. Beatriz González Stephan. Caracas: Nueva Sociedad, 1996.

Montoya, Rodrigo. "Algunas reflexiones sobre el colonialismo, el racismo y la cuestión nacional". *La piel y la pluma. Escritos sobre literatura, etnicidad y racismo*. Nelson Manrique. Lima: SUR Casa de Estudios del socialismo, 1999.

Monsalve Pozo, Luis. *El indio: cuestiones de su vida y su pasión*. Cuenca: Editorial Austral, 1943.

Postema, Gerald. "On the Moral Presence of Our Past". *McGill Law Journal* 36 (July 1991): 1153-1180.

Quijano, Aníbal. *Modernidad, identidad y utopía en América Latina*. Lima: Sociedad política editores, 1988.

—."Colonialidad y modernidad-racionalidad". *Los conquistados. 1492 y la población indígena de las Américas*. Comp. Heraclio Bonilla. Quito: FLACSO Ecuador / Librimundi / Tercer Mundo Editores, 1992.

Rama, Angel. *La ciudad letrada*. Hanover: Ediciones del Norte, 1984.

—. *Transculturación narrativa en América Latina*. México: Siglo XX, 1982.

Rivera Cusicanqui, Silvia. *Pachakuti: los aymara de Bolivia frente a medio milenio de colonialismo*. Chukiyawu [La Paz, Bolivia]: Taller de Historia Oral Andina, 1991.

Ribeiro, Darcy. *Las Américas y la civilización. Procesos de formación y causas del desarrollo desigual de los pueblos americanos*. Caracas: Biblioteca Ayacucho, 1992.

Rodas, Raquel. *Mama Dulu Cacuango. Las escuelas indígenas de Dolores Cacuango*. Quito: MEC-GTZ, 1989.

—. *Nosotras que del amor hicimos...* Quito: Editorial Fraga, 1992.

Santos, Boaventura. "*O fim das descobertas imperiais*". Conferencia Porto Alegre 2002. *Dhnet.org.br*, s.f. Web. s.f. <http://www.dhnet.org.br/w3/fsmrn/biblioteca/27_boaventura2.html>.

Said, Edward. "Representar al colonizado. Los interlocutores de la antropología". *Cultura y Tercer Mundo 1. Cambios en el saber académico*. Caracas: Nueva Sociedad, 1996.

Tuan, Yi Fu. *Space and Place: The Perspective of Experience*. London: Edward Arnold, 1979.

Vallieses, María Gladys. "El lugar de José María Arguedas en la evolución del indigenismo literario". *Asedios a la heterogeneidad cultural. Libro de homenaje a Antonio Cornejo Polar*. Eds. José Antonio Mazzotti y U. Juan Cevallos Aguilar. Filadelfia, EEUU: Asociación Internacional de Peruanistas, 1996.

Zavala, Iris. "El nominalismo imperial y sus monstruos en el Nuevo Mundo". *Discursos sobre la 'invención' de América*. Coord. Iris Zavala. Atlanta, GA: Rodopi, 1992.

Zea, Leopoldo. *Negritud e indigenismo*. México: UNAM, 1979.

—. "El mestizaje como utopía". *Cuadernos americanos* 61 (enero-febrero 1997): 222-230.

Zizek, Slavoj. "Multiculturalismo o la lógica cultural del capitalismo multinacional. *Estudios culturales. Reflexiones sobre el multiculturalismo*. Buenos Aires: Paidós, 1998.

CONTRIBUIDORES

ARTURO ARIAS es profesor Tomas Rivera Regents en el Departamento de Español y Portugués de la Universidad de Texas en Austin. Como crítico literario y cultual, ha publicado *Taking their Word: Literature and the Signs of Central America* (2007), *The Rigoberta Menchú Controversy* (2000), la edición crítica de *Mulata de tal* (2000) de Miguel Ángel Asturias, *La identidad de la palabra: narrativa guatemalteca a la luz del nuevo siglo* (Artemis & Edinter, 1997), *Ideologías, literatura y sociedad durante la revolución guatemalteca 1944-1954* (Premio Casa de las Américas, 1979). Ha publicado siete novelas entre las que se incluyen *Después de las bombas* (1979), *Itzam Na* (Premio Casa de las Américas, 1981), *Jaguar en llamas* (Premio Anna Seghers, Alemania, 1990; Editorial Cultura, 1989), *Cascabel* (Artemis & Edinter, 1997, con traducción al inglés en el 2003) y más recientemente, *Arias de don Giovanni* (2010). Además, fue coguionista de la película *El Norte* (dirigida por Gregory Nava en 1984). Ha sido galardonado con el Premio Nacional Miguel Ángel Asturias (2008).

ADAM W. COON es estudiante de doctorado en la Facultad de Español y Portugués de la Universidad de Texas en Austin. Su proyecto actual se titula "Iahqui Estados Unidos: La articulación de identidades nahuas en migración en la literatura nahua contemporánea, 1985-2014". Coon analiza cómo autores nahuas desarticulan el marco narrativo del "indio vencido" ejemplificado en el discurso nacional mexicano. Estos autores de las últimas tres décadas buscan desplazar la narrativa nacional que los figura como "no presentes en el presente" y reduce sus perspectivas éticas a folclore. Coon ha publicado en *The Oxford Handbook of Indigenous American Literature*, *A contracorriente* y *Utah Foreign Language Review*.

TRACY DEVINE GUZMÁN es profesora asociada y directora de estudios graduados en el Departamento de Lenguas y Literaturas Modernas en la Universidad de Miami. Sus intereses de investigación y enseñanza residen en la intersección de la historia con la teoría política, la filosofía y la producción cultural de Latinoamérica. Ha recibido el premio de la sección Brasil de LASA por su artículo, "Diacuí killed Iracema: Indigenism, Nationalism and the Struggle for Brazilianness" (2006), y el premio José María Arguedas de la sección Perú de LASA por su ensayo, "Rimanakuy '86 and other Fictions of National Dialogue" (2010). La sección Brasil de LASA le otorgó una mención honorifica por su primer libro, *Native and National in Brazil: Indigeneity after Independence* (University of North Carolina Press, 2013). Su proyecto actual de investigación se titula, "Transnational Indigeneities: Americas and the Global South".

MARIBEL MORA CURRIAO, poeta mapuche, profesora de castellano, licenciada en educación, magíster en literatura y candidata a doctora en estudios americanos; fue becaria Ford y becaria CONICYT para estudios de postgrados. Se ha desempeñado como profesora de Enseñanza Media y Universitaria y como monitora de teatro de niños y adultos. Ha publicado diversos artículos sobre poesía mapuche y ha participado de la creación de material didáctico para la educación intercultural. Ha organizado encuentros y simposios sobre educación intercultural y literatura de pueblos indígenas. Actualmente forma parte de la Comunidad de Historia Mapuche y del Equipo de Equidad e Inclusión de la Universidad de Chile.

ARMANDO MUYOLEMA es lingüista y educador kichwa de Ecuador. Hizo su doctorado en lenguas y literaturas hispánicas en la Universidad de Pittsburgh; actualmente es profesor de la Universidad de Wisconsin-Madison donde enseña temas de lenguas y sociedad en los Andes, pueblos indígenas de las Américas y cursos de lengua kichwa y español. Su trayectoria académica e intelectual ha estado estrechamente vinculada al movimiento indígena ecuatoriano y al surgimiento del sistema de educación intercultural en el Ecuador.

Se ha desempeñado como profesor de semiótica, lingüística y teoría de la educación intercultural en la Universidad Politécnica Salesiana, Quito, y en la Universidad Estatal de Bolívar. Es autor de *Lenguas y sociedad en el austro ecuatoriano. Elementos para un estudio de la ecología de las lenguas en Cañar y Azuay* (INPC, 2012); *Indigenous Peoples of the Americas. The Poetics of Sumak Kawsay on a Global Horizon* (Rosa Luxemburgo Fundation, 2012); *La quema de Nucanchi Huasi (1994): Los rostros discursivos del conflicto social en Cañar* (Universidad Andina Simón Bolívar, 2001).

MIGUEL ROCHA VIVAS es colombiano, nacido en Bogotá, en donde estudió literatura en la Universidad Javeriana. Se graduó con una tesis meritoria que luego publicó en el 2004 con el Convenio Andrés Bello y la Universidad de Los Andes: *El Héroe de Nuestra Imagen, visión del héroe de las literaturas indígenas de América* (Universidad de los Andes, 2004). También realizó estudios en el Centro Bartolomé de las Casas, de Cusco, Perú, obteniendo el grado de Maestro en Ciencias Sociales con mención en Antropología e Historia de Los Andes. Como profesor universitario, creó y enseñó en el Programa Literaturas Indígenas de América, de la Universidad Javeriana. Actualmente enseña yoga y coordina el Programa de Dialogo Intercultural. En el 2006, recibió una de las becas nacionales de investigación en literatura, del Instituto Caro y Cuervo y del Ministerio de Cultura de Colombia. *Los siete mejores cuentos peruanos* (Norma, 2006) es su primer libro dirigido a un público infantil. Su publicación más reciente: *Palabras mayores, palabras vivas. Tradiciones mítico-literarias y escritores indígenas en Colombia* (Taurus, 2012).

EMILIO DEL VALLE ESCALANTE (Maya k'iche', Iximulew) actualmente se desempeña como profesor asociado en la Universidad de Carolina del Norte, Chapel Hill, Estados Unidos. Su investigación se concentra en la producción literaria indígena actual de la región mesoamericana, particularmente literatura maya. Es autor de *Nacionalismos mayas y desafíos postcoloniales en Guatemala: colonialidad, modernidad y políticas de la identidad cultural* (FLACSO-Guatemala, 2008). También ha editado el dosier *Teorizando las literaturas indígenas* (para la revista *A contracorriente*, 2013); "Desatando las lenguas: Literaturas en Lenguas minoritarias en España y Latinoamérica", con Alfreso Sosa-Velasco (*Romance Notes*, 2011); la primera antología de poesía maya en Guatemala: *U'k'ux kaj, u'k'ux ulew [Corazón del cielo, corazón de la tierra]: poesía maya guatemalteca contemporánea* (IILI, 2010); e "Indigenous Literatures and Social Movements in Latin America" (*Latin American Indian Literatures Journal*, 2008). Sus artículos han aparecido en varias revistas especializadas como *Mesoamérica, Revista de Casa de las Américas, Revista de crítica literaria latinoamericana* y *Revista iberoamericana*.

Paul Worley es profesor asistente de literaturas globales en Western Carolina University. Se especializa en las literaturas y culturas latinoamericanas contemporáneas, con intereses en movimientos indígenas latinoamericanos, la teoría poscolonial, los estudios subalternos y las humanidades digitales. Sus artículos se han publicado en *The Latin Americanist, Romance Notes, A contracorriente* y *Chasqui*. También es autor de *Telling and Being Told: Storytelling and Cultural Control in Contemporary Mexican and Yukatek Maya Literatures* (University of Arizona Press, 2013), en donde analiza la representación de los contadores de cuentos en las literaturas maya-yucatecas. Ahora enfoca su trabajo de investigación en el proyecto trilingüe Tsikbal ich Maya (Hablando en maya) que se ha desarrollado en colaboración con el contador de cuentos maya-yucateco, Mariano Bonilla Caamal. Videos tomados como parte de este proyecto están disponibles en tsikbalichmaya.org.

Ulises Juan Zevallos-Aguilar ejerce la cátedra de Literaturas y Culturas Latinoamericanas Contemporáneas en el Departamento de Español y Portugués de la Ohio State University, EEUU. Sus proyectos de investigación en marcha tratan de modernidades alternativas en los Andes Centrales y Transnacionalismo Andino. Su investigación actual enfoca la práctica de la literatura y la fusión musical como herramientas para la consolidación de la gestión quechua en el Perú. Sus últimos libros son *Indigenismo y nación. Desafíos a la representación de la subalternidad quechua y aymara en el Boletín Titikaka* (2da. Edición, 2013), *Las provincias contraatacan. Regionalismo y anticentralismo en la literatura peruana del siglo XX* (2009) y *Movimiento Kloaka: Cultura juvenil urbana de la posmodernidad periférica peruana* (2002).

www.ingramcontent.com/pod-product-compliance
Ingram Content Group UK Ltd.
Pitfield, Milton Keynes, MK11 3LW, UK
UKHW041431180426
11947UKWH00007B/388